高尔夫运动
从入门到精通

（全彩图解第2版）

[美] 保罗·G.申普（Paul G.Schempp） 著
[瑞典] 彼得·马特松（Peter Mattsson）

唐翀 译

GOLF
STEPS TO SUCCES

U0745728

人民邮电出版社
北 京

图书在版编目（CIP）数据

高尔夫运动从入门到精通：全彩图解第2版 ／（美）保罗·G. 申普（Paul G. Schempp），（瑞典）彼得·马特松（Peter Mattsson）著；唐翀译. -- 北京：人民邮电出版社，2018.8
ISBN 978-7-115-48579-3

Ⅰ. ①高… Ⅱ. ①保… ②彼… ③唐… Ⅲ. ①高尔夫球运动—图解 Ⅳ. ①G849.3-64

中国版本图书馆CIP数据核字(2018)第130932号

免责声明

本书内容旨在为大众提供有用的信息。所有材料（包括文本、图形和图像）仅供参考，不能用于对特定疾病或症状的医疗诊断、建议或治疗。所有读者在针对任何一般性或特定的健康问题开始某项锻炼之前，均应向专业的医疗保健机构或医生进行咨询。作者和出版商都已尽可能确保本书技术上的准确性以及合理性，且并不特别推崇任何治疗方法、方案、建议或本书中的其他信息，并特别声明，不会承担由于使用本出版物中的材料而遭受的任何损伤所直接或间接产生的与个人或团体相关的一切责任、损失或风险。

内 容 提 要

本书首先介绍了包括球场、装备、计分方法、规则在内的高尔夫运动的基础知识，接着讲解了推球、切球、劈起球、击球准备及全挥杆等高尔夫基础运动技术，并在此基础上对高尔夫球落点不利、在长草区或沙坑击球等不同情况下的击球技巧进行了全面解读。此外，本书还介绍了通过比赛、心理训练以及根据球场环境灵活选择击球策略的训练提升运动表现的方法。书中的训练均配有真人示范图、步骤说明、常见失误及改正方法、降低及提高训练难度的方案、自测方法，可以有效帮助练习者明确自身的优势与不足，进而进行针对性的训练。不论是初学者，还是希望提升成绩的高尔夫爱好者、运动员，都可以从本书中获益。

- ◆ 著　　　　［美］保罗·G. 申普（Paul G. Schempp）
　　　　　　　［瑞典］彼得·马特松（Peter Mattsson）
　　译　　　　唐　翀
　　责任编辑　寇佳音
　　责任印制　周昇亮
- ◆ 人民邮电出版社出版发行　北京市丰台区成寿寺路 11 号
　　邮编　100164　电子邮件　315@ptpress.com.cn
　　网址　http://www.ptpress.com.cn
　　固安县铭成印刷有限公司印刷
- ◆ 开本：700×1000　1/16
　　印张：15.75　　　　　　　　2018 年 8 月第 1 版
　　字数：333 千字　　　　　　2025 年 11 月河北第 36 次印刷
　　著作权合同登记号　图字：01-2017-4048 号

定价：128.00 元
读者服务热线：(010)81055296　印装质量热线：(010)81055316
反盗版热线：(010)81055315

译者序

对于所有希望提高高尔夫球技的朋友来讲，本书都是非常好的训练指南。

《高尔夫运动从入门到精通（全彩图解第2版）》这本书无论对于初学者还是专业级选手都提供了详细的技术指导，并且通过详细的动作演示，使读者可以进行实操性很强的模仿学习，并设计了科学的自测题目，这样的方法使学习效果非常明显。

对于初学者来讲，本书对高尔夫的各种礼仪以及基础动作都做了全面的讲解，使初学者可以迅速地了解高尔夫运动的各个方面。对于中高级球手来讲，本书有众多的技巧和训练方法可以改善他们的技术，使他们逐渐达到更优秀的水平。

本书的英文原版由美国著名的人体运动出版社（Human Kinetics）组织出版。该出版社已有40余年历史，是全球首屈一指的专业体育类出版社，体育类出版物多年来排名第一。该出版社对于其出版和发行的图书要求非常严格，出版的范围涉及运动科学、运动训练、运动心理以及医学康复等。

作者Paul G. Schempp教授在美国佐治亚大学已执教25年之久，他曾经指导过美国职业高尔夫球协会和欧洲职业高尔夫球协会的冠军球手，包括Jesper Parnevik、Richard S. Johnson、Niclas Fasth、Fredrik Jacobson，也是《高尔夫文摘》的科学顾问，并作为美国职业高尔夫球协会的长期顾问，参加指导过众多的巡回比赛训练，担任了多次PGA巡回赛和奥林匹克运动的专业顾问。作者Peter Mattsson博士曾在英国高尔夫联盟担任了六年主管教练，并担任过瑞典国家队的总教练。在世界杯和众多的男女职业巡回赛中，指导过瑞典国家队以及许多欧洲和世界业余锦标赛的球手。两位专家将多年对于专业运动员的训练经验进行总结提炼，该书首版后反响强烈，目前本书是第2版。

全书结构明晰，清楚易懂。从最基础的高尔夫基本知识开始讲解，通过完整的配图使初学者对高尔夫运动有最直观的了解，尤其对高尔夫运动中的礼仪和规则讲解非常细致，读者会发现这些描述都是可以直接用上的最实用的知识。在其后的各章中，用循序渐进的方式对各种运动技巧进行讲解和示范，使读者对每个章节都很有兴趣。在每章，都有进阶的技巧，这些技巧会使那些中高级高尔夫爱好者也受益匪浅。

本书有以下几个明显的特点非常有利于大家学习高尔夫球。

1. 本书对于高尔夫球的训练先从推杆开始，然后尽量从短杆进行训练。这种教学方式可以使学员不至于很快感到枯燥。因为这些球杆比较好控制，对于初学者来讲，较容易产生自信心和成就感，这种从短杆开始的训练方式也是我们在清华大学学生高尔夫球协会培训新会员过程中总结出的一种有效的训练方法，和本书的方法不谋而合。

2. 本书在每个章节都设计了较多自测题和同伴评估题目，这对于初学者的自我练习和结伴练习都非常有效。学员掌握了基本动作后，往往需要到高尔夫球练习场进行自我练习，这时如何评估自己的练习结果就非常重要了。

3. 本书非常强调"击球策略"思想，这种思想越早植根于高尔夫球手大脑中越好，因为在球手进行的各种高尔夫球比赛中，任何一次击球都需要思考击球策略。这种思维方式无论是对专业运动员还是业余爱好者都是必须养成的习惯。

4. 此外，本书将多个进阶技巧巧妙地融入各章中，这样有利于学员循序渐进地掌握这些技巧，这也是我们在高尔夫球协会中培训会员的经验。

当我第一次读这本书时，我坚信这本书的作者一定是有大量教学实践经验的。因为我们在训练协会会员时遇到过很多书中描述的问题，在担任清华大学学生高尔夫球协会会长期间，每年都要培训很多新的协会会员，当时所面临的问题与两位作者一样，一是如何让协会会员的兴趣可以长期保持？二是如何让协会会员的高尔夫球技能很快提高？我们发现，如果按照当时较流行的学习方法，让会员一开始就花很长的时间练习7号铁杆，那么会员很容易把击球距离作为唯一目标，而动作和方向都会出现问题。且时间一长，部分会员就觉得枯燥无趣。后来，与时任北京大学学生高尔夫球协会会长的张登一起探讨，一致认为从短杆开始教授会员比较好，这种训练方法的效果非常显著。另外，我们强调通过经常性的自我练习和逐步调节形成最适合自己身体状况的击球姿势，这种理念我们认为是符合体育运动规律的。在本书中两位经验丰富的专家也持有这种理念，我相信他们的这种思想也是源于多年训练实践的。

本书的翻译工作是在2018年春节前后完成的。虽然书中的内容以动作练习和训练方法为主，与许多专业学术类书相比要简单很多，但是由于高尔夫运动在国内还属于小众运动，可参考的书比较少，所以还是需要反复权衡和斟酌，以至于现在才得以出版。

最后，向作者及所有为本书付出努力的人致以敬意！感谢人民邮电出版社的远见卓识，在高尔夫运动成为奥运会正式项目之际，引入了如此优秀的训练教材。期待每个高尔夫球爱好者都能从中受益，提高自己的水平。

谨以此书献给我们的孩子：Adam、Peter Schempp、Fillip、Elina和Max Rocksén。他们让生活中的烦恼变得如此可爱。

目录

前言

人们常说需要花上一生的时间才能精通高尔夫（简称"高球"），而我认为一生的时间或许都不够。当高尔夫球童的时候，我一直致力于学习高尔夫，同时寻找能够帮助球手们成功的最佳途径。但不论与他们一同分享过多少次胜利的喜悦，我始终有更多的期望。

在我与高尔夫接触的过程中，有一部分时间是与本书的合著者——保罗·G.申普（Paul G. Schempp）和彼得·马特松（Peter Mattsson）一起度过的。我们常常在教练培训课程和职业高尔夫赛事中相遇，并且相互交流指导策略和球员发展的心得。作为教练，他们对于高球的认识、经验以及技巧，曾为我提供了许多有价值的信息。因此，我相信这本书的内容也一定会使你受益匪浅。

想要享受高尔夫所带来的快乐，你需要在理解它的同时按照让你满意的标准去打。本书会在这两方面对你进行指导。本书会循序渐进地带你熟悉打好高尔夫的基本功：用推杆推球、近距离击球和全挥杆。你还会学到高尔夫的基本规则，如何优化在球场上的思考模式，以及获取一些实用的建议。这些内容能帮助你继续提升高球水平，进而增加你对这项运动的热情。

但请记住，一次性读完这本书并不代表着精通高尔夫。你仍需经常复习每一个要点，才能不断提高。没有人能够学习一遍便一劳永逸，这也是高尔夫之所以是一项终身运动的原因。在成长为一名优秀球手的道路上，你会逐渐明白，你有长项，也有短板；应该多花一些时间研究书中的重点，特别是关于你的短板的内容。在高尔夫这项运动中，少许理论加上大量的实践就能帮助你迎接任何挑战。尤其当你运用了本书中那些寓教于乐的训练活动，你会慢慢爱上练习，并且亲眼见证自己的技能不断提高。

高尔夫球场见证了我这一生的许多精彩时刻，而我仍期待能享受更多这样的体验。愿你也得偿所愿，让这本书带你领略高尔夫的美妙之处。玩得开心！

芬妮·苏尼森（Fanny Sunesson）

致谢

这世界上没有哪一本书的诞生是仅仅归功于作者的。呈现在读者眼前的这本著作，是很多人直接或间接努力的成果。首先，我们要感谢Tom Heine为这本书所做的贡献。当Tom第一次打电话来建议编写第2版时，我们拒绝了，我们认为第1版已经足够好了。但Tom说服了我们，而且他是对的。这是一个更加完善和崭新的版本。Tom，感谢你给予这个项目和我们作者的信念，也感激你对我们的耐心。

另外两位职员Anne Hall和Neil Bernstein也在这项工作中竭尽了全力。作为策划编辑，Anne为这本书做出了令人钦佩的贡献。在将这些原稿编成一本高质量图书的过程中，她的指导和无限的耐心起到了关键作用。而书内的照片都要归功于Neil的技术、知识和天分。在拍摄这些照片的过程中，他格外小心谨慎。与他一起工作也充满了乐趣。感谢你们，Anne和Neil。

在此还应感谢照片中的模特们，感谢他们自愿花费时间。特别感谢美国佐治亚大学的高尔夫球队成员：Samantha Lee、Mookie DeMoss、Sepp Straka、Dave Cousart和Josh Shelton。我们也要感谢教练Chris Haack和Josh Brewer帮助我们，并允许以他们的球手作为模特。

如果不是我们有幸与这些高尔夫球手一同工作并成为朋友，也不会有这本书的问世。在尽力帮助他们成功的过程中，我们也更加懂得如何成为更好的导师和教练。尽管无法提及每个球手的名字，我们仍想传达一份特别的感谢：Luke Donald、Niclas Fasth、Mathias Gronberg、David Howell、Anders Hultman、Richard S. Johnson、Per-Ulrik Johansson、Fredrik Jacobson、Catrin Nilsmark、Per Nielsson、Jesper Parnevik、Carl Pettersson、Annika Sorenstam、Henrik Stenson。我们还要感谢Fanny Sunesson，虽然她并不是一位高尔夫球手，但她是高尔夫史上最伟大的球童和教练中的一员。Fanny不仅对我们的努力表示支持，而且她对于高尔夫敏锐的洞察力、在训练球手方面的经验也使我们共同受益。

最后我们还要感谢Pia Nilsson。很多年前，Pia单独问了我们每一个人："你介意我给你们合张影吗？"她做到了。而剩下的，就像他们说的，都是历史。谢谢你，Pia。

踏上高尔夫的成功之路

对初级、中级选手和老师、教练们来说，本书将会帮你奠定一个坚实的基础，在已有的成绩上加强技巧和认识。本书按顺序列出了通向成功的步骤，从推球入洞到在发球区打出流畅精准的第一杆。

在学习高尔夫的每一项基础——技巧、策略和规则时，初学者都会受益于书中清晰、简洁的信息。书中的说明及其图解不仅为读者提供了易于理解的指导，以便于实践每一种技巧，而且也展现了这些技巧如何能被有策略地利用，来加速成功。

本书对基础和专业级球技都提供了详细的解释，通过学习本书中介绍的与比赛相关的训练，中级球手会有机会改善他们的技术，逐渐达到更优秀的水平。他们会懂得什么时候、为什么、如何打出正确的一球。他们会学会分析高尔夫球场，将自己的技巧融入一套比赛计划中，从而做到错误最小化、潜力最大化。

对于老师们来说，本书提供了一套具有兼容性的指导方案。书中的信息、训练、活动以及评分标准，都可以被轻易改编并融入已有的指导体系。在高尔夫的历史、最新设备、规定、球场管理策略、运动心理及网上的高尔夫资源方面，老师们也会找到有用的信息。加入全面击球的关键信息线索、测量、自我检测演练、评估每个人的方式，就成为一套有价值的教学资源。

作为专业或业余球手的教练，我们明白每位教练都在不断寻找解决常见问题的新方法，以及经过验证有效的提高球手水平的办法。本书包含了一系列内容汇编，其中有我们与各级别的优秀球手（从初学者到有成就的专业运动员）合作过程中运用过的知识、技巧、策略和训练项目。在每章中，教练们都会至少找到一个有价值的知识点、灵感，或是独到的训练方法，来帮助他们提升球手的水平。

不论你打高尔夫是为了消遣还是为了竞技，当你不断在技巧和策略上提升竞争力时，你都会打得越来越好，并乐在其中。本书提供了一套循序渐进的方案，来提升你的球技，帮助你在球场上获得自信。请按照以下顺序学习每章的内容。

1. 阅读这一章中所需各种技巧的详细解释，理解这一章的重要性，以及如何实践。

2. 仔细研究图解，它们说明了每一种技巧的运用方法。

3. 阅读每一项训练的提示要点，练习并记录你的得分。

4. 找一位有资格的观察者：一位老师、教练或一位经过训练的搭档，在你完成每一组训练活动后评估你的技术。观察者可以利用每项训练说明的成功指标，来评估你对该技巧的运用情况。

5. 在每一章的结尾，再次审查自己的表现，然后计算训练所得总分。当你达到了所要求的成功标准，方可进行下一章的学习。

传奇高尔夫球手Ben Hogan曾经说过："没有人生来就是高尔夫球手。有些人天资过人，但也都需要经过磨炼。"作为获得62次职业高尔夫赛事冠军（包括四大锦标赛）的传奇球手，Hogan的话很有分量。让本书引领你成为更优秀的球手。这些章节会帮助你学习这项运动、扩充你的技术，通过关键线索和有效评估教会你如何打球，或采用经过验证的提升策略来训练。即使是高水平的球手，也会在本书中找到练习方法，来帮助自己提高击球水平和增加竞争力。

人们参加高尔夫运动有各种各样的理由。有的人认为，在美好的户外环境中打高尔夫是一项令人身心愉悦的体育活动。另外一些人认为，高尔夫提供了一个与同伴社交的窗口。还有人认为高尔夫球可以作为商务会谈的平台，能提供一种轻松的氛围。对于那些热爱竞技的人而言，高尔夫比赛不可或缺。不论你对高尔夫的追求将会引领你达到何种水平，本书都会使你在成为理想球手的道路上更进一步。

高尔夫球运动

　　走向第一个球梯开球难免令人又紧张又兴奋。你会犹豫：今天我会打一场好球，还是一塌糊涂呢？对良好发挥的期待和对球场未知因素的忐忑不安，自然都会交织在一起。当你走上第一个发球区，把球座推入地面，将球置于球座上，退后一步做最后的拉伸，祝福完你的球友，顺着球道仔细观察另一边的目标，最终靠近高尔夫球，这些兴奋而紧张的心情都会与你如影随形。

　　很多个世纪以来，高尔夫一直是一项备受欢迎的娱乐活动，以至于在1457年，苏格兰国王詹姆斯二世不得不禁止这项活动，因为它将人们的注意力从射箭运动中吸引了过来。幸运的是，在圣安德鲁斯——世界上第一个高尔夫球场，高尔夫打败了箭术。沿苏格兰东海岸，在那个静悄悄的大学城里，五个公共高尔夫球场上，你可以轻易地遇到一场比赛。在去海边的路上，仍然有当地人牵着狗，或推着婴儿车漫步于著名的老球场的球道，也许刚好经过第一个发球区。而今天，高尔夫球场已经遍布世界各地。但不管你在哪里打球，球场都是大同小异的。

高尔夫球场

　　延续着圣安德鲁斯留下的传统，如今的标准高尔夫球场有18个球洞。 从球洞的起始点开始，每个球洞都有一个发球区和一片草坪平整的区域，叫作果岭。果岭中央有一个球洞，并插有一面旗帜。

　　这18个球洞由标准3杆洞、标准4杆洞、标准5杆洞组成（图1）。为某一洞预估的标准杆数，是球场设计者通过评估认为一流球手完成某一洞所需的杆数。球场设计者估测，一位一流球手将球打到果岭后，需要击出两杆使球入洞，而这位一流选手一杆就能将球打到果岭，这个球洞就是标准3杆洞。换种说法，在打一个标准3杆洞时，球手应该一杆将球打到果岭，再用2杆将球打进洞。设计者也设计了需要2杆或3杆才能将球打到果岭的球洞，因而有标准4杆洞和标准5杆洞。在这些情况下，发球区和果岭之间会有一条球道，这样球手可以在开球后再将球从球道打到果岭。

　　一个高尔夫球场的总长大概在4572到6400米。短距离球洞约73到220米，中距离球洞约220到420米，而长距离球洞有550米以上。为了给球手提供各种难度的挑战，每个

图1 高尔夫球洞示例：*a*. 标准3杆洞；*b*. 标准4杆洞；*c*. 标准5杆洞

球洞都放置了多个发球台。以北卡罗来纳州的松林（Pinehurst）球场为例：从靠前的开球座算起，第二个球场长4604米。但如果从靠后的开球座算起，同一个球场长6853米，与之前相差了2000多米！采用这种设计方法是为了让各种水平的选手都能够享用同一个高尔夫球场，这也是高尔夫如此受欢迎的原因之一。作为美国高尔夫公开赛的场地，松林2号球场同时为初级球手和世界顶级球手提供了一展身手的机会。不过要为初学者提个醒：在松林2号球场这类场地比赛时，从前面的开球座开始！

在迫不及待地进入球场之前，你需要有一些装备，弄清楚高尔夫比赛的评分标准，学好基本规则和礼仪。这些内容在我们书中都有介绍，并会在整本书中不断地提及。另外，你还需要一些关键技能和策略，接下来的章节会帮助你掌握它们。

装　备

不论对初学者还是资深球手，高尔夫装备都令人困惑而不知所措，因为可供选择的数量与种类都太多了。但是，作为一个球手，你最需要两样东西：球杆和球，外加一个高尔夫球包，能够使你稳定站立的鞋，还有少量配件，这些可以帮助你优化运动体验，提高技术水平。

高尔夫球杆

高尔夫规则规定，一场高尔夫比赛中，每个球手最多携带14支球杆。为自己选择合适的球杆就要了解可选的球杆范围、你的个人水平和球场的条件。高尔夫球杆可分为四种：金属杆、铁杆、挖起杆、推杆（图2）。所有球杆都由三部分组成：球杆握把、杆身和杆头（图3）。

图2　金属杆、铁杆、挖起杆、推杆组成了一整套高尔夫球杆。球场上，每个球手最多携带14支球杆

在所有球杆中，金属杆的杆头最大，杆身最长。由于在过去它们的杆头由柿木制成，因此也曾经被叫作木杆。而如今，它们的杆头由各类金属制成，其中钛因为具有良好的强度和延展度而更受推崇。

金属杆的标号为1号、3号、4号、5号、7号、9号。最大号码的金属杆的杆面斜角最大。杆面斜角是球杆面与垂直线（和地面相较）之间的斜角。当球杆被平置时，球杆面越倾向天空，它的杆面斜角就越大。杆面斜角越大，球的飞行轨道越高，距离越短。1号杆是发球杆，它的杆头常常没有数字标记。3号、4号、5号、7号、9号杆也被作为球道用杆，顾名思义是在球道上最常用到的球杆。一个普通球手所携带的金属球杆通常是发球杆、3号和5号金属杆，它们能使球的飞行轨道更高、更易于击球。很多球手也愿意加上7号和9号金属杆，舍弃一些长铁杆。

铁杆的标号从1到9：1号铁杆杆面斜角最小、杆身最长；而9号铁杆杆面斜角最大、杆身最短，也因此能将球打出最高的飞行轨道和最短的距离。由于杆身长、杆面斜角小，1号、2号铁杆不太建议普通球手使用。大部分铁杆按照3到9成套出售。铁杆的杆头由铁制成，因而得名。但是，如今铁杆的杆头已经是合金制成。

图3　所有高尔夫球杆都有握把、杆身、杆头

由于使用1号、2号、3号铁杆（对有些球手来说也包括4号、5号）击球较为困难，高尔夫球杆制造商已经开始制造一种混合杆。混合杆拥有球道杆的杆面斜角，因此容易挥起；还有铁杆的长杆身，这样球杆更易被控制，而不会像用普通球道杆那样将球打得很远。从初学者到巡回比赛的专业球手，各级别选手都已经将混合杆作为包中常备的标准用杆。

铁杆通常采用两种杆头：锻造的和周边承重的。锻造铁杆的杆头重量主要集中于杆头中心，而周边承重的铁杆将重量平均分布在杆头外部四周。对于频繁用杆头中心击球的高水平球手，锻造铁杆的手感和效果都更好。对于普通水平球手，由于无法每次都用杆头中心击球，周边承重的铁杆给予他们更多机会，帮助他们更恰当地应对那些偏离了杆头中心的球。近年来，周边承重的球杆已经成为大部分选手（包括巡回职业选手）的必备选择。

挖起杆是一种球杆底部稍经改良的铁杆，便于杆头在沙坑和果岭边的长草区内移动。典型的挖起杆有近距离轻击杆、短挑回旋杆、沙坑挖起杆、高抛挖起杆。LPGA（女子职业高尔夫球协会）巡回赛选手 Annika Sörenstam 的包里常备四支挖起杆，但大多数球手只携带一支短挑回旋杆和一支沙坑挖起杆。

由于挖起杆拥有最大的杆面斜角，它能够让高尔夫球产生最大程度的旋转，打出强后旋球，或使球停在果岭上。同时，挖起杆的杆身最短，因此更容易掌控。挖起杆融合了最大杆面斜角和最短杆身，常被用来打短球或得分球。使用挖起杆是减少杆数的一种可靠办法。

推杆则有各种形状和长度，球手可以从长推杆、腹式推杆、标准推杆中自行选择。使用长推杆时，杆尾部应靠近但不能置于胸口处，前手紧握杆顶端，后手紧握杆身中央。使用腹式推杆时，杆身末端应该在离球洞最近处抵着手臂内侧。而使用标准推杆时，双手都该握住杆身末端。目前标准推杆的长度是最常用的。市面上可以看到各种推杆头，并且每年都在不断更新。在选择推杆头时，最好的办法是多加尝试，直到找到对你来说最舒适并能使球入洞的那一个杆头。你在球场上的发挥远比外表重要，所以应将眼光锁定在那些更实用的推杆上。书中第一步会更详细地说明推杆和推击球的方法。

关于球杆的最后一点建议：订制适合自己的球杆。如同你不会穿着不合脚的鞋踏上高尔夫球场，你也不应该用不合手的球杆打球。在美国大部分球杆店可以按照你的挥杆标准改制你的球杆。如果你要购买新球杆，这项服务通常是免费的。如果商店不提供这项服务，找一位美国职业高尔夫球协会（PGA）或女子职业高尔夫球协会认证的专业人员，可为球员改制球杆。你的杆身会被改制成合适的长度和曲度，杆头拥有最佳的位置和斜角，以及合手的握把尺寸。在这个过程中，你所投入的时间和金钱将会在球杆的常年使用中得到回报，你的付出是非常值得的。当然，决定为改制球杆投资之前，还是要先投入运动本身之中。

高尔夫球

历年来，高尔夫球的制作工艺经历了许多改进，这些改进都能使球手受益。如今的高尔夫球能够飞行得更远，侧旋更小（侧旋这种力量能影响本身完美的一记发球，使其变成大曲线扫过，形成右曲球）。和球杆一样，高尔夫球也分许多种，其中区别既在它的内部也在它的外部。因为这些设计特点会在包装上说明，而不在球上，所以记得仔细阅读标签。

根据内部特点，高尔夫球分为一个核心、两个核心和三个核心。多个核心能够产生更多的逆旋，使高水平球员对于他们的发球会有更多的控制权。在一个优秀球手的操作下，有些多核球会从杆头加速度中获得更远的射程。单核高尔夫球旋转较小，但飞得更远。这也是初级到中级选手，以及挥杆速度较低的球手所喜爱的特点。

根据外部特点，高尔夫球的外壳分为软球和硬球。软壳球的感觉更好，尤其是对于短球和推球来说，但只有技术过硬的球手才能感受到这个特点。软壳球一般价格较高，而且不够耐用。而硬壳球则较耐用，旋转较小，较便宜，这些品质对初级和中级球手来说都更具吸引力。

你该用什么样的高尔夫球呢？由于选择太多，这个问题也很难回答。如果你只是刚开始学习，选择中心坚固、外壳耐磨的球就可以了。这种球价格较低、较耐用、飞得较远、旋转较少，并且飞行线路比较笔直。基于当前水平，你的表现更多地取决于你的挥杆技巧，而不是高尔夫球，所以应将关注点多放在提高技术水平上，不要为用球而烦恼。不过，你很容易在遇到积水、茂草、树林或出界时将球遗失，遗失一个廉价球自然不会像遗失一个几美金的球那样令人心痛。当你的水平逐渐提高以后，可以尝试各种中等到高价的高尔夫球，直到找到最适合自己的。如果你对这项运动越来越认真，你可以直接从高尔夫球生产商那里寻求建议。

配件

打高尔夫球，一套球杆和一个球就是你需要的所有装备了。但一些额外的配件可以帮助你更有效率、更舒适、更愉悦。如果你不想胳膊上挂着14支球杆在场上走来走去，还是准备一个高尔夫包吧。两种最常见的高尔夫包分别是支架包和车载包。支架包是为那些在一场球赛中喜欢步行的球手准备的，这种包比车载球包体积小、轻便，底部被置于地上时，它会自动开启自身的支架设计，使包保持直立，并让球杆倾向球手，便于他们选择。车载包则是为那些喜欢坐车穿越球场的球手准备的，它较大、较重，可以绑在球车后面。所有高尔夫包都有口袋，可用来存放球、球座、毛衣或雨衣，还有其他必备物品。大部分高尔夫包有圆环，可用来固定雨伞和毛巾，以及一个罩套。

挥杆时，平衡性是一个关键因素，而高尔夫球鞋是经过特殊设计的，来帮助你在挥杆时保持两脚稳定地立在地面上。高尔夫球鞋也增加了防水设计，以免降雨和露水浸湿你的脚。由于一场普通的高尔夫球赛要花费4到5小时，舒适、合脚的球鞋所提供的帮助让它们成为最受推崇的配件。和其他运动鞋一样，你最好在购买之前亲自试一试。一个有经验的店员应该可以在质量、耐用程度、价格方面给你适当的建议。

你还应该考虑在球场上准备一把雨伞。基于你的地理位置，在你打球时可能会常常下雨。为了保持干爽舒适，一把雨伞是非常必要的，最好是一把防风高尔夫伞。这种雨伞的伞篷很大，能够在倾盆大雨时遮住你和球包。防风雨伞的顶端附近有一个通风口，这样风会从伞篷内排出，防止雨伞弯折或损坏。

如果你的手易出汗，太过柔软或太过敏感，你可以考虑戴一只高尔夫球手套。在全挥杆时，把手套戴在你目标侧的手上，这样会更容易发力。是否戴手套完全是一个个人喜好问题。

其他包中常备的配件还包括修改标志的工具（用来修改果岭上的球迹），以及放置高尔夫球的球座和防晒霜。

计　分

球从发球区直到入洞，所需的杆数是高尔夫的胜利标准。杆数越少，球手水平越高。一场比赛中，计数从第一次发球开始，在球进入第18个球洞结束。每当你做出击球的动作，就被计作一杆，不论你是否碰到了球。

每个高尔夫球场都有一个标准杆等级。标准杆标示每位一流球手完成18个球洞所需杆数。如之前提到的，每个球洞都有自己的标准杆数，而18个球洞的标准杆数之和就是整个球场的标准杆等级。标准3杆洞的距离最短，因为一流选手只需一杆就能把球从发球区打到果岭，然后再推两杆使球入洞。标准4杆洞需要2杆打球上果岭，其中1杆从发球区到球道，再1杆从球道到果岭。标准5杆洞允许球手用3杆将球从发球区打到果岭。典型的18个球洞的球场由4个标准3杆洞、10个标准4杆洞、4个标准5杆洞组成，即一个标准72杆球场。

对于你所用杆数与标准杆数的差距，高尔夫也有专用术语。如果你只用了一杆就将球从发球区打进洞里（通常只出现在标准3杆洞），这就叫作一杆进洞。如果你的入洞杆数比标准杆数少了两杆，这就叫老鹰球。一杆进洞和老鹰球都是不太常见的情况。比标准杆数少一杆的情况叫小鸟球，也是一个非常难得的分数。对于初学者和中级水平的球手来说，超过标准杆数的情况是很常见的。超过标准杆一杆叫作一柏忌，超过两杆叫作双倍柏忌，而超过三杆则是三倍柏忌，以此类推。

用什么方式应对一个球洞和球的落点都会影响你的成绩。如果开球时，你的球停在球道内，这就叫球道命中。如果在标准杆分配的杆数内，你能把球打到果岭上（例如一个标准3杆洞对应一杆），你就达到了上果岭的水平。如果你错失了果岭，但可以通过切球或劈起球使球达到果岭，然后一次推杆使球入洞，这就被叫作两杆入洞。从果岭侧沙坑打出的两杆入洞被叫作沙坑救球。你完成一场球所需的推杆数代表了你的推杆水平。标准杆规定36次推杆，如果你能发挥出低于36次推杆的水平，你就是个优秀的推杆手。对于一个高尔夫球手来说，这些名词是你胜利与否的重要标准。在这些方面你越熟练，你就越优秀。

保存计分卡

当你在开球时间入场时，你会拿到一张球场提供的计分卡。一些球场也会把计分卡放在球车里或是第一发球台的盒子里。计分卡会列出球洞、每个洞的标准杆、每个发球区到球洞的距离、每个球洞周边的障碍（图4）。这些不利条件显示了该球洞的入洞难度与其他球洞的对比。号码最小的球洞（1号）是难度最大的，而标号最大的球洞（18号）是难度最小的。球场比率和坡度也被列在计分卡上，这些数字代表了与其他球场相比该球场的难度，比

球洞号数	1	2	3	4	5	6	7	8	9	前九洞	始发	10	11	12	13	14	15	16	17	18	后九洞	18洞的总长度	
金梯	402	495	428	197	450	182	445	406	522	3527		400	451	210	510	229	381	405	548	456	3590	7117	M74.5/136
蓝梯	368	487	398	169	427	176	410	382	507	3324		388	401	186	500	189	367	368	535	400	3334	6658	M72.1/130
白梯	337	471	370	145	405	160	380	353	477	3098		363	370	164	487	160	345	331	506	390	3116	6214	M70.4/125
果岭	315	439	348	117	117	132	353	322	432	2849		354	347	149	462	124	315	305	426	346	2828	5677	M67.8/115
标准杆	4	5	4	3	3	3	4	4	5	36		4	4	3	5	3	4	4	5	4	36	72	HCP · Net
差点	5	11	13	15	15	17	1	7	9			14	12	16	2	18	10	6	8	4			
果岭	315	439	348	117	117	132	353	322	432	2849		354	347	149	462	124	315	305	426	346	2828	5677	W72.8/131
红梯	294	405	316	98	98	107	348	289	417	2628		329	313	126	415	112	273	275	421	325	2589	5217	W70.6/123
标准杆	4	5	4	3	3	3	4	4	5	36		4	4	3	5	3	4	4	5	4	36	72	
差点	3	9	1	15	15	17	11	13	7			8	12	16	2	18	10	14	6	4			

日期：　　　　　　得分：　　　　　　签名：

图4　计分卡示例

率越高的球场难度也就越大，比如一个70.6/132的球场难度就超过一个67.6/121的球场。

虽然计分卡提供了关于球场和球洞的信息，但它最基本的意义是为了让你在比赛中记下你的杆数。当你打一场高尔夫球赛时，记下你在每个球洞所用的杆数，包括罚杆数。大部分球手只记下所用杆数，但一些球手更倾向于多记录一些信息。举个例子，如果你在一个球洞打出了小鸟球（比标准杆少一杆），你就在写下的数字上画圈；如果你打出了老鹰球（少于标准杆两杆），你就在数字上画两次圈；打出一柏忌（高于标准杆一杆）时在数字外画一个方框，打出双倍柏忌就画两个方框，三倍柏忌画三个方框，以此类推。

在高尔夫锦标赛中，球手们会习惯性地交换计分卡，并且记下对手的得分。在业余比赛中，球手们可以自行计分，或一队选手中的某一人可以在一张卡上记录所有人的分数。不过需要注意的是：在锦标赛中，谨慎检查每个球洞的得分和总得分。如果你在计分卡上签名并上交给大赛组委会，却被发现计数有误，你会被自动取消参赛资格。1968年，Roberto De Vicenzo 本来已经赢得了高尔夫界最受瞩目的比赛之一——美国大师赛，然而他却被发现不小心算错了计分卡，因此被取消了参赛资格。如果你要自行计算得分，一定要确保计算正确！

基本规则

高尔夫运动的根本目标是要在场上用最少的杆数把球打进每个洞里。基于此目标，这项运动的规则提供了一个框架，来规定球手可以或不可以出现的行为。这些规则促使竞争公平公正，不论是球手与球手之间，还是球手与场地之间（你与标准杆的较量）。你对高尔夫比赛规则理解得越透彻，你对高尔夫的概念也就越清晰，从这项运动中获得的乐趣也就越多。

高尔夫规则通常包括因选手特定行为而产生的判罚，以及场上的突发状况。违背某项规则会被面临罚一杆、罚两杆或取消成绩的后果。这些规则也为某些球场情况提供了选择权。这些规则明确了在准备击球时、球在静止时的周边环境，以及不受球手控制的球场情况下一个球手的规定行为。

高尔夫比赛规则是为维护高尔夫的公正精神而存在的。作为一个高尔夫球手，你有义务了解并遵守规则。如果你对某项规则不确定，你可以询问同伴或对手。不论何时，你都必须遵照这些规则，否则高尔夫便不再是高尔夫。

如你在接下来的规则中将会看到的，在很多情况下，你要在球的原本位置重新击球。如果你认为你的球可能因为障碍或出界而遗失，你可以宣布你认为这个球是无法打的，转而从原击球点打出暂定球，以免比赛规定你必须重新返回第一个球。这样做的好处是让球手不需要在场上折返，从而保持比赛的节奏。如果在打出暂定球之后，你发现第一个球是可以打

图5 自由抛球

的，你可以收起暂定球，使用原球。如果第一个球是无法打的，宣布出来，然后使用暂定球比赛，评估相应的判罚结果。

这一章节将会带你审视比杆赛的关键准则、最常见的打分系统以及比赛中的典型突发状况。但是，当你渐渐对这项运动越来越严肃认真，尤其是有参加竞技的打算，你则需要熟悉USGA（美国高尔夫球协会）制定并发布的高尔夫比赛规则。

抛球和自由抛球

在高尔夫球场上，球可能会因为一些你无法控制的特定情况而静止，这时你不会被判罚。在这些情况下，你可以选择在球静止处继续打球（这是打高尔夫球时最常见的选择），或要求在障碍处抛球使球自然下落。后者可以让你公平地完成重置球（图5）。

如果你选择了自由抛球，你必须站在障碍区之外球能够顺利下落的最近位置。在此处，将球举到与肩齐平的高度，伸直手臂，在一杆距离之内让球自然下落，但是不允许球停下的位置比你抛球的位置距离球洞更近。

你有权要求抛球的环境包括但并不局限于以下条件：

- 处于维修中的地面（通常以标记或白漆进行标示）。
- 嵌筑于球场内的人造障碍物（如铺设的球车道，洒水装置的莲蓬头和金属栅板）。
- 穴居动物所留下的孔洞。
- 降雨或洒水装置所留下的临时积水（通常球场上不会积水）。
- 立桩支撑的树或灌木（不允许从无桩支撑的树或灌木处抛球，因为它们被视为球场的自然组成部分）。

罚一杆

某些情况会导致球手被罚一杆。在罚一杆的情况下，你的击球杆数会被增加一杆，即使你并没有击球。当你的判罚一经评定，进一步的规则会制约你如何继续打球。

- **遗失球**。如果经过五分钟的搜寻你仍无法找到球，球将被宣告遗失。因此，你需要在原击球点处重新击出一杆新球，加上额外被罚一杆。在分数上，对遗失球所击的一杆，以及被罚的一杆都将被计算在内。这被认为是击球和距离所造成的损失。

- **界外球**。如果你发球超过高尔夫球场边界的白色立桩，这个球即是界外球。如果球身任何一部分仍在白色立桩所限范围内，这个球即被视为界内球。同遗失球一样，对界外球的处罚也是击球和距离所造成的损失，你需要在原击球点打出下一杆球，并加记额外的罚一杆。

- **直接水障碍**。黄色立桩所标示的水障碍被视为直接水障碍。如果你的球恰巧停在了黄色立桩所限范围内，你会面临三个选择。第一种选择，你可以从球停止处击球，避免被罚杆；但是你的球杆不能触碰任何障碍区域内的物体，直至你发起挥杆击球的动作，否则你将会被罚一杆。第二种选择，你可以在原击球点处重新击球，代价是被罚一杆。第三种选择，你可以后退到离球洞任意距离的地方然后抛球，同样罚一杆。

- **侧面水障碍**。用红色立桩标示的水障碍是侧面水障碍。侧面水障碍的流向通常与球场平行。如果你的球停在侧面水障碍区内，你有四个选择。第一种，你可以从球停止处击球，避免被罚杆；但是你的球杆不能触碰任何障碍区域内的物体，直至击球。第二种，你可以回到原击球点处重新击球，代价是被罚一杆。第三种，你可以判断球在哪一点落入障碍区，然后在该点的两支球杆长度范围内重新抛球，但不能更接近球洞，接受罚一杆。第四种，你可以走到球进入障碍区位置的较远一边。把球洞和球进入障碍区的点连成一条线，把一个球抛出你希望的距离，只要和球洞以及进入点在一条直线上，代价是罚一杆。

- **无法击球的球位**。如果你判断一个球的球位无法击球，例如当它靠着树，或在浓密的灌木丛之下，你可以宣布无法击球然后接受罚一杆。此时你可有三个选择。第一种，你可以从原击球点重新击球。第二种，你可以在球停止处的两支球杆长度范围内自由抛球。第三种，你可以在球洞和无法击球的位置所构成的直线上后退任意距离，然后自由抛球。

- **意外移球**。在球离开发球区但还未入洞的过程中，如果你将球从它的原本位置移开，你必须把它放回原位并接受罚一杆。如果你无法将球放回原位，你将会被罚两杆。

罚两杆

某些情况会导致球手被罚两杆。在罚两杆的情况下，你的击球杆数会被增加两杆，即使你并没有击球。当你的判罚一经评定，进一步的规则会制约你如何继续打球。

- **球杆触碰障碍区**。如果在准备挥杆前，你的球杆在障碍区（如水障碍或沙坑）内接触地面或固定在地面上的任何物体（比如一棵树或一支标杆），你会被罚两杆。

- **打错球**。如果你打了非比赛用球，你会被罚两杆，并必须找到你的比赛用球继续比赛。球手在自己的高尔夫球上做识别标记是合情合理的，但是在标记时不能改变球的性质。防水记号笔的效果最好。球手们通常用线、符号、点、名字缩写作为标记。爱尔兰职业高尔夫球手Darren Clarke会在他的球上画一个与众不同的绿色三叶草，便于在球场上辨认。

- **在果岭上推球时击打到插旗或其他球**。如果在果岭上推球时，你的球击中旗杆或其他球员的球，你会被罚两杆。你需要把对手的球放回原位，然后在你的球停止处打下一杆球。在推杆区击球前，看清插旗或迁移插旗是你的责任。在果岭之外的区域击中旗杆不会被判罚。如果你认为对手的球停在你的推击路线内，可请求你的对手用一个小物体标记下球的原本位置，然后将球从果岭移开。

- **寻求建议**。在竞赛过程中，你不能寻求任何对你的成绩有辅助作用的建议，比如用什么球杆或如何挥杆。但是，你可以询问关于球场的普通信息，比如码数标记或球洞的位置。如果你在接受现场指导，并且不打算用成绩参加比赛或作为让杆数，这项规则就不成立。

取消资格

如果你打错球，并且在下一球洞发球前没有及时纠正，你可能会在竞赛中被取消资格或成绩作废。如上文提到的，计分错误也可能会造成取消参赛资格，计分错误通常由于某个球洞计分错误而产生。如果你在某个球洞造成了判罚，但并没有自我评估该项判罚，你记录下的分数就是错的，也可能会因此被取消资格。

礼 仪

高尔夫运动历史悠久，为这项运动留下了许多社交礼仪，这些礼仪会增加你的乐趣，并优化你的竞技环境。违背礼仪的行为不会受到判罚，但这样的行为被认为是非常无礼的。遵守高尔夫礼仪，可以使所有球手能够一起享受这项运动，同时也传达出你对这项运动的理解。你在球场上遇到的大部分球手都不会太过在意你的技术水平，但是他们会介意你是否缺乏高尔夫应有的社交风度。下面是球场上10个关键礼仪。

1. 做一个团体选手。如果发令员将你安排在一个团队里，利用这个机会去了解其他球手。
2. 准时发球，守序发球。
3. 按照正确的顺序比赛。

4. 在果岭上，守序比赛，标记好你的球，留意插旗。不要站在或行走在准备推杆的球手的视线内、目标线或返回线上。在其他球手推杆时保持安静和静止。

5. 打球时保持适当的速度。在轮到你时准备好上场，让速度更快的队伍优先。

6. 爱护球场。

7. 注意安全。

8. 正确操作高尔夫球车。

9. 在球场上装扮得体，遵守球场的着装规范。

10. 对你的对手、其他球手、球场的维护人员保持应有的礼貌。

小组比赛

一场高尔夫球通常采用两人组、三人组或四人组的形式。你可以独自比赛，但是小组形式是主流。如果你单独来到球场，发令员会将你安排在其他小组里，你应将其视为了解其他球手的机会。

发球时间

球手们通常在比赛前一周内联系高尔夫球场安排开球时间。球场会安排好你的场次时间，你需要准时到达球场上的第一发球台打出第一球。你应该在发球时间前一小时到达球场，确认你带上了所有需要的装备，到发令员处报道，在练习果岭上练习几次推杆，并在练习场地击打几球来进行热身。

第一个开球的球手被认为是荣幸的。在第一个球洞，客队通常享有这项殊荣。其他情况下，这项荣誉由掷硬币来做出决定。对于第一个球洞之后的每个球洞，上一个球洞的得分最低者拥有这个荣誉。如果在前一个球洞有两个球手的分数并列最低，则由再前一个球洞的得分来做出决定。

比赛顺序

在所有球手发球完毕后，每个球到球洞的距离决定了后面的比赛顺序。球距离球洞最远的选手最先击球，其他球手应该留在他身后直到他打出球，接下来是距离球洞第二远的球和球手。当完成一个球洞的比赛后，下一个球洞的比赛顺序取决于分数，由低到高排序。

在果岭上

由于在果岭上球手们相互接近，会出现大量的举动，因此球手们在果岭上的高尔夫礼仪尤其重要。规则和礼仪能够确保球手公平地致力于自己的比赛，避免不当延误。

推杆顺序和球道的比赛顺序相似，球距离球洞最远的球手是首先推杆的选手。不论所有选手是否都在果岭上，这条规则都成立。比如一个球手在果岭上距离球洞6米，另一个球手距离球洞3米，但人在果岭边的长草区，距离球洞最远的球手，也就是果岭上的球手有优先权。但是，小组通常会给长草区的球手优先权，这样在开始推杆前，所有球手都在果岭了。长草区的球手也可以决定上果岭打球或是等待。

当你到达果岭时，标记你的球是一种常见的礼仪，本书会在第1章中对此做出更详细的解释。但简而言之，标记你的球意味着放置一个小物体，比如一枚硬币，放在你的球后，然后将球从果岭上移开，直到轮到你推杆。当轮到你推杆时，把你的球放在标记的前面，移除标记物，然后推杆。

如果你的同伴中有人的推杆距离过长，以至于他很难看到球洞，帮他照管旗帜是一种礼节。照管旗帜意味着一个球手站在球洞旁边，一只手放在旗杆上，使将要推杆的球手能够看到果岭上球洞的位置。当球手完成推杆动作后，照管旗帜的人要把旗杆从球洞移除，这样其他推杆的球手就不会因为击中旗帜被罚两杆。在果岭之外击球的球手可以选择移除旗帜，或让它留在球洞里，因为在果岭之外击中旗帜不会受到判罚。

还有几条礼仪决定了果岭上哪些区域——准确地说，哪些区域不可以站立或行走。首先，你不应该站在一个正在推杆的球手的视线内。在推杆视线范围内，推杆球手可以直接看到球和球洞，以及球后方和球洞外的区域。站在其他球手的视线内被认为是非常无礼的行为，因为这样会干扰球手。当其他球手在推杆或击球时，你应该保持安静且静止不动。

第二，你不应该在对手的目标线或返回线内行走。目标线是球在果岭上可能经过的潜在路线。返回线是一旦球越过球洞，需要被推回球洞时可能经过的路线。由于果岭是个敏感区域，容易被磨损，而脚印会留下小的坑洼。这些痕迹可能会使一个好的推球偏离球洞，导致不公正的结果。

比赛节奏

比赛节奏代表打一场高尔夫球所需的时间。在大部分球场上，一场比赛需要3.5小时到4.5小时，时间取决于球场的长度和难度。注意以下几件事，并保持比赛速度，不要急于准备和完成击球。

首先，时刻准备好在轮到你时上场。因为比赛顺序由球与球洞之间的距离远近来依次决定，你应该提前知道什么时候轮到你。当对手正在击球时，你应该走向球，开始准备击球。这样做还能够让你计划好你想打出一记怎样的球，并且在轮到你时，球杆已经在你的手里。不要仓促挥杆，但要快速靠近你的球，在轮到你之前尽可能多做准备。如果对你来说，社交也是一场比赛的重要组成部分，在走向球时可以与其他人展开交流，但要在轮到你时提前做好打球的准备。大部分球手不介意和初学者一起比赛，但他们会介意与一个不能及时做好准备、拖延比赛速度的球手共同竞技。

当你打完一个球洞时，快速离开果岭，把它留给你后面的团队。一边走向下一个球座，一边记录下你的成绩。当你到达下一个球座时，判断好谁有最先发球权，然后完成你的发球。

有些情况下，你后面的小组的完成速度可能会比你所在小组更快。如果你注意到你身后的团队需要等你们结束后才可以完成他们的击球，并且你们的前面没有人，让他们先打是一种礼仪。比如，如果你的团队内有人遗失了球，而你们打算花时间寻找它，首先应考虑挥手令后面的小组先行通过。当你挥手让他们通过后，应站在球道边上或远离果岭，这样他们可以不被干扰地打球。这种礼仪能够为每个球手保持比赛节奏。

高尔夫球场维护

想象一下，当你走向你落在沙坑内的球，看到它落在别人的脚印深处。或者，想象在你的球和球洞之间看到一个大大的标记。无论在哪个情况下，你都会不自觉地感到某些人的无礼行为而令你遭受了损失。如果在你之前的球手耙过了沙坑或恢复了标记，都会有助于你打出一记相对好的球。因为我们都在球场上打球，我们都需要参与球场的维护，来保证在我们之后的球手能够享受到最好的球场条件。你要提高期望度并且尽力做到最好。

在果岭上，要格外留意尽可能保持推杆区域的地面平滑。从球洞移除旗帜时，应小心将它放在果岭上，不要随手抛弃。行走时要小心，不要伤害草地。不要把高尔夫球包和其他装备放在果岭区内。永远记得修复你在果岭内打球留下的标记，并且要修复球留下的标记，在标记旁将球座或标记修复工具插入地里，然后将地表恢复原有水平，用推杆将不平整的区域按压平整。

在球道内，修复你在击球时削起的草皮，或者如果球车上提供沙子，用沙子填满它（图6）。还要修复草皮的断层，捡起被你的球杆削起的草皮碎片和土块，将它们放回断层的位置，然后踩压平整。

由于你必须从球的停止处继续打球，沙坑也需要特别的维护。你离开沙坑后，即使不能做得更好，也要确保沙坑至少和你使用前没有区别。耙平你留下的任何球痕和脚印。在耙平沙坑的过程中，从沙坑倒退着出来，在离开过程中轻轻盖住你的痕迹（图7）。最后将耙放回安全区域，注意尖头朝下。

安全意识

值得庆幸的是，高尔夫很少造成人身伤害，一部分原因是球手们小心保管自己携带的两

图6 修复球道内的草皮断层

图7 用耙子恢复沙坑

种危险工具：球杆和球。在挥杆前确保动作区域内的人已经离开，尤其注意你在预热挥杆时，小心其他人可能没有意识到你要挥杆。同样，你要知道你的球和你队友的球在哪里，如果有可能打到别人的球，不要击球。如果你打出的球有击中别人的可能，先大声喊出"准备"（等同于"做好心理准备"）。不要为喊出这个警告而感到尴尬，每个人都可能会打出偏离预计方向的球。球场上的人们都会预料到会出现偶尔打偏的球，但他们也期望并值得你给出一个及时的提醒。

球车选择

如今在球场上，高尔夫球车已经很常见了。虽然在一片优美的球场上步行是最好的选择，但是有些情况下这个选择并不可行。在操作一辆高尔夫球车时，你只能行驶在允许的区域内，永远不要开近或进入果岭区域。你应该将车停在不会干扰其他球手打球或视线的区域内。如果你需要把车停在车道上，尽可能多地带上你认为会用到的球杆，甚至多备几支，因为返回球车取球杆会减缓比赛节奏。如果你和别人共用球车，将它停到方便你们所有人打球的位置。

球手标准装扮

大部分球场都有着装规定，你在球场上打球需要遵守规定。大体上，着装规定为宽松长裤或短裤、高尔夫短裙、高尔夫衬衫、软钉鞋或运动鞋。运动鞋尤为重要，因为便鞋或厚底鞋可能会损坏果岭。不确定相关规定时，尽量穿着相对保守和整洁。为胜利而装扮！

遵守礼仪

优秀的运动礼仪是高尔夫的基本原则。高尔夫是唯一一项自行判罚的运动，即使最高水平的球手也是如此，比赛没有裁判员。你在打球时的方方面面都应当反映出良好的礼仪，但是不要误解，礼貌与竞争并不矛盾，你可以既保持礼貌，又仍旧极具竞争力。

高尔夫的礼仪从你如何对待搭档开始。当他们打球时，保持安静并静止不动。不要进入其他球手的视线内，也不要让你的影子落在其他人的球上或推杆的路线上。如果其他球手将装备遗落在你附近，请将它物归原主。必要时帮别人照管旗帜，或者你在沙坑附近时将耙子递给需要的人。你也会受到其他球手同样友好的对待。

你也应当有礼貌地对待其他团队里的球手。把噪声降到最低，因为其他团队的球手也许就在你身边打球。注意维护球场，保持比赛节奏，必要时让其他人先打。

最后，对球场的维护人员表现善意。一句简单的"请"和"谢谢"会展现你对他们的尊重和感激。美国大师赛冠军Phil Mickelson因为对赛事组织协调者、球场维护者不吝惜自己的善意与感激而闻名。他用自己希望被对待的方式对待别人。

高尔夫持有一项丰富而宝贵的馈赠。很少有运动会在如此自然美丽的环境中展开。男女老少都可以享受高尔夫，这是一项终身运动。高尔夫是能够让各个阶层、年龄、水平的人一起打球的少数运动之一。

既然你已经阅读了有关高尔夫球场、评分、装备、规则和礼仪的基本介绍，现在应将注意力转移到如何提高你的技术和加深你的认知。在接下来的章节中，你会通过几个步骤迈向成功。不管你是从未碰过球杆，还是已经打了几年球，这些步骤都会帮助你获得更好的技术，并将高尔夫变成一项令人享受和极具鼓励性的运动。

第1章

推球入洞

高尔夫的目标很简单：用最少的杆数使球入洞。如果你牢记这个目标，你会极大地减少你的杆数并增加兴趣。如果计分卡上，你的名字旁边是个数值很大的数字，精美的挥杆、引人注目的远球、昂贵的装备都不再有意义。如果在高尔夫运动中你想追求成功，那就通过最常用的使球入洞的方式来发展和改进你的高尔夫技能：推杆。

成为一名成功的高尔夫球手需要首先成为一名优秀的推球手。有史以来最伟大的高尔夫老师Harvey Penick曾经写道："高尔夫应该从奖杯开始学习，逆行回到球座上……如果一个初学者尝试从球座开始学习，进而到果岭，将短杆推迟到最后，他将是一个需要非常幸运才能打败任何人的初学者"（Penick, *Harvey Penick's Little Red Book: Lessons and Teachings From a Lifetime in Golf*, 41）。换句话来说，学习推杆是迈向高尔夫成功的第一步。

根据规则，你可以用包里的任何球杆完成推球。但是，由于这项技能太重要、太特殊，因此专门设计了推杆来完成这个击球动作。推杆有各种形状和尺寸，所以你最好尝试各种推杆来判断哪一种的效果最好。对于大多数球手来说，一支传统的推杆就足够使用了，这是初学者一个良好的开端。

推杆所独有的特点是能够使球贴地面滚动，而不会飞到空中。为了达到这个目的，推杆的杆面近乎垂直无斜角，因此，球滚动时会得到上旋力量。高尔夫运动中，其他所有击球模式都会给予球后旋力量，从而使球升空。上旋力量不仅能够将球控制在地面上，还能够让球更加准确地沿目标线滚动。推杆的另一个独有特点是，在高尔夫所有击球模式中，使用推杆时所需的力量最小。

推杆规则和礼仪

推杆规则和礼仪的重点包含了一些在果岭推杆的不成文的规则。换句话来说，即使违背这些礼仪你也不会受到判罚，但你的搭档们不会认可你的不当行为，而且他们会认为你要么是个不懂规矩的新手，要么纯粹是个无礼的人。

第一条规则，允许你在球静止于果岭上时拿起你的球（2012年USGA公布的《高尔夫规则》中规则16.1B的内容）。拿起球后，如果你愿意，你可以清理它。一个黏上了尘土和草屑的球无法平滑地滚动，所以清洁高尔夫球能够确保球更顺畅地滚动。当你完成清理后，把球放回它原本停下的位置，未将球放回原位会被罚两杆。为了标记这个位置，在拿起球前先把一枚小硬币或小物件放在球后（图1.1）。如果你的球干扰了其他球手的推杆路线，你也该标记并移除你的球。当你把球放回原位，在推杆前记得也要移除标记物。

图1.1　在果岭上标记球位

第二条规则，当在推杆区打球时，你的球不允许击打到旗帜或旗杆（2012年USGA公布的《高尔夫规则》中规则17.3的内容），或果岭上其他选手静止的球（2012年USGA公布的《高尔夫规则》中规则19.5A的内容）。如果你的球打中旗帜、旗杆或其他球手静止在果岭上的球，你会被罚两杆。只要你的推杆有任何可能打到旗帜或对手的球，移除它们是你的责任。只要你的球已经停止在果岭推杆区内，这条规则就成立。从果岭内的球停止处继续打球时，如果你在果岭上打到其他球手的球，该球手只需要把球放回原位。

让距球洞最远的球手先推球是一项基本礼仪。按照离球洞距离由远及近的次序依次进行推球，直到所有球手的球都入洞。离旗帜最近的球手，在所有人推球前从球洞移除旗帜也是一项基本礼仪。由于推球区域的草地尤其柔弱，高度接近地面，必须非常小心，不要用鞋磨损果岭，或让你的脚、装备在地面留下凹陷，由于疏忽而造成的果岭磨损会影响你身后球手的打球质量。因为草地天性娇弱，所以恢复原状可能需要很长时间。

果岭上的高尔夫礼仪要求你避免行走或站立在其他球手的球线上。球线是一条虚拟线，贯穿球和球洞之间的区域，并延伸至球和球洞之外。在其他球手推球入洞的线路上行走，至少会造成目标线出现凹陷，更严重的则会留下钉鞋印，让原本完美的推球偏离球洞。根据规则，在推球前球手不能修复钉鞋痕迹，所以造成这种后果是相当不公正且无礼的行为。站立在正在推球的球手的球线上，不论是球后方还是球洞后方，都可能会妨碍正在瞄准和推球的球手。当你的搭档瞄准、推球时，安静地留在他们的球线之外。

在所有球手都完成击球入洞后，第一个击球入洞的球手应将插旗归位。高尔夫礼仪鼓励你修复你的球在果岭上留下的任何痕迹，以及至少一个其他球手留下的痕迹（图1.2）。使用球座或球痕修复工具（一种平价的用来修复果岭上压痕的工具）来修复球留下的印记。将球座或工具插入压痕旁的地面，然后将地面推向压痕中心，直到绕球痕一周。用你的推杆头按实此处，直到地面平整。这样做会留给之后的球手一片平整的果岭，并促进果岭经过击球后更快自愈。

图1.2 修复果岭上的一个球痕

推球技巧

由于装备和个人偏好的不同，推球有许多种方法。随着近期和即将发生的有关推杆技巧的规则变革，推球技巧的方法将会继续改变。因此，我们建议球手使用标准长度的推杆，掌握传统的推球方式。一旦掌握了这项技巧，球手可以感受到不同推杆和技巧带来的差异。在这里，我们会介绍一种传统的推球方式，并且提供一种可供选择的技巧，叫作锁臂。

高尔夫主管部门——美国高尔夫球协会和英国皇家古典高尔夫俱乐部（Royal and Ancient Golf Club）近来对于推杆技巧改动了一项规则。这项规则改动被列入高尔夫规则14-1b（2012年USGA公布的《高尔夫规则》），它要求在实行推球的过程中，球手不能固定球杆，不管是"直接"固定还是使用一个"定位点"。为了阐明规则，他们提出了两个要点。要点一说明"当球手故意使球杆或握杆的手接触身体的任何部分，球杆被视为'直接固定'，但允许球手将球杆或握杆的手支撑在另一只手或前臂上"。要点二说明"当球手为了把握杆的手作为固定点，另一只手用来挥杆，而故意使前臂接触身体任何部位，即存在'定位点'"。简而言之，在挥杆击球过程中，除了前臂，球手的双手不允许与身体任何部位保持接触。这里展示的传统推杆技巧和锁臂技巧都遵循这些新的规则，这两种技巧同样迎合了球手对推杆的选择。如今，推杆有以下三种可选长度：

1. 传统推杆（杆长71到89厘米）；
2. 腹式推杆（杆长101到114厘米）；
3. 长推杆（杆长116到140厘米）。

区分这些推杆的标准是它们的杆长。推杆也有不同的杆头，最常见的推杆头是楔形推杆和镰刀型推杆。虽然杆长会影响推杆的使用技巧，但是推杆头的种类并不会有什么影响。

传统式推球

顾名思义，这种推球方法用的是传统长度的推杆。这也是职业和业余球手至今最常用的推球方式，这种技巧凭借其稳固不变的结果经历了时间的考验。它包含了高效击球所需要的所有技术基础，所以尤其对于初学者来说，它是成为一名优秀推球手应该首先学习的实用技巧。

挥杆推球的第一步是把推杆轻握在手中。在传统推球方式中，为了实现有效而可控的推击，双手应当直接相对，就像鼓掌时那样（图1.3a）。接下来，把杆面置于球后，使它和目标线（球滚动至目标的线）成直角。采取一个放松舒适的姿势，你的胳膊和手应当低于肩膀，目光直视球的上方，膝盖微弯，双脚分开与肩同宽，以平均承重。为了笔直地推球，你的肩膀、臀部、膝盖、双脚都应该平行于目标线。球要略微靠近你的站姿中心的目标一侧。

挥杆推球属于钟摆运动，类似落地式摆钟下方的钟摆摆动。摆动肩膀，迅速向后挥杆，然后向前击球（图1.3b）。一个好的推球动作中，胳膊和手腕几乎没有独立动作。推杆向后和向前摆动大约同样的距离，如同钟摆。推击长度而不是你挥杆的速度决定了推球距离。用击球长度来控制球的滚动距离，能够最有效地控制杆头。因此，推击长度直接影响推球距离；推击长度越大，推球距离越远。一个不紧不慢、有节奏、直后直前的推击，能够在杆头接近球的过程中使杆面正对目标线，使推杆重心垂直接触高尔夫球，这个触点也叫甜蜜点。

以下几个关键因素能促进球和推杆实现紧密接触。首先是身体稳固。在推击过程中，球手需要放松，下半身动作幅度极小，没有重心转移，臀部和腿几乎不动。上半身没有侧向运动，胳膊和手腕也几乎没有动作。肩膀绕着固定的脊柱运转就能完成所需的几乎所有动作。在推击球的过程中，脊柱的角度保持不变。保持身体平稳能让杆头更容易垂直接触到球，在推击球时，摆动的身体让你仿佛在尝试打中一个正在移动的小目标。

完成一个高水平的推球，第二个关键因素是轻握推杆。轻握能让肩膀、胳膊、双手在推球时做出无意识的自然回应。轻握也能让推杆在目标线上推得更长，感觉更像推球入洞，而不仅仅是用力击球后祈祷它落在球洞附近。最后，轻握推杆能让身体更容易放松，让你的肌肉自然做出反应，帮助你成功推球入洞。

最后一个关键因素是击球前的例行步骤，能有助于实现持续且稳定的触击。击球前的例行步骤将在本书第11章中进行更详细的解释。在此简要说明几个步骤，会有益于你提高推球技巧，使你逐渐把击球前的例行步骤视为推球的一部分。简单来说，击球前的例行步骤是，你在每一次击球前例行完成的一系列活动。这些例行步骤包括锁定目标（你希望球到达哪里），确定你的目标线（球到达目标要经过的路线），在球前做好准备，以及沿目标线击球。这些动作要做到轻缓并一气呵成。大部分球手或站或蹲在球后确定目标和目标线，在果岭上这样做比站在球的一侧能获得更好的视野。确定好目标和目标线后，走向高尔夫球，沿目标线把推杆的杆头置于球后，选好准备推球的位置，观察好球洞和球，然后推击出你的球。从开始例行准备到完成击球，所用的时间应当尽可能最短，但无须匆忙。这些准备步骤不可能适合所有人，所以你需要经过尝试才能找到最适合你的步骤，你应该在练习果岭上通过不断练习来形成一套固定的击球前的例行步骤。击球前例行步骤的训练会帮助你提升推球这个关键动作的水平。

在推杆击球后，接下来的几个因素会确保你推球成功。首先，当杆头打中球直至完成推球，手腕要保持稳定（图1.3c）。这个姿势能促进推杆垂直撞击球，翻转或移动手腕会改变杆头的角度，破坏它与球的紧密接触。杆头在撞击球的过程中应当加速，因为推杆应当是轻击，而不是用力击打。最后，如果推球时你打出了有节奏的一击，推杆前摆幅度会与后摆幅度一致。

在推球过程中，为了让身体稳定，应保持脊椎的角度，很多优秀球手会保持头部不动，甚至推球过后也不抬头观察球的走向，他们会用耳朵听球入洞。除了要保持脊椎角度不变，用听代替看，以避免肩膀（因此也能避免胳膊）偏离目标线，也能更容易实现沿着目标线推球。听球入洞不仅能提高推球技术，而且听的也是所有球手都喜欢听到的最美妙的声响。

图1.3　实行推球

准备

1. 手心相对握杆。
2. 杆头垂直于目标线。
3. 肩膀、臀部和大腿都平行于目标线。
4. 双脚分开与肩同宽，双脚平均受力。
5. 视线位于球的正上方。
6. 握力小而放松。

击球

1. 肩膀、胳膊和手作为整体进行摆动。
2. 肩膀、胳膊和手作钟摆运动。
3. 杆头沿目标线摆动。
4. 推球过程中下半身保持不动。
5. 后摆和前摆的距离、速度相同。

击球后的动作

1. 杆头运动经过目标线，且沿目标线摆动。
2. 挥杆过程中手腕保持稳定（不能有停顿）。
3. 杆头扫球的速度与后摆速度相同。
4. 倾听（而不是看）球落洞。

失误

垂直推球后，球却不断偏左或偏右。

改正

这个失误的原因通常是身体不协调。应确保双脚、大腿、臀部和肩膀都平行于目标线，可尝试双杆训练法。另一个原因可能是杆面没有垂直接触球。球杆和球的接触点必须沿目标线运动，可尝试目标线训练法。

传统推击训练1　握杆

把杆头置于地面，杆柄倾向于你靠近目标侧的大腿。双手放在杆柄两侧，手心相对。用你靠近目标侧的手指环绕杆柄，大拇指指向下指向球杆中部。把另一只手放在杆柄上，大拇指同样向下指向球杆中部，手指轻轻环绕球杆。把杆头抬起，从后向前轻缓地摆动3次。该练习每一侧重复5次。

成功自测

- 手心相对。
- 大拇指指向下指向球杆中部。
- 轻握推杆让它在手中自如地摆动。

为你的成功打分

找一个搭档评估你的表现。每次握杆符合如下条件给自己得1分：

手心相对。

大拇指指向下指向球杆中部。

轻握球杆，让推杆沿目标线自如地前后摆动。

你的得分＿＿＿（满分15分）

锁臂推球

对于有些人来说，可能难以掌握传统的推球方式。如果你努力练习了传统方式，却没有成功，或者你只是想要尝试另一种推击技巧，一种有成效的方法是用长推杆来完成锁臂推球。美国职业高尔夫球协会巡回赛冠军Matt Kuchar和其他球手都曾使用这种技巧，并且取得过多次成功。锁臂推球最常用的是腹式推杆——杆长101到115厘米。这种方式尤其适合推球时无法保持手腕稳定的人，在推击时手腕弯曲会使球杆很难垂直击中高尔夫球，而锁臂推球方式则解决了这个问题。

在准备时，锁臂推球的站立姿势和传统推球方式十分相似，唯一明显的区别在于握杆。锁臂推球时，推杆的杆柄应当低于手肘几英寸，靠在引导臂上。对于一个惯用右手的球手，引导臂是左臂。杆柄上半部紧靠前臂，推击时手腕就不容易弯曲，这也能使前臂旋转的可能性降到最低。手腕弯曲和前臂旋转是在传统推球技巧中，球手最常见的两个问题。

引导臂（左臂）伸直，左手用舒适的姿势放在杆柄上，手心垂直朝向杆柄。接下来，右手抬起，就像在传统推击中握杆，手指包裹住杆柄，手心垂直朝向杆柄和左手手心。

锁臂推球和传统推球的推击长度完全相同。由于杆柄末端被固定在球手的引导前臂上，推击会由肩膀的动作来控制，而不是手和前臂的动作。在这种推击技巧中，左臂受力，而右臂只是协助左臂。

锁臂推球训练1　**单手推球**

　　这项训练的目的是让你适应使用目标侧的惯用手臂完成推击。第一步，在平整的果岭上距离球洞0.9米处，把杆头置于球后，沿球杆的杆身伸直左臂（对于惯用右手的人；惯用左手的人将右臂沿杆身伸直）。杆柄上端应该靠在胳膊内侧，刚好低于手肘。第二步，左手手心握住杆柄，手指轻轻环绕住杆柄。你的右手留在身体右侧。从地上提起杆头，轻缓地向后挥杆60厘米，再向前挥杆60厘米，一次三组，重复5次。

　　当你能轻松自如地完成单手推击，并且可以使杆头保持相对笔直的线路时，再次重复练习。这一次，每次推击都尝试着把球推入洞里。推球时，不再像第一部分训练那样前后摆动3次，而要向后挥杆，然后向前摆动一次触球。重复训练10次。

成功自测

- 手心垂直朝向杆柄，手背朝向球洞。
- 大拇指向下直指球杆中部。
- 杆柄上部靠在前臂内侧，刚好低于手肘。
- 轻握推杆使其摆动自如。
- 杆头沿着相对笔直的线路前后摆动。

为你的成功打分

每次推击满足以下要求给自己1分：

前臂内侧与杆柄上部保持接触。

杆头沿相对笔直的路线后摆60厘米，前摆60厘米。

推球时，每次推球进洞给自己再加1分。

你的得分____（满分25分）

推球训练

你可以用传统推球方法或锁臂推球方法来进行这些训练。如果你是初学者，你应该先尝试掌握传统的推球技巧，因为大部分球手都能成功运用这项技巧。如果用传统方式完成这些训练后，你认为锁臂推球也许能够提升你的表现水平，那就选一支长推杆，然后用锁臂推球方式重复这些训练。

推击训练1　推击前的例行步骤

一套扎实的推击前例行步骤会增强你的自信，提高你推球的连贯性。在这项训练中，带一只球到练习果岭上，用不同的球洞训练推击前的例行步骤。你需要在推击前的例行步骤中，确定目标、目标线、球要达到目标所需的速度。然后走向高尔夫球，如果你愿意的话，可以先练习推击几次，再用球杆轻击。每次推杆时采用不同的后摆距离，并尝试每一杆都采用同一套例行准备步骤。重复步骤10次。

成功自测

- 站在球后来判断目标和目标线。
- 想象球滚向目标并入洞的速度。
- 走向球，摆好推杆的姿势。
- 如果愿意，练习几次轻击。
- 用推杆轻击球。

为你的成功打分

双手经过球和两个标记物＝每次得1分

推杆经过两个标记物＝每次得1分

你的得分____（满分20分）

推击训练2　钟摆运动

推杆击球是一种钟摆运动：让肩膀为胳膊、手和推杆提供力量，它们合为一体如同一个钟摆。这项训练是为了让这个重要的动作融入你的轻击动作之中。

不用推杆，站好推球的姿势，两手手心在高尔夫球上方轻轻地贴在一起。摆动双肩，让胳膊和手在球上方沿直线由后向前摆动0.9米。如果动作正确，手腕应该保持稳定，脊椎角度也保持不变。

用推杆重复训练，但此时应移开球。握压要轻，胳膊、手和推杆应该融为一体。集中精力让杆头沿一条0.9米的直线做钟摆运动似的轻击动作。保持你的脊椎角度，头不要移动，手腕保持稳定。当你感到自己能轻松完成时，你就可以给自己评分了。重复训练的第一部分（有球无推杆），但放置两个代替球的标记物在推杆区，间隔0.6米，尝试十次轻击，每次轻击时双手都能经过球和两个标记物，就给自己1分。重复训练的第二部分（有推杆无球），尝试10次轻击，每次轻击时推杆头部都能经过球和两个标记物就给自己1分。

降低难度

- 不用推杆，一只脚在后，手臂沿0.6米的线摆动经过球。
- 用推杆但不用球，一只脚在后，沿0.6米的线摆动推杆。

提高难度

- 在练习果岭上间隔0.9米放置两个球座。重复训练过程中的两个部分。
- 每次轻击都经过或触碰到球座。
- 为了更好感受钟摆运动，闭上眼睛重复训练的两个部分。

成功自测

- 后摆和前摆保持一样的长度。
- 胳膊、手、推杆融为一体摆动。
- 手腕保持稳定，击球时脊椎角度不变。
- 整个击球过程中下半身保持不动。

为你的成功打分

连贯的推击前例行步骤 = 每个球洞得1分

推杆动作 = 每个球洞得1分

你的得分____（满分20分）

推击训练3　球的位置

为了让你对球打出稳定的一击，球的位置必须能接触到垂直的杆面中心，偏离中心的一击可能会导致球偏向目标线的左侧或右侧。首先，把一个球放在练习果岭上距离球洞0.9米处，使球上的印字或品牌与球洞对齐，印字应当和目标线直接重合，因为当你摆好姿势准备推球时，将印字与目标线对齐会帮助你确认目标线。用你的惯用手握住推杆，另一只手握住另外一个球。按照你的日常推球姿势站好，沿着目标线把杆头放在球后。然后把另外一个球放在两眼之间的鼻梁处，再抛下此球。如果你的眼睛和球对齐了，你抛落的球应该击中果岭上的球。重复10次。

为你的成功打分

抛落的球击中果岭上的球 = 每次得1分

你的得分＿＿＿（满分10分）

推击训练4　双杆

一条连贯的推杆线路能带来更好的直接控制效果。在练习推杆区，把两支球杆平行放在地上，杆柄末端位于球洞旁边（图1.4）。球杆间的距离应该稍远于杆头的长度。练习钟摆运动。杆头应该保持与球洞垂直，在球杆中间移动而不接触它们。重复10次。

当你能够推击10次，且杆头不接触两支球杆时，在两支球杆之间放一个球，大概距球洞0.9米。重复练习，尝试不接触球杆并推球入洞。重复10次。

闭眼重复训练，先不用球，然后球杆之间放球继续闭眼练习。用球练习10次。

图1.4　双杆训练的准备

降低难度

● 每两次练习中有一次推击不触碰到地上的球杆。

提高难度

● 把球杆移到离球洞1.8到2.7米的地方，然后重复训练。
● 移开两支球杆，然后在距离球洞1.8米处用木工粉笔画一条线。让杆头沿着这条线前后摆动。在这条线上放置一个高尔夫球，沿线推球入洞。

成功自测

● 后摆和前摆的距离相同。
● 肩膀摆动来制造钟摆运动。
● 推击过程中保持手腕稳定。

为你的成功打分

无球，在两杆之间推球时，杆头不触碰任何一支球杆 = 每杆得1分

有球离球洞0.9米时，在两杆之间推球，球入洞，杆头不触碰任何一支球杆 = 每入洞一杆得1分

有球离球洞0.9米时，在两杆之间闭眼推球，球入洞，杆头不触碰任何一支球杆 = 每入洞一杆得1分

你的得分____（满分30分）

推击训练5　距离控制

控制球前进的距离对成功来说至关重要。太重或太轻地推球不仅不会入洞，还会让接下来的推杆更加困难。

三个因素会影响推球的距离：击球力度、挥杆长度和果岭坡度。这个训练会帮助你锻炼对距离的掌控。仔细观察挥杆长度和果岭坡度对球造成的影响。

在推杆区放3个球（图1.5）。选3个球洞：一个近距离球洞（0.6米或更短），一个中距离球洞（1.9到3.8米），一个远距离球洞（4.5米或更远）。由近及远地推球。走向第一个球，推球直到入洞，再把它重新放在球洞附近，然后把它推入中距离球洞。继续推第一个和第二个球，直到它们都入洞，记住总是先推离球洞最远的球。把这两个球重新放在球洞附近，将这些球推向最远的球洞，继续推杆直到3个球都入洞。完整地重复3次训练。

推击训练5（接上）

图1.5　准备距离控制训练

降低难度

- 把三支球杆分别放在距离球洞1米、2米、3米的位置。向球杆推球代替向球洞推球。尝试着让球停在距离目标球杆15厘米的范围之内。
- 把三支球杆放在练习推杆区的中间。向果岭推杆区的边缘推球，尝试让球无限接近边缘而不离开果岭。

提高难度

- 在训练中加入一个上坡推杆、一个下坡推杆和一个侧坡推杆。
- 向推杆区的球座而不是球洞推球。把球座分别放在短、中、长距离处。目标更小让这种区别更加困难。
- 听球入洞，不要抬头看。
- 分别向距离3米、6米、9米的球洞推球。

成功自测

- 每次推击时后摆和前摆应该距离相同。
- 肩膀、胳膊、手、推杆融为一体摆动。

为你的成功打分

数一数你完成训练所需的推击次数总和。

大于等于27杆 = 0分

21到26杆 = 5分

15到20杆 = 10分

11到14杆 = 15分

小于等于10杆 = 20分

你的得分____（满分20分）

推击训练6　标准两杆球场

在练习推杆的果岭上选择9个球洞，从1到9号标序，作为你的标准两杆球场。你将要按照从1到9的顺序向每个洞推击，每个洞为标准两杆洞。你选好场地后，把一个球置于距离1号洞2米的地方，然后用尽可能少的杆数推球入洞。再把球从洞中取出来，放在距离1号洞1米的位置，向2号洞推击，继续推球直到球落入2号洞。重复训练，直至球落入全部9个球洞。计数你完成9个球洞所用的杆数总和。

成功自测

- 使用你最擅长的推球技巧。

为你的成功打分

超过27杆 = 0分

21到27杆 = 5分

18到20杆 = 10分

低于18杆 = 20分

你的得分____（满分20分）

推击训练7　鹦鹉螺

用10个球。从球洞1.6米外开始推球，或者距离足够近，确保你不会打偏。然后，按鹦鹉螺形状慢慢后退，每个球增加1米距离。每入洞一次得1分，每球只能推球1次。

你的得分____（满分10分）

推击训练8 几何结构

几何结构训练有三项：直线、圆圈、三角。对于直线训练，把9个球置于一条直线，第一个球距球洞30厘米，接下来每个球之间都保持30厘米距离。从离球洞最近的球开始，然后逐个推球。球入洞后再继续推下一个球。

对于圆圈训练，以球洞为中心，用6个球围成一个圆圈，每个球距离球洞0.9米（图1.6）。再用6个球围成第二层圆圈，每个球距离球洞1.8米。最后用6个球组成第三层圆圈，每个球距离球洞2.7米。从最内圈开始推球入洞，慢慢移到最外圈的球。球入洞后再继续推下一个球。

对于三角形训练，以球洞为中心，用3个球围成一个三角，每个球距离球洞0.6米（图1.7）。再用3个球组成第二个三角，每个球距离球洞1.2米。最后用3个球组成第三个三角形，每个球距离球洞1.8米。从离球洞最近的球开始，依次推球，慢慢移向外围的三角。球入洞后再继续推下一个球。

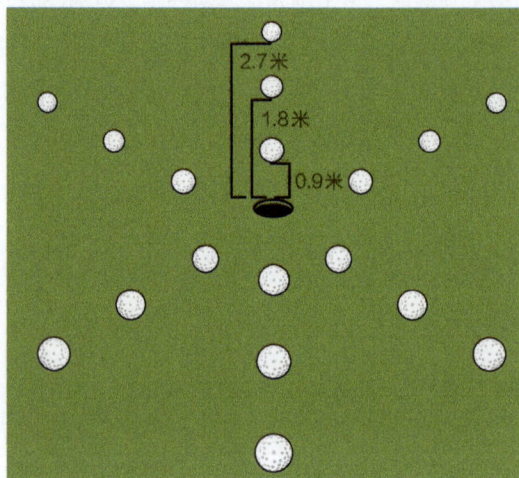

图1.6 圆圈训练

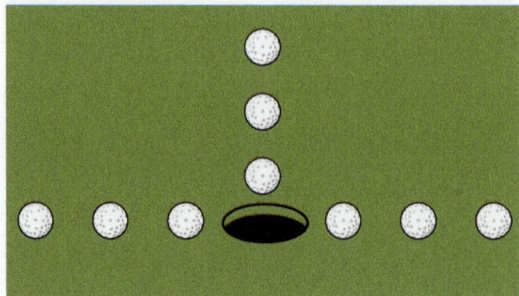

图1.7 三角训练

降低难度

- 把球和球洞的距离均缩短30厘米。

提高难度

- 改用上坡、下坡或侧坡的球洞。
- 尝试着在三个训练中全部做到连续推球入洞。如果有一杆没有入洞，重新摆放直线、圆圈或三角，然后从头开始。

成功自测

- 每一次推击都保持手腕稳定。
- 直线训练：每次一杆入洞得1分。

圆圈训练：每次一杆入洞得1分。

三角训练：每次一杆入洞得1分；每次全部连续入洞多加1分。

你的得分____（满分42分）

推击训练9 远距离推球

在果岭上选择最长的距离进行推杆，推3个球。每一球都要入洞。两杆入洞得1分，一杆入洞得3分。然后选择第二长的距离进行推杆，重复训练。完成3次训练。

你的得分____（满分12分）

分析果岭

再次强调高尔夫的目标：用最少的杆数使球入洞。推球通常是使球入洞的最后一击。除了听球入洞的技巧，推球技巧中的重要组成部分还包括分析果岭。换句话来说，球手必须能够估测果岭的坡度及其如何影响球滚向球洞的路线。

接下来是分析果岭的常见步骤。首先，当球停在果岭的推杆区，弯腰或蹲在球后，同时观察球、果岭、球洞。接着，想象球将会如何沿地面滚动然后落入球洞。换句话来说，即判断一个好球会如何从原位到达球洞内。分析果岭时，尝试回答以下3个问题：

1. 球要以多快的速度才能够到达球洞？
2. 球在果岭的坡度作用下，要向哪个方向出发才能到达球洞？
3. 球要滚多远才能入洞？

第一个因素是速度，第二个因素是路线，第三个因素是推球距离。

速度

速度是指球在滚向球洞时的速度。如果球速太低或太高，它会过早停下或越过球洞，对下一杆推球造成困难。球速合适，球即使不入洞，也会停在球洞附近。推球距离（非速度，为了保持好的节奏应该保持匀速）决定推球速度。为了提高推球速度，可以增大后摆和前摆的距离。为了降低速度，则可以减小后摆和前摆的距离。记住，后摆和前摆保持同样的距离和速度才能实现完美的推击。

除了推球距离，影响球速的因素还包括果岭的坡度、球和球洞的距离、草的种类和长度。上坡推球的力量必须要比平地推球具有更大的冲击力。下坡推球一定要用更小的力量，因为重力会增加球滚动的速度。长距离推杆也明显比短距离推杆需要更大的速度。相比长草，精细割草的果岭能让球滚动得更快。

在大部分高尔夫球场上，第一个发球台旁边的练习果岭代表了球场上的果岭。你应该在发球前自己练习几分钟推球，这样做可以帮助你对当天果岭需要的球速有初步的感受。在热身时，专注于分析果岭对球速的影响十分重要，所以应避免太过关注技巧，甚至不必尝试推球入洞，而是在发球前先充分感受果岭。

失误

缺乏距离掌控；球滚动太远或不够远。

改正

你的手腕可能没有保持稳定。如果在推击过程中你的手腕出现活动，杆头就无法连贯地稳定击球，造成无法掌控距离，可练习推击训练：钟摆过程。另一个原因可能是后摆和前摆长度不一。挥杆的速度不均会造成球速难以保持一致，可尝试双杆训练、距离控制和阶梯训练。

路线

果岭的坡度和坡度变化会影响球入洞的路线。推球的地面并不是绝对平整的，果岭坡度的变化越大，球滚动中受到的影响就越大。因此，你必须选择一条线路，也就是一条直线，让球能够在被击中后成功到达球洞。

研究果岭，判断它的坡度是否会让你的球在滚动中偏左或偏右。如果果岭的坡度会让球由右向左偏移，你就需要向球洞右边方向推球，然后让自然坡度帮球入洞。果岭坡度造成的左右偏移叫作中断，因为球原本出发的方向路线中断了。在左右坡度相差极大的果岭上，努力克服更多的中断。想要克服中断，需要让球和目标线对齐，而不是让推杆和球洞对齐。当你已经让球对齐目标线，身体应该沿同一条目标线对齐。有必要的话，练习一两次推击来感受推球入洞需要的球速，而不是专注于如何沿目标线推击。如果你正确分析了果岭，球会沿目标线滚动，而果岭的坡度会把球带进洞里。

球速会影响目标线，因为慢速球会比快速球更容易经历多次中断。优秀的球手明白这个现象，会非常注意球洞四周果岭的坡度，让球在靠近球洞时减慢速度。学会正确地分析果岭，以及对目标线、球速产生全面的认知，需要大量的练习和经验。

失误
球接近球洞时中断过少或过多。

改正
如果你的球中断得出人意料，也许是因为你没有正确分析果岭。你需要理解果岭坡度和推杆速度会如何影响球的滚动，可尝试手推球训练。

推球距离

推球长度在一定程度上决定了球速和你选择的目标线。在远距离推球时，由于球要行进较远的距离，球更容易受到果岭坡度的影响，让选择目标线变得更加困难。专注于长距离推球的速度，来确保你的球为落洞能行进合适的距离。换句话说，虽然果岭坡度可能会引起球偏左或偏右，合适的球速会确保球不会停得离球洞太远。

滞后推球是球手在长距离推球中，尝试让球接近球洞。滞后推球只是为了让球尽量接近球洞，而承担推球过远或过近的风险。滞后推球时，你的主要关注点在推球长度上，同样是速度因素。再次提醒，球行进的具体目标线并不是你的主要关注点。

距离球洞仅有几尺的推球，受坡度影响较小，因为它们的行进距离不长。但是，如果推击球的速度不够，果岭坡度依旧有可能使球偏离球洞。短距离加速推球，果岭坡度便不会使球偏离目标，这样做也被称为坚定式推球。一个好的目标方向是球洞后部的中心。

策略性推球训练1 **手推球**

如果你在锦标赛的赛前练习时关注一个职业球手的球童，你会看到球童在果岭上用手把球滚向场上不同位置的球洞。球童会记住所有在锦标赛中可能遇到的球洞和边线。锦标赛组委会在锦标赛的每一天都会检查果岭上的不同位置的球洞，这项练习让球童帮助球手熟悉比赛中要面对的球洞和边线所在的位置。

手推球是了解果岭的有效方式。手推球时，在练习果岭上的不同位置弯腰下蹲，然后用手把球滚向不同的球洞（图1.8）。当你改变速度和方向（球速和路线）时，注意球滚向球洞时有何不同。接下来，从一个位置选取一个球洞，用手推球并改变球速和路线，来判断哪一个目标线和球速最有可能使球入洞。选择一个球洞，这个球洞和你之间会出现适量的中断，站在距离球洞至少3米的地方，手推10个球。

重复训练用手推球入洞，完成计分。当你用手推球成功入洞后，再选择一个新的球洞。

图1.8　手推球训练

降低难度

- 在小于或等于1.5米的距离内用手推球。
- 在平整的地面上用手推球，仅关注推球的速度。

提高难度

- 选择一个在你和球洞之间有较多中断的球洞。
- 选择一个球洞，当球接近球洞时，既会出现从右向左的中断，也会出现从左向右的中断。
- 用推杆代替手，在推击后观察球接近球洞的路线。

成功自测

- 用足够的速度推球，球要么入洞，要么停在距离球洞0.9米之内。
- 你应该能看到球接近球洞时朝哪个方向中断。

为你的成功打分

基于训练的第二部分，球停在距球洞0.6米之内得1分，球入洞得3分。

你的得分____（满分30分）

策略性推球训练2 目标线

成功击球入洞需要你能够确认目标线并沿线推球。目标线是球经过果岭、最终入洞要经过的路线。这个训练会帮助你在推球时找好姿势，清楚地确认目标线。

在练习果岭上把1个球放在距离球洞0.9米的位置，将球上的印字或品牌名朝向球洞并对齐，印字应该在目标线的正上方。对齐印字和目标线会帮助你在球的上方站好，准备推球。把你的推杆杆头的中心放在球上印字的正后方，使球杆、球和目标线对齐为一条直线。最后，用杆头的中心推击球上印字的正后方。重复10次。

降低难度

- 把球放在距离球洞45到60厘米的地方，重复策略性推球训练1的训练。

提高难度

- 把球放在距离球洞3到4.5米的地方，重复策略性推球训练1的训练。

成功自测

- 每次推击过程中保持脊椎角度不变。
- 保持身体平衡。

为你的成功打分

在距球洞0.9米处推球入洞 = 每次得1分

你的得分＿＿（满分10分）

策略性推球训练3　微型球场策略性推球

在练习果岭上布置一个9洞微型球场。每个球洞应当距离前一个球洞至少1.8米。从洞1到洞9依次用手推球入洞。第二次练习时尝试降低推球入洞的杆数。

成功自测

- 用足够的速度推球，球要么入洞，要么停在距离球洞0.9米之内。
- 你应该能看到球接近球洞时朝哪个方向中断。

为你的成功打分

三杆入洞 = 得1分

两杆入洞 = 得3分

一杆入洞 = 得5分

你的得分＿＿（满分90分）

策略性推球训练4　槌球推球

在果岭推球区布置好打槌球用的金属圈，用推杆和高尔夫球模仿打槌球。可用游戏的方式与对手完成这项训练，而不仅是为了得分。这个训练/游戏的目的是在不考虑入洞的前提下，提高你对目标线、球速和推球距离的判断能力。

成功推球小结

你的推球技巧在高尔夫运动中扮演着重要角色，决定了你的成败。一记远球或一记精准的铁杆击球可以帮助你发挥得更好，但前提是你必须掌握如何用最少的杆数使球入洞。擅长推球通常可以弥补你在高尔夫运动中其他技术领域的不足，但没有任何其他技巧能够弥补推球中的漏洞。简单来说，优秀的推球手能用更少的杆数使球入洞，因此他们的计分卡上有更出色的分数。

好消息是，推球是最容易学习、练习并掌握的击球方式。几乎所有人都能成为优秀的推球手，只要他们懂得一些基本原则并乐意花时间练习。由于不受体型或力量的影响，推球是高尔夫运动中极好的均衡器。掌握技巧娴熟的击球方式、练习距离控制、研究果岭是如何影响球的滚动，这些是推球成功的三个关键因素。在本章中学习知识并在训练中实践，你会很快成为一名成功的推球手和高尔夫球手。

在接下来的列表中，记录下本章中每项训练的得分，然后把它们相加。如果你的总分至少达到180分，那么你已经准备好开始下一章的学习了。如果你的总分低于180分，应重复练习那些令你感到困难的训练，然后再进入下一章开始学习。

为你的成功打分

传统推击训练

握杆 　　　　　　　　　　　　　　　　　　____ 满分15分

锁臂推球训练

单手推球 　　　　　　　　　　　　　　　　____ 满分25分

推击训练

1. 推击前的例行步骤 　　　　　　　　　　____ 满分20分

2. 钟摆运动 　　　　　　　　　　　　　　____ 满分20分

3. 球的位置 　　　　　　　　　　　　　　____ 满分10分

4. 双杆 　　　　　　　　　　　　　　　　____ 满分30分

5. 距离控制 　　　　　　　　　　　　　　____ 满分20分

6. 标准两杆球场 　　　　　　　　　　　　____ 满分20分

7. 鹦鹉螺 　　　　　　　　　　　　　　　____ 满分10分

8. 几何结构 　　　　　　　　　　　　　　____ 满分42分

9. 远距离推球 　　　　　　　　　　　　　____ 满分12分

策略性推球训练

1. 手推球 　　　　　　　　　　　　　　　____ 满分30分

2. 目标线 　　　　　　　　　　　　　　　____ 满分10分

3. 微型球场策略性推球 　　　　　　　　　____ 满分90分

总得分 　　　　　　　　　　　　　　　**____ 满分354分**

既然你已经掌握了推球技巧，下一步就是要学习如何把球打到果岭上，在那里你的推球技术会帮助你减少成功击球所需的杆数。虽然推击与用其他球杆击球有许多共同之处，但是它们仍然有明显的区别。在下一章中，你可以学到正确的基础准备技巧，以完成一记可靠、连贯的挥杆。这些基本技巧不仅适用于果岭周围的短球，也适用于远距离发球。

第2章

击球准备

在高尔夫运动中，完美的一击通常要归功于有力、有节奏的挥杆。但除了挥杆，这些完美的击球同时也是正确准备的结果。实际上，如果没有正确的击球准备，就不会有成功的挥杆。一个成功的球手在每次击球前，都有一套深思熟虑、有条不紊的流程，来确保挥杆击球前的准备正确合理。

击球准备是成功挥杆所需的基础。很多时候球手轻视准备，而只顾练习对球挥杆。这些球手就是你在球场上或练习区看到的那些把球打到各处，并感到非常挫败的选手。如果作为一个球手，你想要体会到成功，就必须把足够的注意力放在准备工作上。一个好消息是掌握正确的击球准备是一件相对容易的事。

本章会引导你学习正确的击球准备的基础技巧，用到挖起杆、铁杆和金属杆，尤其会逐步引导你学习正确握杆、校准、准备的原则。这些普遍的原则适用于几乎所有的全挥杆和局部挥杆。在挥杆时，人们遇到的很多问题都要归因于握杆、校准或准备中的一些因素。掌握这些技巧，你就会在正确的道路上迈向成功。

握杆的关键

最常见的握杆方式有三种，它们有四个共同点。本章聚焦于正确的握杆方式所具备的四个关键因素。

第一个关键因素是手心相对，双手垂直于目标线。当手心相对时，双手能够保持动作一致；当双手垂直于目标线时，能够使杆头击中对准目标的高尔夫球的后部。有两个标准来检查你的双手是否正确地放置于球杆上。第一，把双手放在杆柄末端，手心相对，双手垂直于目标线；低头观察你的手，应该能看到朝向目标侧的手的两个指关节；如果你不能看到两个指关节，或者看到的指关节超过两个，应该重新校准你的双手，直到只看见两个指关节。第二，像第一项检查时那样保持双手握杆，观察你的大拇指和食指形成的V形位置，它们应该指向你的非目标侧的耳朵和肩膀之间。如果可见两个指关节，大拇指和食指形成的V字指向你的非目标侧的肩膀，你的双手握杆姿势就是正确的（图2.1a）。

第二个关键因素是把球杆握在手指之间（图2.1b）。首先将目标侧的手放在杆柄的上端。对于一个惯用右手的球手来说，这只手即是左手。杆柄应该被置于手指间，并朝对角方向握入手心，球杆底部应当停留在手心肌肉部分的下方，左手大拇指向下指向杆身的右侧中心（对于一个惯用右手的球手而言）。

第三个关键因素是用非目标侧的手的中间两根手指握杆，手心朝向目标线（图2.1c）。非目标侧手的中间两根手指应当轻触目标侧手的食指，且非目标侧手的大拇指放在球杆的目标侧，而不是球杆顶端。

失误

在接触时难以释放杆头。

改正

你是在用手心握杆，而没有用手指，这是问题所在。应该把球杆握在第一和第二指关节之间。

第四个关键因素是一只手下方肌肉部位要紧密覆盖另一只手上方的大拇指，合拢双手。每只手的大拇指和食指形成的V字应当指向右肩和右耳之间的部位。你应该能看到目标侧手的两个指关节和非目标侧手的一个指关节（图2.1d）。如果你握杆从地面抬起杆头并与地面平行，杆柄会完全停在指间，右手直接朝向目标的相反方向，左手直接朝向目标（对于惯用右手的球手而言）。这样握杆能够让球杆杆面垂直于目标，挥杆下落时回到同一位置。握力应当尽可能轻柔。你应该能握住球杆，而手腕也能轻松自如地转动。如果按1到10打分，10代表最大可能地减小握力，4到6的握力就是使用的最理想的力量。

图2.1　握杆关键

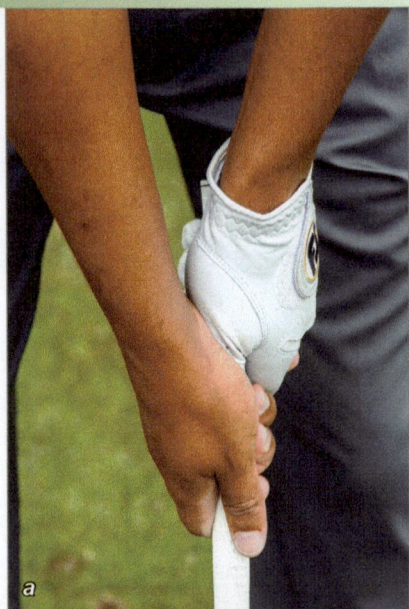

关键因素一：上手握杆

1. 手心相对。
2. 双手垂直于目标线。

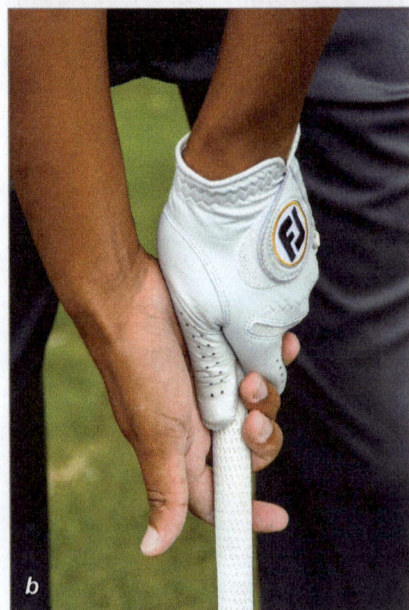

关键因素二：目标侧的手

1. 应当可见目标一侧的手的两个指关节。
2. 目标侧手的大拇指和食指互相接触。
3. V字朝向耳后方向。
4. 球杆握在指间，向对角方向轻握入手心。
5. 球杆底部靠在手心肌肉部位的下方。

关键因素三：非目标侧的手

1. 应当可见非目标侧手的一个指关节。
2. 非目标侧手的大拇指和食指应当互相接触。
3. 手心朝向目标。
4. 主要用非目标侧手的两根手指握杆。
5. 大拇指应当靠在球杆的目标侧，而不是顶端。

关键因素四：双手

1. 大拇指和食指形成的V字应当指向或指向略超过非目标侧的耳朵。
2. 应当可见目标侧手的两个指关节。
3. 应当可见非目标侧手的一个指关节。
4. 非目标侧手的肌肉部分应当完全包裹住目标侧的手的大拇指。
5. 握力要轻柔。

失误

杆柄转动，导致食指和大拇指形成的V字指向肩后或直接指向胸口。

改正

双手握杆，让V字只指向非目标侧的耳朵右方。

手形成的V字是一个显而易见的检查点。如果V字指向你的非目标侧的耳朵或肩膀，你的双手握杆姿势就能够使回杆时杆头垂直接触高尔夫球。如果V字指向你的鼻子，或越过你的非目标侧的肩膀，回杆时杆面就不能垂直触球。用V字来确保你的双手正确放置在球杆上。

握杆风格

现在你明白了握杆的关键因素，是时候去发现最适合你双手的握杆风格了。当下流行三种握杆方法：叠指握杆法、连锁握杆法和十指（棒球）握杆法。其中任何一种方式都无法适合所有的球手。

目前最流行的是叠指握杆法，顾名思义，是指右手小拇指放在左手的食指和中指上，并重叠于其间（图2.2a）。Arnold Palmer、Zach Johnson、Jesper Parnevik、Jim Furyk，以及当今大部分高尔夫球手都采用这种握杆方式。对于手型正常或较大的球手来说，这种握杆方式最为舒适。

叠指握杆法稍作变形就是连锁握杆法，即右手小拇指勾住左手食指（图2.2b）。Jack Nicklaus让这种方式流行起来，但这也是Tiger Woods、Michelle Wie和Rory McIlory所用的握杆方式。手型较小、手指较短的球手通常认为这种方式更舒服。

十指（棒球）握杆法需要两只手的所有手指直接、完全地接触球杆，双手十指都放置于球杆上（图2.2c）。这种握杆方式最适合儿童、女士和老年球手，因为他们双手的力量可能不足，但职业选手Bob Rosburg和Beth Daniel也惯用这种方式。

想要发现对于自己最舒适有效的握杆方式，就应该把这三种方式都尝试一遍。接下来的训练会帮助你有所发现，但自己花一些时间实际体验每一种握杆方式也会使你受益。在这之后，回顾哪种握杆方式最舒适，而且更重要的是，哪种方式效果最好。你也可以在球场上尝试各种握杆方式，来看一看在压力环境下哪种方式最经得住考验。打个比方，你可以用叠指握杆法打3个球洞，再用连锁握杆法打3个球洞，最后用十指握杆法再打3个球洞。

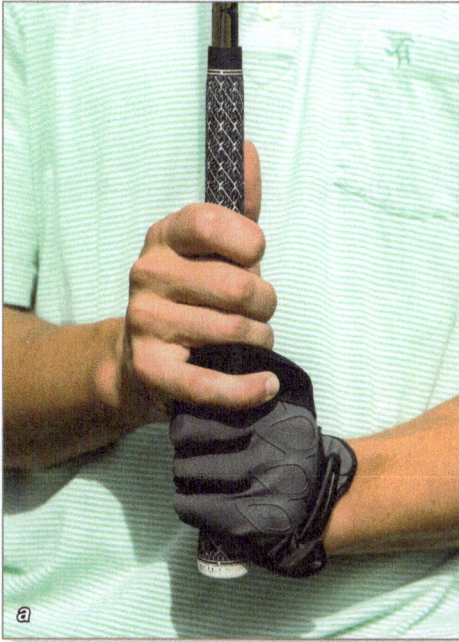

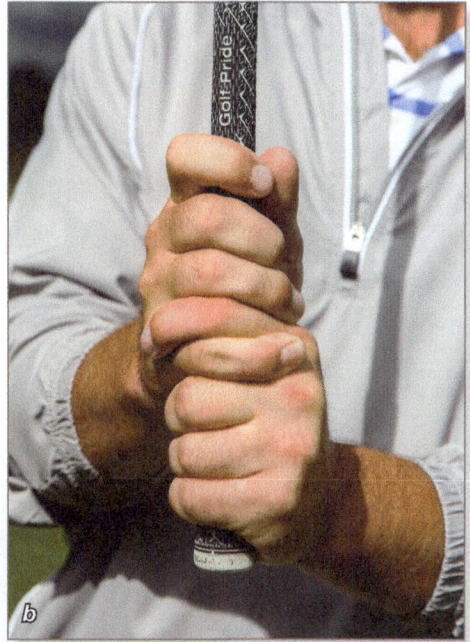

图2.2 握杆法：a.叠指；b.连锁；c.十指（棒球）

失误

握杆太紧。

改正

判断挥杆时的握力是否合理的一个好办法是，把杆柄想象成一管牙膏。当揭开盖子，头冲着你，足够用力地握住球杆，自如地摆动球杆；但挥杆时不能太用力，不能让牙膏挤到自己身上。

握杆训练1　握杆

把杆头放置于地面上，让杆柄靠向你的大腿。首先把目标侧的手放在杆柄上端，不要忘记本章前面提到的正确握杆的关键因素。接着，在刚才的手的下面，用非目标侧的手握住球杆，再次回忆之前提到的要点。然后，举起球杆，手臂在身前伸直，球杆向上（图2.3）。把球杆放回地面，在不用球的情况下挥杆。重复这项训练，最开始用叠指握杆法，然后用连锁握杆法，最后用十指握杆法。重复训练，直到你用3种握杆方式各练习5次。

图2.3　握杆训练

降低难度

● 只专注于一种握杆方式。棒球式握杆法是最易学的，从它开始上手。

提高难度

● 闭着眼睛握杆，重复训练。专注于感受合适的手指姿势和握力。
● 在你举起球杆并检查握杆姿势后，放低球杆到地面，然后用一个高尔夫球进行全挥杆训练。

成功自测

● 手心相对。
● 主要是用手指握住球杆，而不是手心。
● 大拇指和食指形成的V字应当指向右肩上方（对于惯用右手的球手）。

为你的成功打分

找一个同伴来评估你的表现。每次握杆达到以下要求得1分：

你可以看见目标侧手的两个指关节。

你可以看见非目标侧手的一个指关节。

大拇指和食指形成的V字应当指向非目标侧肩膀的上方。

非目标侧手的肌肉部分应当包裹住目标侧的大拇指。

使用较小的握力。

你的得分____（满分15分）

握杆训练2　硬币

在你用前手（目标侧的手）握住球杆后，在大拇指和食指之间放一枚一角或一分的硬币，让硬币保持在此位置，打10个球。如果硬币滑出，就说明你在挥杆过程中并没有保持正确的握杆姿势。每次全挥杆，硬币没有移动或滑落得1分。

你的得分____（满分10分）

握杆训练3　随机握杆

找一个同伴随机喊出一种握杆法（叠指、连锁、棒球），即用该种方法握住球杆。重复训练，直到每种握杆法均喊出五次。

成功自测

- 手心相对。
- 主要是用手指握住球杆，而不是手心。
- 双手的大拇指和食指形成的V字指向右肩上方（对于惯用右手的球手）。

为你的成功打分

正确握杆 = 1分

你的得分____（满分15分）

握杆训练4　握力测试

从1到10分级（1代表最轻，10代表最重），用3分左右的握力握住球杆，用3分握力打10个高尔夫球。每次击球，任何时候握力都不超过3分，每杆得1分。接下来，用5分握力打10个球，每次挥杆没有增加或减少对球杆的握力，每杆得1分。然后，用7分握力打10个球，每次挥杆不改变握杆力度，每杆得1分。最后，选择一个能让你自如可控地挥杆的握杆力度打10个球，每次挥杆不改变握杆力度，每杆得1分。注意：如果选用了合适的握力挥杆，在整个挥杆过程中你能感受到杆头的重力。

成功自测

- 手心相对。
- 主要是用手指握住球杆，而不是手心。
- 双手的大拇指和食指形成的V字刚好指向右耳（对于惯用右手的球手）。

为你的成功打分

3分握力____

5分握力____

7分握力____

自选握力____

总分____（满分40分）

正确准备

击球准备，也叫击球站位，是球手在准备击球时采用的站位。击球准备对击球的最终状态、方向、距离都会产生重大的影响，其重要性自然不可小觑。一个不合理的站位通常是很多击球失误的根本原因，而正确的击球准备让你能够打出有力、有效、精准的一击。投入时间去了解、练习正确的击球准备，会让你在成为优秀球手的道路上收获颇丰。

一个正确合理的击球站位开始于球后几码的距离，面向目标（图2.4a）。第一步是确定目标，比如你希望球落在何处、在哪里停止滚动。第二步，想象一条线把目标处和球连接起来，这就是你的目标线。一流球手普遍会在这一步中预想球到达目标的飞行过程。当你确定好目标线后，选择目标线上的一个中间目标，比如一簇形状特殊的草、一片旧的草皮断片，或者一根小树枝，它们可能在球前一两步，但正好处于你和目标之间。然后，走向球，并在球旁站好，垂直于确定好的目标线。

当你在球旁垂直于目标线站好，把杆头放在球后的地面上，使杆头和中间目标对齐。借助中间目标可以帮助你更简单有效地瞄准并校正，而不需要用几百码（1码约为0.9米，余同）之外的目标来费力地校准。

失误

高尔夫球不断偏向目标线的左侧或右侧。

改正

对于很多球手来说这都是常见的错误。站位与目标线垂直，在准备时按目标线校准会有难度。为了有助于校准，并使球按正确的线路飞行，可把一支球杆放在你的脚的正前方，平行于目标线。球杆会帮助你把大腿、臀部、肩膀和目标线对齐。

把球杆放在球后，与中间目标在一条直线上。校准肩膀、臀部、大腿，让它们和这条目标线平行（图2.4b）。当你的身体没有正确校准时，想要打出笔直的球几乎是不可能的。因此，练习站位，保持身体与目标线平行，都是非常有必要的。校准训练会帮助你提升击球准备时正确校准的水平。

为了完善击球准备，臀部以上的身体应前倾，如同要坐在高凳上（图2.4c），膝盖微弯，手臂自然下垂。为了让球杆能在肩下自如摆动，挥杆过程中你的后背必须保持直立，下巴抬起，后摆时肩膀能完整、轻松地转动。你的双脚应当均匀受力。

当使用发球杆或球道杆做击球准备时，球要和左脚后跟在一条线上。当用铁杆做击球准备时，球应该正好在你的站位中线靠近目标侧。球的摆放位置不同，是由于球杆杆身的长度有差别；杆身越长，球就应该越靠近你的站位正中。

失误

球的位置太靠前，导致你向左拉球。

改正

用铁杆练习击球准备，把一支铁杆放在地面上的两脚之间，杆柄末端指向球。这种放置让击球准备时更容易确定球的位置。

图2.4 **正确的击球准备**

确定目标线

1. 在球后选择一个目标。
2. 想象一条线贯穿目标和球。这就是目标线。
3. 在这条线上球前几英寸（1英寸约为2.5厘米，余同）处，确定一个中间目标。
4. 想象你的球沿着目标线，按合适的轨道飞到目标处。

按球位站位

1. 走向球。
2. 把杆头置于球后，与中间目标对齐。
3. 使用金属球杆时，确保球在左脚后跟的前方。
4. 使用铁杆时，球应当稍微偏向站位中线的目标侧。

击球准备

1. 两脚分开，与肩齐宽。
2. 双脚均衡受力。
3. 校准大腿、臀部、肩膀，使它们与目标线平行。
4. 臀部以上前倾，后背保持直立，下巴抬起。
5. 目标侧的肩膀略微高于非目标侧的肩膀。
6. 让手臂舒适自然地垂在肩下。

失误

你从腰部以上开始前倾，而不是从臀部开始，后背难以保持直立。

改正

对着镜子自我检查，或找一个同伴观察你的击球准备，确保在准备姿势中你的后背直立，没有弯曲。

如同接下来的解释，有些情况下你会想改变击球准备。当你的双脚、大腿、臀部和肩膀对齐后，刚好平行于目标线，你就摆出了一个正常的站位。如果你把目标侧的脚后撤，身体其他部分与脚校准，你就处于一个开放式站位（图2.5a），因为你的身体是向目标开放的。开放式站位主要用于劈起球、沙坑球和右曲球。如同第4章中介绍的，劈起球是一种用挖球杆完成的距离短而高的击球。右曲球是用铁杆、球道木杆、发球杆打出的略微偏右下落的球，如果球手惯用右手。由于劈起球、沙坑球、右曲球都比普通击球的飞行路线更高一点，开放式站位能有助于击出飞得较高的球，或是击出从左向右偏移的右曲球。而闭合式站位是让你的目标侧的脚更靠近目标线，沿目标线重新校准身体，站位也就随之闭合了，因为你的身体转而远离（对它闭合）目标（图2.5b）。球手们普遍选择闭合式站位来击出左曲球。左曲球与右曲球正好相反，球的飞行路线并没有那么高，对于惯用右手的球手来说，球是从右向左移动的。而闭合式站位能促使球飞行得较低，从右向左偏移。

图2.5　不同站位：*a.* 开放式站位；*b.* 闭合式站位

击球准备训练1　中间目标

　　站在球后几码的距离，选择一个距球大约91米的目标。接下来，确定一条目标和球之间的目标线，以及一个在球前不远的中间目标。走近高尔夫球，站好准备姿势。让一个同伴把球杆举在中间目标和你的杆面上方，球杆还应该直接指向你的目标。重复训练5次。

降低难度

- 把一个球座放在你的球前0.6米的地面上，把另一个球座放在球后0.6米的位置。当你站好击球准备姿势，利用球座帮助你校准球杆和目标线。

提高难度

- 每次都采用不同的目标、目标线和中间目标。

成功自测

- 肩膀、臀部、膝盖都应平行于预期的目标线。

为你的成功打分

杆面和中间目标都直接指向目标 = 得1分
你的得分____（满分5分）

击球准备训练2   校准

用一支球杆和一个球确定一个目标和一条目标线，然后站好你的击球准备姿势，让你的同伴检查你的校准结果。让同伴把球杆的杆身靠在你的肩膀、臀部、膝盖上，以确保它们平行于目标线（图2.6）。重复训练5次。每次肩膀、臀部、膝盖均与目标线平行得1分。

降低难度

- 把一支球杆放在球后，杆柄指向目标方向。当你站好击球准备姿势后，借助这支球杆来确认你的目标线。

提高难度

- 从球后选择一个目标和一个中间目标，然后走近球，做好击球准备。选用5个不同的目标，重复训练5次。

成功自测

- 肩膀、臀部、膝盖都平行于目标线。

为你的成功打分

肩膀、臀部、膝盖都平行于目标线 = 得1分
你的得分＿＿（满分5分）

图2.6   校准训练

击球准备训练3　平行球杆

沿着目标线在地面上平行放置两支球杆，相距大约30厘米。球杆之间的距离应该足够放置1个高尔夫球，并足以让球杆扫过球（图2.7）。让你的脚、臀部、肩膀与最近的球杆和目标线对齐，做好击球准备，然后用7号铁杆击球。重复训练10次。

降低难度

- 用短切球来代替全挥杆。
- 用一支劈起杆或9号铁杆完成击球。

提高难度

- 用5支不同的球杆来完成击球，每支球杆使用两次，然后换下一支球杆。由一支杆面斜角大的球杆开始，逐步换用杆面斜角小的球杆。

成功自测

- 从球后想象每一杆击球。
- 当你走近球时，把杆头垂直于中间目标放置。

为你的成功打分

肩膀、臀部、双脚平行于球杆，完成击球 = 得1分

你的得分____（满分10分）

图2.7　平行球杆训练

击球准备训练4 棒球式

　　每种运动中的正确技巧，其本质通常可以演变为另一种运动所需的技巧。这项训练适用于打过棒球或垒球的球手们。首先，想象你面对一个棒球投手或垒球投手，然后摆好击球姿势，如同即将打出下一个投球。以这个姿势为基础，放松手臂，让杆头垂至地面，你此刻的姿势就应该是一个正确的击球准备姿势。重复训练10次。如果你可以从棒球击球姿势变为正确的击球准备姿势，除手臂之外不移动身体的其他部位，你就能得1分。

　　你的得分＿＿（满分10分）

击球准备训练5 同伴评估

　　从后面走近球，站好正确的准备姿势，把精力集中在这一章开始部分提到的动作要点。找一个同伴检查你设定的目标线、你的身体对球的站位是否正确，身体姿势是否已经为击球做好准备。重复5次。

降低难度

- 不用球和球杆做击球准备。

提高难度

- 每次击球准备都使用不同的球杆。
- 每次做准备时都选择一条不同的目标线。

成功自测

- 你的击球准备应该满足图2.4中的所有要点。

为你的成功打分

杆头在球后与中间目标对齐＝得1分

使用金属杆时，球正好与左脚后跟在一条线上；使用铁杆时，球在你的站位中线略微偏向目标侧＝得1分

双脚分开，与肩齐宽＝得1分

双脚均衡受力＝得1分

大腿、臀部、肩膀与目标线平行＝得1分

臀部以上前倾，后背保持直立，下巴抬起＝得1分

目标侧的肩膀略微高于非目标侧的肩膀＝得1分

手臂舒适自然地垂在肩下＝得1分

你的得分＿＿（每次击球准备满分为8分；训练满分为40分）

击球准备策略

击球准备需要三个策略性决定。第一个决策就是目标选择。例如对于一个标准五杆洞，你希望第二杆球停在哪里？你能否第二杆击球就到达果岭，还是更适合把第三杆留到球洞附近？这两种选择的风险和回报都是什么？作为高尔夫的普遍原则，保守的打球方式更好，因为遗失球、界外球、水障碍及困难的球位所造成的罚杆会比你为了接近目标多打一杆而增加更多的杆数。

击球准备中的第二个决策是要判断合理的击球体态。基于现有条件，最好选用从左到右击球（对惯用右手的球手是右曲球，对惯用左手的球手是左曲球，容后解释），或者从右到左击球（对惯用右手的球手是左曲球，对惯用左手的球手是右曲球，容后解释），还是直接向着目标击球？因为初学者常常为把球打入空中而感到困难重重，击球使其按照预设的线路滚动可能更加令人生畏。但是实际上，左曲球和右曲球并不困难，因为这条线路在击球准备中就基本已经被设定好了。击球体态通常是通过对握杆和脚步稍做调整来实现的，当然也少不了大量的练习。更明确的解释，击球体态是一种需要无数次练习之后才能获得的高级技巧。接下来的几段将会解释对于击球准备进行调整而产生的不同击球体态。

大部分球手会尝试直接把球打向目标，传统的击球准备就是按照这个预想形成的。所以，要想让球沿直线飞行，双手的大拇指和食指形成的V字应该指向非目标侧的耳朵，肩膀、臀部、膝盖都要平行于目标线。这样你就为笔直击球做好了准备。

对于惯用右手的人来说，从左向右移动的球被称作右曲球。而对于惯用左手的人，同样形态的击球被叫作左曲球。这种击球体态对于引导球越过或避过障碍非常有用。打个比方，如果沿球道右侧有一个水障碍，你可能会想从球道左侧开球，加入少许从左向右的回旋力，这样球在飞行过程中会靠近球道的中间。即使击球稍有失误，球沿直线飞行，它仍旧会留在球道中部而远离障碍。

一个惯用右手的人要如此击球，即需要移动手指间的V字指向你的鼻子，杆面应该指向你希望球停落的地方，左脚后撤距离目标线几厘米，实现开放式站位，膝盖、臀部、肩膀与目标线校准，也就是你希望球开始飞行的线路的起点。右曲球不像直线球飞得那么远，所以基于你需要球飞行的距离，应考虑使用杆面斜角比平时小一点的球杆。

对于惯用左手的人来说，在飞行中从左向右移动的球被称作左曲球。要想打出左曲球，惯用左手的球手需要移动大拇指和食指之间的V字，使其指向刚刚越过非目标侧肩膀的方向。同时移动双手而不是球杆，来达到理想的效果。杆面应该直接面对确定好的目标。接下来，使用闭合式站位，右脚后撤几厘米，把膝盖、臀部、肩膀和你希望球开始飞行的轨道相校准。左曲球会比直线球飞得更远，所以应考虑选用杆面斜角比平时略大的球杆。

对于惯用右手的人来说，在飞行中从右向左移动的球被称作左曲球，而对于惯用左手的人，同样的球被叫作右曲球。和右曲球一样，左曲球对于躲避障碍物和场上自然物体能够发挥作用。要想打出左曲球，惯用右手的人需要移动大拇指和食指之间的V字，使其指向刚刚越过非目标侧肩膀的方向。记得要移动双手而不是球杆，来达到理想的效果。杆面应直接面向选好的目标。接下来，使用闭合式站姿，右脚后撤几厘米，把膝盖、臀部、肩膀和你希望球开始飞行的轨道相校准。

一个惯用左手的人击球时应移动手指间的V字，直到其指向下巴。杆面应该指向你希望球停落的地方。右脚后撤，实行开放式站位，将膝盖、臀部、肩膀与目标线校准，这也就是你希望球开始飞行线路的起点。

完成关于目标和击球体态的决策之后，最后一个决策是：我要选择哪一支球杆？这个决策主要基于与目标的距离、击球体态（直线、右曲、左曲）和影响球飞行的条件（比如风、海拔）。如果你要打直线球，则应按照平均水平选择一支能把球打出目标距离的球杆。打个比方，如果你距离目标109米，则选择你平时用来打到这个距离的球杆。如果你要打右曲球，球的飞行距离小于直线球，所以应选择一支平时能把球打出118米的球杆。如果你要打左曲球，球的飞行距离更远，所以应选择一支平时能把球打出大约100米的球杆。不论用什么球杆，球杆的选择只会在击球准备中影响球的位置。使用杆身更短的铁杆，球就要更接近站位中线。使用更长的金属杆，则需要你的左脚后跟和球在一条直线上。本书第6章中会更深入地讨论球杆的选择。

击球准备策略训练1　目标、球杆、体态

在练习场上，选择一个距离你22到182米，你认为能够打到的目标。然后，考虑过风和海拔的数据之后，判断最适合达到目标的击球体态。最后，决定选用哪支球杆能在你所选择的路线（击球体态）上把球打到目标处。训练5次，每次选择不同的目标。每次完成训练后，把距离、球杆、击球体态记录在下面的成功自测表（表2.1）里。每次确定目标、击球体态、球杆就得1分。对于击球体态这项技术，会在本书第6章中进行更详细的解释与拓展。

成功自测

- 每次重复训练时，第一个决定（目标）会帮助你做第二个决定（击球体态），随之也会影响第三个决定（球杆）。

表2.1　成功自测表

目标	击球体态	球杆	得分

你的得分____（满分15分）

击球准备策略训练2　球的位置

　　这项训练会用到四支球杆：一支劈起杆，一支6号铁杆，一支3号铁杆，一支发球杆。杆身越短，球应该越接近站位中线。把一个球放在练习场上，然后放一支3号铁杆，在击球准备过程中让杆柄指向球，杆头指向你的身体。3号铁杆的杆身应该垂直于目标线。

　　在球后开始训练。选择一个目标，然后连续完成你平时的击球准备步骤。唯一不同的是球的位置，是由你所选择的球杆决定的。首先，用一支劈起杆做准备，把球放在你的双脚站位中线上。接着，用6号铁杆做准备，球要比你的站位中线靠近目标大约5厘米。最后，用发球杆和置于球座上的球做准备，球应该和你目标侧的脚后跟在一条直线上。每次做准备时，用3号铁杆在地面上检查球的位置是否正确。每支球杆重复完成5次训练。

成功自测

- 使用劈起杆时，球应该在你的站位中线上。
- 使用6号铁杆时，球要比你的站位中线靠近目标大约5厘米。
- 使用发球杆时，球应该和你目标侧的脚后跟在一条直线上。

为你的成功打分

用劈起杆正确做准备 = 每次得1分

用6号铁杆正确做准备 = 每次得1分

用发球杆正确做准备 = 每次得1分

你的得分____（满分15分）

击球准备策略训练3　直线球、右曲球、左曲球

　　使用发球杆、3号/5号金属杆。为了从这项训练中取得最大程度的收益，应把球放在球座上。先打一个直线球，接着是右曲球，然后是左曲球，每次都在握杆和站位方面做适当的调整。记住，直线球需要标准的击球准备，左曲球需要闭合式站位和更大的握力，右曲球需要开放式站位和较小的握力。3种击球体态循环，重复训练10次。要保持耐心，掌握这项技巧需要时间。

降低难度

- 半挥杆，向后向前挥杆均为半程。这样挥杆能让你控制得更好，击球更为简单。虽然球不会飞得那么远，但击球体态——直线球、右曲球、左曲球，会让你知道你的准备是否得当。当你习惯了击球体态时，再采用全挥杆。

提高难度

- 3种击球体态循环，每循环一次后分别换用3号金属杆和7号铁杆。
- 每次击球都选择同一个目标。

成功自测

- 在直线击球时，双手的大拇指和食指形成的V字应该指向非目标侧的耳朵和肩膀之间。肩膀、臀部、膝盖都要平行于目标线。
- 在打右曲球时，手指间的V字指向你的鼻子，面对目标采用开放式站位（惯用右手的球手应该瞄准目标左侧）。
- 在打左曲球时，手指之间的V字指向应刚刚越过非目标侧肩膀的方向，面对目标采用闭合式站位（惯用右手的球手应该瞄准目标右侧）。

为你的成功打分

直线球站位和握杆正确 = 每次击球得1分

直线球按直线飞行 = 每次击球得1分

右曲球站位和握杆正确 = 每次击球得1分

右曲球从左到右飞行（惯用右手）= 每次击球得1分

左曲球站位和握杆正确 = 每次击球得1分

左曲球从右到左飞行（惯用右手）= 每次击球得1分

你的得分____（满分60分）

击球准备策略训练4　指定击球

欧洲职业高尔夫球巡回赛职业选手Niclas Fasth喜欢在一天漫长的训练结束时，用各种击球体态打球，只是为了体验击球时的乐趣。在2003年世界高尔夫锦标赛中，太阳已经快要落山了，但Niclas仍在练习场上。为了增加一些挑战性，其他人为他指定击球体态：直线球、右曲球、左曲球。为了进一步提高难度，他们等到Niclas向后挥杆到最顶端时才指定击球体态。

找一个同伴，你们之间的一个人挥杆10次，另一个人指定击球体态（直线球、右曲球、左曲球）。在同伴做击球准备时，你就指定击球体态，让他在开始挥杆前调整握杆和站位。

降低难度

- 让你的同伴在你做好击球准备姿势前就指定击球体态。
- 用挖起杆或9号铁杆完成击球。

提高难度

- 让你的同伴在你准备开始挥杆时指定击球体态。

- 通过改变你的握杆和站位，来增加右曲球或左曲球中球的转动力量。

成功自测

- 惯用右手的球手在打左曲球时，大拇指和食指之间的V字指向刚刚越过左肩的方向，面对目标采用闭合式站位（面向目标的左侧）。
- 惯用右手的球手在打右曲球时，手指间的V字指向你的鼻子，面对目标采用开放式站位（面向目标右侧）。

为你的成功打分

成功完成指定击球体态 = 得2分

你的得分____（满分20分）

成功的击球准备概要

成功的击球准备是一记成功击球的前提条件。换一种说法，如果没有做好击球准备，想要一直打出好球会非常困难。球手们在挥杆时遇到的很多问题，都要归结于准备不足。因此，投入时间去了解击球准备的关键要素，并对本章中的训练活动多加练习，你将会在这项运动中得到相应的丰厚回报。那些认为击球准备不重要，忽视或跳过这些信息的球手，注定会在很长的一段时间里非常苦恼地停留在新手水平的层次上。

保持正确的击球准备需要持续且高度集中的注意力。而幸运的是，你可以在任何地方练习击球准备。为了巩固你在这一步骤中养成的好习惯，可以在家里或办公室里留一支应手的球杆，定期练习握杆，检查你的击球准备中的关键因素。而不管有没有球或球杆，你都可以检查并练习击球准备。在检查自己的准备姿势时，一面全身镜将非常实用，它可以帮助你常常回顾技巧中的这些要素。当挥杆出现问题时，首先检查握杆和击球准备，因为挥杆中的很多问题都可以归结于这两个方面，好在这些方面通常是最容易练习和纠正的。

记录下你在这一章中每项训练的得分，然后相加得到总分。满分260分，如果你至少得到了150分，你就已经准备好进入下一章的学习了。如果你的得分不够150分，在练习下一章之前，应反复练习那些你觉得困难的训练项目。

为你的成功打分

握杆训练

    1. 握杆　　　　　　　　　　　　　____ 满分15分

    2. 硬币　　　　　　　　　　　　　____ 满分10分

    3. 随机握杆　　　　　　　　　　　____ 满分15分

    4. 握力测试　　　　　　　　　　　____ 满分40分

击球准备训练

    1. 中间目标　　　　　　　　　　　____ 满分5分

    2. 校准　　　　　　　　　　　　　____ 满分5分

    3. 平行球杆　　　　　　　　　　　____ 满分10分

    4. 棒球式　　　　　　　　　　　　____ 满分10分

    5. 同伴评估　　　　　　　　　　　____ 满分40分

击球准备策略训练

    1. 目标、球杆、体态　　　　　　　____ 满分15分

    2. 球的位置　　　　　　　　　　　____ 满分15分

    3. 直线球、右曲球、左曲球　　　　____ 满分60分

    4. 指定击球　　　　　　　　　　　____ 满分20分

总分　　　　　　　　　　　　　　____ **满分260分**

    在本章中，你已经明白了要想成功击球，需要掌握正确的握杆方法和击球准备，这些技巧是一场比赛的基础。在Tom Watso的著作《回到基础》中，Tom Watson作为一名五次英国高尔夫球公开赛的冠军得主写道："我几乎总是可以预料到，我的那些实力和标准杆相差15杆的朋友们何时能打出一记好球，因为那时他们会做好准备。"

    现在你已经明白并练习过了这些基础技巧，你也已经准备好在实践中运用这些技巧。为了顺应高尔夫的理念"最好的学习过程是从球洞回到球座"，下一章将会为你介绍切球。切球可以让刚好偏离果岭的球回到果岭并尽量靠近球洞，即使没有进洞。如果你可以切球和推球，你就可以和任何人比赛了，因为你已经能够得分了。在掌握推球后，带着你在本章中学到的知识，开始下一章：切球上果岭。

第3章

切球上果岭

切球上果岭到达推球区并不容易。高尔夫球场建设者所设计的场地，是为了让一个优秀的球手能用一杆、两杆或三杆把球打上果岭，然后允许球手再用两杆推球入洞。因此，我们就有了标准3杆洞（一杆上果岭，两杆推球入洞）、标准4杆洞（两杆上果岭，两杆推球入洞）、标准5杆洞（三杆上果岭，两杆推球入洞）。在设计者计划的杆数之内，把你的球打到推球区，即被称为"上果岭"。而对于大多数球手来说，这个任务并不容易。在很多时候，即使专业球手也会认为切球上果岭是一项具有挑战性的任务。在离果岭几码的距离外，你常常会发现球与果岭推球区之间有长草或一些其他的障碍物。这时，你就需要使用切球技术了。

切球是一种让球低轨飞行的击球方式，目的是让球落在果岭上，滚到球洞附近或入洞。一记好的切球要么会直接入洞，要么会距离球洞足够近，可以一杆就推球入洞。因为切球需要正确的触球方式以控制切球的距离，想要成为优秀的切球手需要很长时间的练习。但是，切球动作本身是比较容易完成的。

击球以实现让球低轨飞行且滚动充分，需要用到铁杆。切球通常用到的球杆是6号、7号、8号、9号铁杆。铁杆的号码越小，球的飞行轨道就越低；而飞行轨道越低，球落到果岭的速度就越快，距离球洞越近。举个例子，与9号铁杆相比，如果使用6号铁杆切球，球就会更快速地落到果岭上，滚动距离也更远。用不同的铁杆练习切球，会帮助你了解每支球杆可以让球产生的飞行规律和滚动特点。

为了辅助你学习并掌握这项关键技巧，这一章被分成了四个部分。第一部分，解释并举例说明切球的准备姿势。第二部分，说明完成切球的正确技巧。第三部分，为你提供已经证实有效的训练方法，给予你练习切球的机会。第四部分，讨论切球策略，并且会附加介绍关于何时采用切球的决策过程。

切 球

和其他击球方式相同，充分的准备工作能够有助于确保球杆与球紧密地接触，并实现理想的飞行线路。切球会用到本书第2章中介绍的标准击球准备，但同时也有3个方面需要调整：

1. 多数重力（大约80%）都放在目标侧的脚上。

2. 球在后脚（非目标侧的脚）的前面。

3. 双手在球的前面，即在目标侧大腿的前方。

这3个方面的调整结合在一起，会使杆头给球以稍向下的角度，为可控的切球提供所需的快速触球。由于切球需要短挥杆和较小的力度，双脚的距离要比全挥杆时更加靠近，目标侧的脚向外多转一些。

精准度是成功切球的一个决定性因素。为了提高切球的精准度，首先要站在球后，望向球洞。接下来选择一个目标区域（着陆区域），设想球落在目标区域内，然后沿着一条线滚入球洞。最后，选择一个中间目标（位于球前不远的物体，来帮助你校准站姿刚好平行于目标线），走向球，把球杆放在球后，与中间目标垂直。然后继续完成击球准备需要的三项调整：首先，把身体80%的重力放在目标侧的脚上，挥杆时保持不变；其次，球的位置位于你的非目标侧的大脚趾的正前方；最后，握住杆柄下方将要接触杆身的部位，再把杆柄放在你的目标侧的大腿前方。这三步调整会帮你挥杆时迅速、紧密地接触球面，并实现理想的飞行和滚动模式。

因为在切球时球不会飞得太远，肩膀是为击球提供所有动力的部位。弯曲膝盖，在挥杆过程中保持同样的姿势，稳定下半身，可以更容易地完成切球动作。在切球时，下半身只用来保持平衡；如果下半身有太多的动作，会让垂直触球变得更加困难。当你把脚、腿、臀部摆好时，它们应当处于放松的状态，但也能够在挥杆时保持小范围的运动状态。

当身体摆好了正确的准备姿势（图3.1a），下一步就是击球。可以把击球想象成肩膀的摇摆运动，和推球类似。肩膀转向远离目标的方向是开始后挥杆的标志（图3.1b），肩膀返回并经过起始位置是开始下挥杆的标志。胳膊和肩膀形成一个三角形，手和球杆代表顶点。由于肩膀提供了大部分的动力，因此挥杆过程中需要保持这个三角形。为了与球形成更尖锐的角度，做到击球动作果断迅速，手腕应略向外转动。击球的距离决定了后挥杆的长度，要想让球飞得更远，后挥杆的长度就要更长。

切球是一个简洁流畅的动作，球杆从球的后方向后摆动，然后下落返回击球，整个过程中球手的身体处于平衡状态（图3.1c）。在整个过程中，重力都集中在目标侧，下半身几乎没有运动。切球的主要动作由肩膀完成，手和胳膊只是自然跟随肩膀运动。

球杆前摆的距离与后摆的距离大致相同（图3.1d）。在随球动作中，身体重心主要位于目标侧的脚上，左手腕（对惯用右手的球手）伸直，臀部和肩膀向目标方向弯曲，杆面刚好正对球划出的线路，身体保持平衡。

失误

你击中了球的顶端，导致杆面没有形成斜角。

改正

通常是由于触球时手腕转动而造成这个错误。如果手腕弯曲，会导致球杆底部而不是球杆杆面击中球。手腕应伸直且保持稳定，并练习姿势训练。

失误

在球的后方击球，击球时先击中地面，失去了击球距离。

改正

如果在触球时，太多重力在你的后脚上，你会击中球后的地面。击球准备时，要把大约80%的重力转移到身体的目标侧，并在击球过程中保持不变。

图3.1　**完成切球**

准备

1. 向下握住球杆，手接近杆身。
2. 把双手放在球前，目标侧的大腿前方。
3. 膝盖弯曲。
4. 球位于后脚（非目标侧）前面。
5. 身体重心倾向于目标侧。
6. 用杆面斜角最小的球杆，把球打出0.9到1.8米的距离，到达果岭并可能入洞。

后挥杆和下挥杆

1. 遵循击球前的准备原则（与推球相同）。

2. 在击球过程中双手始终在杆头的前方。

3. 利用肩膀挥杆远离、返回并击球。

4. 在触点处，杆面垂直于目标线。

5. 后挥杆和下挥杆的长度大约一致。

6. 头和下半身保持不动，对球杆和球的控制更好。

随球动作

1. 结束时重心落在身体的目标侧。

2. 肩膀和臀部面向目标。

3. 前挥杆和后挥杆的长度相同。

4. 保持目标侧的手腕伸直。

失误

球飞行过远，或飞行过近、提前停止滚动。

改正

尝试检查球杆的杆面斜角。杆面斜角过小会造成球的飞行轨道较低，飞行距离较远（也就是在果岭上球会向着目标飞行较远的距离）。而杆面斜角过大会造成球的飞行轨迹较高，提前落地，飞行距离较短（也就是球会向目标飞行较短的距离）。练习球杆选择训练，保证后挥杆和前挥杆的长度一致，以及练习阶梯训练。

失误

球不断地偏左或偏右。

改正

确保你的膝盖、臀部、肩膀都平行于目标线。与一个同伴练习平行球杆训练和校准训练。

切球训练 1　姿势

把一个球放在距离果岭推杆区 0.9 到 1.5 米的地方。走近球，为切球做好正确的击球准备。合理的击球准备姿势应该具备的三个关键因素（球在站位后方，重心倾向目标侧，手在球和大腿的前方）。分别用 5 号铁杆、7 号铁杆和 9 号铁杆重复训练 5 次。每次击球准备姿势正确，给自己得 1 分。

做好正确的准备姿势后，练习切球动作，重点在于保持目标侧的手腕伸直。对惯用右手的人来说，左手主要是在触球区引导并推拉球杆，你应该感觉到仿佛在用左手拉割草机的启动线。每次击球后，你的左手腕都应当保持伸直，而非弯曲。重复 10 次动作。每次伸直手腕完成击球得 1 分。

用 8 号铁杆向 3 个球洞打 10 次切球。每次切球时检查准备姿势。让你的同伴观察球的位置是否正确，手是否在球的前方，重心是否在身体的目标侧。每次完成切球后，手在杆头前方得 2 分。

降低难度

• 做击球准备时不用球。切球时，强调肩膀的转动，胳膊和手的动作保持最小化。杆面应当轻轻扫过草坪。

提高难度

• 把球置于果岭前的上坡处，重复训练。
• 把球置于果岭前的下坡处，重复训练。

成功自测

• 身体重心主要在目标侧的脚上。
• 无论何时都保持手在杆头的前方。
• 向下握杆。

为你的成功打分

0到10分 = 2分

11到20分 = 4分

21到30分 = 6分

31到40分 = 8分

41到45分 = 10分

你的得分____（满分30分）

切球训练2　金字塔

这项训练会提高你的距离控制能力。在大约3米之外，用7号铁杆切球到练习果岭上。下一次切球，让球停在超过第一个球0.9到1.5米、偏左0.3到0.9米的位置上。重复完成5次切球。最后一个球应当停在你的正前方大约9米的位置上。然后颠倒训练顺序，让每个球停在比之前的切球距离少0.9到1.5米、偏右0.3到0.9米的位置上。在完成训练后，10次切球应该形成一个金字塔的形状（图3.2）。

降低难度

• 切球5次，使每个球都超过前一个球的位置。
• 切球5次，使每个球都停在比前一个球离你更近的位置。

提高难度

• 尝试让金字塔尖的位置距离你不超过6米。
• 不同的切球距离使用不同的球杆。
• 在练习果岭上的坡度起伏区域进行训练。

图3.2 金字塔训练

成功自测

- 用钟摆运动完成击球，肩膀用力。
- 结束时双手和手腕应当稳定在杆头的前方。
- 在挥杆击球的过程中保持脊柱的角度不变。

为你的成功打分

超过两球偏离 = 0分

两球偏离 = 5分

完美金字塔 = 10分

你的得分＿＿（满分15分）

切球训练3　球杆切球

在练习果岭上放置3支球杆，分别距离你3米、6米、9米，让杆身与你垂直，并完全在视线范围内。换句话说，不要把两支球杆放在一条由你开始的直线上。先把球切到离你最近的球杆处，接着把第二个球切到6米之外的球杆处，然后把第三个球切到9米之外的球杆处。重复10次，总共切球30次。

成功自测

- 用钟摆运动来击球，肩膀用力。
- 结束时双手和手腕应当稳定地保持在杆头的前方。
- 在挥杆击球的过程中保持脊柱的角度不变。

为你的成功打分

球停在距离目标球杆0.9米的范围之内 = 每球1分

球停靠在目标球杆旁 = 每球2分

你的得分＿＿（满分60分）

切球训练4　一杆入洞

在距离果岭0.9到1.5米处，把20个球间隔0.9米铺开。完成正确的击球前准备动作，选一个你认为能够做到一杆切球入洞的球洞，切球入洞。接下来的19个球都重复这个过程。每次一杆切球入洞得10分，每次使球停在目标球洞外一杆长度的范围内得3分。

提高难度

- 向至少6米以外的球洞切球。
- 选择有上坡、下坡、侧坡的球洞。
- 用3支不同的铁杆重复训练（5号、7号、9号或6号、8号、劈起杆）。
- 与一个同伴比赛切球，首先全部入洞的人获胜。

成功自测

- 在挥杆击球的过程中保持双手在杆头的前方。
- 保持下半身稳定，在击球过程中尽量不动。

为你的成功打分

切球停在球洞外一杆范围之内 = 3分

切球入洞 = 10分

你的得分____（满分200分）

切球训练5　三支球杆与三个球洞

这项训练会帮助你了解不同距离的切球最适合使用哪支球杆。在训练中，选择一个距离果岭1.2到2.8米的切球点，然后选择3个球洞：一个大约距离切球点3米，一个大约距离切球点6米，一个大约距离切球点9米。你需要一支沙坑挖起杆、一支9号铁杆和一支7号铁杆。

从沙坑挖起杆开始，分别切球3次到每个球洞（共9个球）。每次球落在距离球洞一根球杆的长度范围内得3分，每次入洞得10分。把球集中起来，然后分别用9号铁杆和7号铁杆重复训练。当你完成训练后，你应该总共切球27次。

降低难度

- 向第一个球洞切球5次，接着向第二个球洞切球5次，然后向第三个球洞切球5次。这种改进会帮助你对距离有更好的体会。

提高难度

- 选择3个球洞，分别距离你的切球点6米、12米和18米。

为你的成功打分

切球停在目标球洞外的一杆范围之内 = 3分

切球入洞 = 10分

你的得分＿＿（满分270分）

切球训练6 两杆入洞

很多高尔夫教练和巡回赛职业选手都认为这项训练是降低杆数的最有效的方法。向一个球洞切球，再拿一支推杆继续推球直到球入洞。尝试着切球1次、推球1次就使球入洞。选10个不同的球洞，重复这项训练10次。

降低难度

- 选一个距离你1.8米之内的球洞，完成训练。

提高难度

- 选择不同距离的球洞。最近的球洞应该在3米之内，而最远的球洞应该至少在18米之外。
- 根据你希望球在空中飞行的距离，以及在果岭上滚动的距离，每次切球时选择不同的铁杆。
- 选择坡度起伏程度不同的球洞——从左到右中断、从右到左中断、上坡、下坡。

成功自测

- 在击球过程中保持肩膀、胳膊、球杆形成的三角形稳定不变。
- 远距离击球时，向后挥杆时略微转动手腕。
- 保持平衡。

为你的成功打分

击球三次使球入洞（切球一次、推球两次）= 1分

击球两次使球入洞（切球一次、推球一次）= 3分

直接切球入洞 = 5分

你的得分＿＿（满分50分）

切球训练7　切球场地

在练习果岭上选择9个球洞，从1到9标号，按顺序切球、推球入洞。你可以更换球杆，或使用同一支球杆。每个球洞都代表一个标准3杆洞（一杆上果岭，两杆推球入洞）。记录完成9个球洞所需的总杆数。

成功自测

- 在击球过程中，保持肩膀、胳膊、球杆形成的三角形稳定不变。
- 远距离击球时，向后挥杆时略微转动手腕。
- 保持平衡。

为你的成功打分

完成整个场地训练需要29杆或更多 = 5分

完成整个场地训练需要24到28杆 = 10分

完成整个场地训练需要18到23杆 = 15分

完成整个场地训练需要17杆或更少 = 20分

你的得分＿＿（满分20分）

切球策略

与任何击球方式相同，切球需要的第一个决策是判断你希望球到达何处（目标）。第二个决策是你希望球如何到达目标（球的飞行、落地、滚动）。大部分优秀的高尔夫球手是通过设想切球后球的飞行轨迹、球在果岭上的落点、球滚向球洞的路线，来完成这个决策。

要想完成一记低轨道飞行的切球，让球迅速落在果岭上并滚向球洞，球杆的选择至关重要。这个选择决定了一记合理的切球，以及球的飞行轨迹和滚动距离。如果你距离果岭0.6到0.9米，那么杆面斜角较小的4号、5号、6号铁杆是最好的选择。如果你距离果岭3到4.5米，8号、9号铁杆或挖起杆或许是最好的选择。使用不同的球杆向不同的目标完成切球，会帮助你明白哪些球杆可以为你提供所需要的球的飞行和滚动特征（参照球杆选择训练1），以使球入洞的机会最大。

判断球在果岭上的滚动路线，是你接下来需要做的决策。这个过程也被叫作分析果岭，在本书第1章中已有介绍。切球和推球有很多相同之处，因为它们的目的都是让球滚入球洞。完成对击球的设想、对球杆和球的线路的选择后，下一步就是正确完成切球。

切球策略训练1　球杆的选择

在练习果岭上选择一个距离你9米之内的球洞，用不同的球杆实验，探究哪一支球杆能稳定地把球打到最接近球洞的位置。注意球在果岭上落点的差别和滚向球洞的路线差异。选用6号、7号、8号、9号铁杆，每支球杆至少打出3次切球。

为给训练计分，用5号、7号、9号铁杆切球到一个3到4.5米之外的球洞，用每支球杆打出3次切球。

降低难度

- 用放置于果岭上的一条毛巾来代替球洞，完成切球。
- 选择一支球杆（6号、7号、8号、9号铁杆）。
- 判断用哪支球杆切球能够稳定地让球最接近球洞。

提高难度

- 切球到上坡的球洞。这会改变你对球杆的选择吗？
- 切球到下坡的球洞。这会改变你对球杆的选择吗？

成功自测

- 每次切球的设想球的落地区域和向球洞滚动的路线。
- 分析果岭并判断，为了完成一记上坡/下坡切球，你需要增大/减小多少杆面斜角。

为你的成功打分

切球上果岭 = 1分

球停在球洞外1.8米的范围内 = 2分

切球入洞 = 3分

你的得分＿＿＿（满分27分）

切球策略训练2　改变障碍

切球通常是被用来避开球和果岭推球区之间的障碍物，而这项训练模拟了这种情况。把一个高尔夫球包放在你的球前大约9米处，分别切球越过球包，让球到达6米、9米、12米之外的球杆处（图3.3）。用杆面斜角不同的球杆进行探索，注意球杆对击球轨道的影响。

现在你已经准备好了，开始这项训练并计分。把四支球杆放置在果岭上1米、2米、3米、4米之外的位置，第一次切球时让球落在第一支和第二支球杆之间，第二次切球时让球落在第二支和第三支球杆之间，第三次切球时让球落在第三支和第四支球杆之间。重复5次，总共切球15次。

降低难度

- 用一支劈起杆或沙坑挖起杆重复训练。

提高难度

- 重复训练，把球杆置于距离果岭边缘1.5米、3米、4.5米的位置。
- 练习切球越过沙坑，到达练习果岭。
- 重复训练，把球杆放在果岭上15米、18米、21米的位置。

图3.3 改变障碍训练

成功自测

- 每次开始切球前，设想球的飞行轨迹和滚动线路。
- 注意力集中于你希望球落在哪，而不是障碍物。

为你的成功打分

切球落在目标区域内 = 2分
你的得分____（满分30分）

切球成功小结

在几乎所有高尔夫球比赛中，你会在一些情况下发现自己接近果岭，但并不在果岭上。高尔夫球的目的是用最少的杆数击球入洞，而准备充分、发挥良好的切球会帮助你达到目的。如果你成了优秀的切球手，偶尔你通过切球就能直接使球入洞。在切球方面越熟练，你的计分卡上的成绩就会越好。和推球一样，切球并不是高尔夫运动中最吸引人的技巧，但是，它对你的成功却至关重要，因而也需要不断的练习。因为这种击球方式属于短距离击球，它更着重于精准度而不是力度，你会更容易通过训练来掌握这项技巧。采用本章中的训练，提高你的技巧，用你的成功得分来评估你的进步。当你打球时，注意你的技术水平出现波动，因为你会发现很多击球都可以被一记好的切球挽回。

在这一章中记录你在每项训练中的得分，然后把分数相加得到总分。如果你在满分702分中至少得到了400分，说明你已经准备好了进入下一章的学习。如果你的总分低于400分，在进入下一章的学习之前，复习那些对你而言最困难的训练。

为你的成功打分

切球训练

1. 姿势　　　　　　　　　　　　　　　____ 满分30

2. 金字塔　　　　　　　　　　　　　____ 满分15

3. 球杆切球　　　　　　　　　　　　____ 满分60

4. 一杆入洞　　　　　　　　　　　　____ 满分200

5. 3支球杆与3个球洞　　　　　　　____ 满分270

6. 两杆入洞　　　　　　　　　　　　____ 满分50

7. 切球场地　　　　　　　　　　　　____ 满分20

切球策略训练

1. 球杆选择　　　　　　　　　　　　____ 满分27

2. 改变障碍　　　　　　　　　　　　____ 满分30

总分　　　　　　　　　　　　　　**____ 满分702分**

切球是把距离果岭不远的球打到果岭上，并滚向球洞的最好机会。常常练习这种击球方式，你就会降低所用的杆数。

有时你会发现自己距离果岭太远，以至于无法有效地完成切球，但距离又不足以进行全挥杆。也有时候，你可能需要球轻缓地落在果岭上并减少滚动。这两种情况下都需要打劈起球，即为本书下一章的内容。

第4章

远距离劈起球

劈起球和切球相似，都是让球在空中飞行，到达果岭，并滚向球洞。但是，劈起球适用于飞行距离更远或飞行更高，到达果岭更快停下的情况。通常来说，切球的飞行轨道低，需要考虑地面的情况（滚过土堆、滚下山坡等）。而劈起球的目的在于飞越地面上的任何障碍物或不便之处，然后落在球洞附近平整的地面上。劈起球普遍适用于球距离果岭9到82米的情况。由于劈起球的飞行轨道较高，滚动适度，因此能够使球越过球道上不平整的区域、长草区、果岭边的沙坑，甚至越过一个小池塘，而且仍然能够在落地时迅速停止，不会滚下果岭。因为在一场高尔夫比赛中，大部分球都是从距离球洞90米之内的距离打出的，熟练掌握短距离击球技巧——推球、切球和劈起球的球手，会在降低杆数的努力中获得显著的进步。

劈起球

　　一记成功的劈起球需要精度和控制距离，而正确的准备是保证这两点的关键。和切球一样，劈起球并不需要有力地全挥杆，所以应从精确地判断你希望球落在果岭什么位置开始准备。在选择落地位置时，记住球在落地后滚动不远。

　　在脑海中牢记目标位置，以一个相对狭窄、平衡的站姿开始准备，双脚分开，间距小于肩宽（图4.1a）。为了有助于顺利挥杆，站位应略微开放，目标侧的脚后撤几英寸，脚趾指向目标。劈起杆的杆身较短，在站位中线处击球可以有助于干净利落地击球。双手的位置略微移到球的前方。

　　当你锁定目标，准备好正确站姿之后，你就可以开始挥杆了（图4.1b）。肩膀向远离目标的方向转动，让肩膀把球杆向后拉动。胳膊和手会自然跟随肩膀而转动，然后臀部和腿也会自然地跟随转动。后挥杆是控制距离的关键：后挥杆的距离越短，击球距离就越短。通过练习，你会明白后挥杆需要多远才能够使球到达目标位置。

　　只有以放松、节奏明快的方式完成劈起球，才能实现控制距离和精度。劈起球如同向篮筐投球一样，需要同样流畅、轻快的动作。下挥杆（图4.1c）则通过把身体重心从后脚转移到目标侧的脚，其余肢体跟随运动来完成。当你的肩膀和胸口放松且面向目标时，你会感到球杆好像很自然轻松地落回球的位置。在球杆与球接触后停在高处的过程中，击球速度会逐渐增加。触球时，你的左手手腕伸直，注意力集中在稳定地瞄准目标击球，双手位于杆头前方。在完成下挥杆动作时不能着急。

　　在击球后的随球动作中，球杆应跟着球向目标摆动（图4.1d）。你的身体应该保持平衡，重心落在目标侧的脚上，髋部和胸口面对目标，双手高度和后挥杆高度相同。这种结束姿势会帮助你形成有节奏的动作，而且前后动作都遵循相似的模式。在你抬头望向击球方向之前，必须注意触球的位置。换句话来说，尽量阻止自己过快抬头，因为这样可能会导致肩膀拉偏球杆。确保你在看球之前，球已经完全远离你。

　　如果你对于运用杆面斜角击球有困难，检查你手腕的姿势。如果你为了把球击入空中而转动了手腕，你可能会击中球的顶端，而做不到斜角击球。很多球手会尝试用手腕把球铲起，当手腕弯曲时，会导致球杆的底部而不是杆面击球，因此造成击球效果不好。正确的方式是通过转动肩膀和胸口完成击球，让胳膊、双手、球杆自然地跟随肩膀的动作。

决策

　　很多因素会决定击球的方式。当你考虑使用劈起球时，下面这些指导可能会帮助你做出最佳决策：

图4.1 用正确的手腕姿势和重心分布来完成劈起球

准备

1. 以一个相对狭窄、平衡的站姿开始准备。
2. 双脚分开，间距小于肩宽。
3. 把目标侧的脚后撤几英寸，脚趾指向目标。
4. 在站位中线击球。
5. 双手位置略微移到球的前方。

后挥杆

1. 肩膀向远离目标的方向转动，开始挥杆，让肩膀把球杆向后拉。胳膊和手会自然跟随肩膀而转动，然后臀部和腿也会自然地跟随转动。
2. 允许胳膊、手、球杆自然地跟随肩膀而转动。
3. 允许臀部和腿自然地跟随肩膀而转动。
4. 用后挥杆的距离来决定球的飞行距离。

下挥杆

1. 开始下挥杆时，把身体重心从后脚移到目标侧的脚。
2. 肩膀和胸口放松，面向目标，球杆自然落回球的位置。
3. 触球时，击球速度缓慢增加。
4. 击球时，左手手腕稳定并正对目标。
5. 用轻松、有节奏的方式完成击球。

随球动作

1. 球杆跟着球向目标摆动。
2. 击球结束时重心落在目标侧脚上，手肘抬高。
3. 注意触球位置，然后再让目光望向球的方向。

1. 如果每种可能的轨迹都可实行，你希望球如何从它现在的位置到达你希望的位置？尝试着想象球在空中的样子，它会如何在果岭上运动，它是否会滚动，能否停止。

2. 如果使用一支球杆和一次挥杆来让球飞行，它会是什么样的？你能想象自己如何实践吗？

3. 这样实践可行吗？换句话说，球的位置能适用这样的击球方式吗？如果不能，回到第一步，选择另一种方式。当你找到了理想的击球方式，就问问自己：你会需要什么样的球杆？你会如何挥杆？

当这些问题都呈现出一个明确的答案——一个高轨道飞行的球，到达果岭后迅速停止，你才算为劈起球做好了准备！

要想获得劈起球独有的更高的飞行轨道和更小的滚动幅度，需要一支杆面斜角较大的铁杆。作为一种独特的铁杆，挖起杆常被用于完成劈起球。常见的挖起杆包括劈起杆（杆面斜角45到52度）、沙坑挖起杆（杆面斜角52到58度）、高抛挖起杆（杆面斜角58到64度）。球杆的杆面斜角越大，球的飞行轨道越高，飞行距离越短，落地后滚动的距离也越短。一名高水平的球手能够为球加上回旋力量，在略远距离击球时，仍然让球落在果岭上后及时停止，甚至向后移动。

对球的控制

像之前提到过的，一名优秀的球手多数时候会为球增加回旋力量，影响球在空中的飞行轨迹和落在果岭后的移动趋势。很多因素会影响球的运动方式，球手的技巧越娴熟，他对这些因素的掌控力就越强，也就更容易控制球。难以避免的是，杆头的速度和杆面斜角的大小也会对球造成影响。高水平的球手能够通过调整挥杆距离和挥杆速度来改变这些因素。杆面斜角也会由于手和身体在击球时的姿势不同而有所改变。在杆头速度和杆面斜角大小匹配的情况下，仍旧有一些因素会影响球手对球的控制能力。有些因素是球手可以操控的，而其他一些因素则是由以下外界条件而造成的。

- **高尔夫球本身的不同。** 通常情况下，球越柔软，控制球的可能性也就越大。巡回赛球手用到的"多层球"，在一定程度上就是创造回旋力的必要条件。

- **球的位置。** 良好的控球能力需要做到杆面与球的接触干净利落。换句话说，一个置于草坪平整细密的球道上，或较为平整坚硬的地面上的球，要比一个放在长草中的球更利于球杆接触，因为长草很可能会对干净利落的触球动作造成阻碍。当然，巡回赛选手在巡回赛场球道上的准备方式，与在正规的普通球场上是不同的，因此会在很大程度上限制你施加回旋力量的能力，以及限制你控制球的机会！

- **球杆。** 在过去的几年中，关于球杆上凹槽的重要性的争议一直存在。方槽能够增加球杆施加给球的旋转力，尤其是在长草区击球时，而现在为了提高球道的重要性已禁止这种做法。球手可以做的就是确保杆面干净，凹槽内没有灰尘，这样能够增强与球的接触效果。

- **风。** 在风中打球会让施加回旋力变得非常困难。逆风打球意味着球落在果岭上的角度和球的旋转发生变化，会导致球在接触果岭后更快地停下，移动距离更短。

- **果岭。** 果岭是坚实的还是柔软的，很大程度上会影响球落地后的运动趋势。地面柔软的果岭区会增加球后旋的可能性，而地面坚实的果岭区会让球向前反弹得更高。

失误

你击中了球的顶端，导致没有斜角产生。

纠正

最常见的问题就是经验不足的球手在劈起球时击中球的顶端。在接触球时，自然的倾向是通过弯曲手腕以尝试让球升空。当球手尝试举起球杆，而不是依靠杆面斜角的作用完成这个任务时，就会出现这个问题。在理想情况下，劈起球击球时，双手在球的上方，或略微在球的前方。如果没有做到这点，就会有很大的风险击中球的顶端，因为球杆已经达到了挥杆的最低点，意味着杆头在击球时已经要向上抬起。而姿势问题也可能是这个错误的起因。挖起杆是球包中最短的球杆，因此需要膝盖有较大程度的弯曲来向下击球。检查你的姿势，尤其在挥杆过程中。在球杆接近球的过程中，你可能有伸直膝盖起身的倾向。从击球准备到击球后的弧形随球动作，都要保持正确的姿势。

失误

你在球的后方击球，先接触了地面，击球距离不够远。

纠正

讽刺的是，问题可能是源自于和前一种失误同样的原因，尤其是在身体重心落在非目标侧的脚上时。这样的问题很容易发生，因为劈起球的挥杆动作十分短暂。在触球之前，确保你的身体重心落在目标侧的脚上。

失误

你未能干脆利落地击球，导致对距离的掌控效果较差。

纠正

如果稳定地击球对你来说有困难，可能是因为你的下挥杆处于减速状态。劈起球需要良好的距离控制能力。一个常见的错误是由于后挥杆过度，下挥杆自然呈减速状态以作调整，这个错误会导致杆和球接触不良。减短后挥杆的距离，而在下挥杆时轻微用力，你会发现这样更容易做到稳定地触球，也会使控制球的滚动距离变得比较简单。

失误

球不断偏离目标线。

纠正

检查你的校正。确保你的膝盖、臀部、肩膀与目标线平行。尝试细绳训练。

失误

球到达的距离太远或太近。

纠正

检查你的挥杆距离。估测你在劈起球时的后挥杆距离和前挥杆距离：它们应当是相同的。练习阶梯训练。

劈起球训练1 细绳

想要打出干脆果断的劈起球，你的重心必须置于身体前方，并把球杆带到球处，这样会先接触球再接触草皮。这项训练会优化你的触球能力和控球能力。把一条细绳、一根小树枝或其他大约30厘米长的物体垂直于你放在地上。准备好站姿，让细绳以你非目标侧的脚为起始点。把一个球放在你的站位中线上，以这个姿势完成劈起球，注意杆头在触球前越过细绳（图4.2）。重复训练10次。

降低难度

- 使用一支杆面斜角大的挖起杆（斜度为56到60度），杆面向外。

图4.2 细绳训练

提高难度

- 向14米、18米、23米外的目标劈起球。
- 使用不同的挖起杆（劈起杆、沙坑挖起杆、高抛挖起杆）。
- 把细绳移动到距离球几英寸的位置。

成功自测

- 触球时，身体重心置于目标侧脚上。
- 用一种放松、有节奏的方式完成击球。

为你的成功打分

球杆在细绳的目标侧击中地面 = 1分

球杆先击中球，然后接触地面 = 2分

你的得分____（满分20分）

劈起球训练 2　望向球的位置

这项训练是为了帮助你在接触地面前先接触到球。向练习果岭劈起球（不需要具体目标）。在抬头关注球的飞行之前，先确定球的原位置。当你看到了该位置后，再抬头观察你的球落在何处。重复训练10次。

降低难度

- 缩短后挥杆的距离。
- 让你的站位更狭窄。

提高难度

- 在击球前选择一个落地目标。击球后先确定球的原位置，然后抬头观察球的落地位置距离你的目标有多近。

成功自测

- 触球时，重心置于目标侧脚上。
- 用一种放松、有节奏的方式完成击球。

为你的成功打分

在抬头前先找到球的原位置 = 每球1分
你的得分＿＿＿（满分10分）

劈起球训练 3　劈起球分析检测

这项训练最好与一个同伴共同完成，因为你们可以互相讨论并审查对方的思考行为和表现。独立完成则需要诚实和一些创意，因为除了你预想的方式，也许还有其他方式可以完成击球。

这项训练的目的是检查你的思考、决策，以及对目标的执行能力。选择一个你认为会用到劈起球的情形，比如当钉子牢牢地扎在果岭上，而球在落地后没有行进的空间，或者一个需要你越过沙坑或类似障碍物体的球位。想象球会如何飞过空中落在果岭上，在你期望的位置停下。当你对自己的预想感到满意后，再选择球杆和你想采用的击球方式，如果你有一位合适的搭档并和他达成一致。现在转向你需要挥杆的方向，尝试着得到更清晰的感受，完成击球并审查结果。从不同的位置重复训练10次，然后为你的表现打分。如果你选择了正确的击球方式（飞行轨道、滚动线路），按照理想的方式完成击球，并且球停在理想的位置，给自己得5分。如果三项（击球方式、动作表现、结果）中你做到了两项，给自己3分。如果只做到一项，给自己1分。

降低难度

- 10次击球都在同样的位置，让自己从之前的经验中学习。

提高难度

- 采用不同的球位和击球距离，这样每次击球都需要你重新评估并判断。

成功自测

- 确保你击球2次——一次在脑海中想象，一次在现实中完成。
- 2次击球——想象的和实际的彼此吻合。

为你的成功打分

小于等于10分 = 5分

11到19分 = 10分

20到29分 = 15分

30到39分 = 20分

40到50分 = 25分

你的得分____（满分25分）

劈起球训练4 目标毛巾

距离控制对成功的劈起球来说至关重要。你必须能够使球落在果岭上具体的某一位置，才能使它滚向球洞。这项训练是为了帮助你掌握这个关键技巧。记住，想要获得对距离的掌控，你需要调节后挥杆的距离，而不是改变挥杆的速度。

把高尔夫毛巾放在距离球洞18米、37米、55米的位置上。选一个合适的位置，从最近的毛巾开始，按顺序向每个目标劈起球10次（图4.3）。尽量让球落在目标毛巾上。如果球落在目标上，给自己5分；如果球落在距离目标9米之内，给自己3分；如果球落在距离目标9米或9米以外，给自己1分。向每个目标劈起球10次，总共30个球。

图4.3 目标毛巾训练

降低难度

- 把一条毛巾放在距离你22.5米的位置上。当你能够稳定地使10球之中的5球落在距离目标9米的范围之内，再开始本训练。
- 在打出劈起球之前，把球放在一个球座上。

提高难度

- 分别从长草较短或适中的长草区打出劈起球：劈起球通常是在这种条件下完成的。
- 闭着眼睛打出劈起球。

成功自测

- 从站位中线打球。
- 通过改变后挥杆的距离来调节击球距离，而不是改变挥杆速度。

为你的成功打分

小于等于25分 = 5分

26到50分 = 10分

51到75分 = 15分

76到100分 = 20分

101到125分 = 25分

126到150分 = 30分

你的得分____（满分30分）

劈起球训练 5　劈起球和推球练习

　　把一个球放在距离练习果岭边缘大约14米，距离球洞27米的位置上。劈起球到果岭上，然后推球入洞。目标是用最少的杆数使球入洞。如果你劈起球直接入洞，给自己20分；如果你劈起球1次，推球1次入洞，给自己10分；如果你劈起球1次，推球2次入洞，给自己5分；如果你劈起球1次，推球3次入洞，给自己1分。重复5次。

降低难度

- 把球放在距离果岭4.5米的比较理想的位置。
- 用果岭上的一支球杆或一把雨伞代替球洞，完成劈起球和推球。

提高难度

- 每次劈起球和推球时，选择一个新的球洞和距离。
- 分别使用高抛挖起杆、沙坑挖起杆、劈起杆重复训练。

成功自测

- 在挥杆过程中保持脊柱角度不变。
- 在结束时，你的身体重心应该靠向目标侧，胳膊肘抬高。

为你的成功打分

小于等于25分 = 5分

26到50分 = 10分

51到75分 = 15分

76到100分 = 20分

你的得分＿＿＿（满分20分）

劈起球训练6　劈起球和推击练习

在练习果岭上选择9个球洞。把一个高尔夫球放在距离练习果岭边缘9米的位置上，与目标球洞对齐，你的球和目标球洞之间不应该有任何其他球洞。劈起球到果岭上，然后推球入洞。重复，直到按顺序打完9个球洞。

成功自测

- 在挥杆过程中保持脊柱角度不变。
- 在结束时，你的身体重心应该靠向目标侧，胳膊肘抬高。

为你的成功打分

用多于或等于36杆打完全部9个球洞 = 5分

用31到35杆打完全部9个球洞 = 10分

用26到30杆打完全部9个球洞 = 15分

用少于或等于25杆打完全部9个球洞 = 20分

你的得分＿＿＿（满分20分）

劈起球训练7　劈起球和推球比赛练习

在完成劈起球和推击练习后，找一个搭档用九个球洞进行比赛。从练习果岭外9到14米处开始，选择果岭上的一个球洞。你们两人都应该向球洞劈起球，然后推球入洞。所用杆数最少的球手获胜。如果你们的杆数相同，这个球洞就算是均分。重复，直到打完9个球洞。

成功自测

- 在挥杆过程中保持脊柱角度不变。
- 在结束时，你的身体重心应该离开身体中心偏向目标侧，胳膊肘抬高。

为你的成功打分

每赢得一个球洞给自己2分，每均分一个球洞给自己1分。

你的得分____（满分18分）

劈起球训练8　障碍物

劈起球通常被用来向高处击球，以规避障碍物：水、高长草区、小树、沙坑等，使球轻缓地落在果岭上。球手常常会面对较大的障碍物，完成劈起球十分困难，因此这项障碍物训练能够帮助你在与球场相似的条件下练习并提高你的技巧水平。

找一片附近有障碍物的练习果岭，最好是一个沙坑（图4.4）。你距离果岭至少23米。把10个球放在距离障碍物几英尺（1英尺约为0.3米）的位置，劈起球到果岭中部。

当你对完成劈起球感到较顺手时，尝试劈起球10次越过果岭侧障碍，到达一个球洞或目标位置。

降低难度

- 用高尔夫球包代替障碍物。把球包直立在你和果岭之间，然后劈起球10次，越过球包到达果岭。

提高难度

- 劈起球到特定的目标球洞。
- 把球放在距离果岭侧障碍46米的位置上。
- 每次都从不同的距离之外打出这10个球。
- 每次击球都用一支不同的挖起杆。

图4.4 障碍物训练

成功自测

- 缓慢地增加击球速度，让球杆加速经过球。
- 球杆应当跟随球向目标处摆动。
- 在结束时，你的身体重心应该靠向目标侧，胳膊肘抬高。

为你的成功打分

球落在并停留在果岭上 = 每球2分
你的得分____（满分20分）

劈起球策略

　　劈起球策略的第一个关键要素就是要清楚什么时候使用劈起球。第二个关键要素是判断球应该落在什么位置。由于劈起球需要精准度，为球选择一个清晰、准确的目标将是一项重要的决策。

　　由于切球需要更高的精度和距离控制能力，因此切球比劈起球更受欢迎。但是，在有些情况下，运用劈起球比切球更加明智。考虑到劈起球的飞行特点——高轨道、小幅滚动——当球洞靠近果岭边缘时，劈起球会是一个更好的选择。与滚动球相比，如果球需要长距离的空中飞行，劈起球也会是更合适的击球选择。举个例子，如果在球和球洞之间有37米的球道和9米的果岭，劈起球可能会是更正确的选择。最后，当一个障碍物，比如一个沙坑、深草区、水洼，处于球和果岭之间，你也更应该选择劈起球，因为这样能够击球越过障碍物，并停在球洞附近。记住，想要掌握一记有效的劈起球所需的距离控制，你需要大量练习。

简而言之，当你面对不利的球位、下坡球位、坚硬的果岭、大风、压力时，你应当考虑采用切球技巧。而当你面对有利的球位、上坡球位、柔软的果岭、中途障碍物时，则考虑采用劈起球。

第二个决策是球滚向球洞前落在何处。如果劈起球的目的是避开障碍物，那么目标应当足够远离障碍物，来确保球不会落在障碍区内。这样击球只是为了把球打上果岭，球手必须确保劈起球后的击球至少不会比推杆更加困难。很多情况下，球手在试图绕过障碍物时太贪心，选择了刚刚超过障碍物的目标降落区域。当出现了轻微的失误时，他们的球就会落在原来尝试避开的障碍区内。选择一片与障碍区有足够距离的降落目标区，才是更明智的做法。

如果你选择劈起球是因为球需要飞过更多球道或长草区，但不需要在果岭上过多地滚动，球洞本身就是一个很好的目标。换句话说，尝试直接把球打进洞。由于微小的失误，大多数球手的击球距离会小于预期，而且很少有业余球手能够把球打到超过球洞的位置，即使他们努力这样做。把球洞作为目标，能够确保即使球落得更近一点或更远一点，它仍然在球洞附近，因为正确的劈起球不会使球着陆果岭后出现过多的滚动。但是，如果球洞距离障碍物或者危险区域太近，不要把它作为目标。成功的球手懂得如何在球场上规避风险。

劈起球策略训练1　切球还是劈起球？

把10个球放在距离练习果岭边缘大约4.5米的位置上。选择一个球洞，切球5次，然后劈起球5次。比较哪种方法能更直接地把球打到球洞附近？

远离练习果岭，把10个球间隔4.5米排成一条直线。第一个球应该距离果岭4.5米，而最后一个球应该距离果岭45米。选择靠近练习果岭中心的一个球洞，判断你应该采用劈起球还是切球技巧，选择合适的球杆，然后向球洞劈起球或切球10次。

提高难度

- 从距离果岭18米远的位置上完成劈起球和切球。
- 选择一个位于你和果岭之间的障碍物，在距离它18米远的位置上完成劈起球和切球。

成功自测

● 每次击球前考虑球的位置和降落区域。

为你的成功打分

对于训练的第二部分，每次把球打到距离目标球洞4.5米的范围内得3分。

你的得分____（满分30分）

劈起球策略训练2　不可能完成的任务

这项训练是瑞典国家队最喜爱的训练之一。找一个搭档或对手，在距离练习果岭45米之内，选择一个高难度的位置，即几乎不可能击球上果岭的位置。你们两个人都要从这个位置把球打进洞里。所用杆数最少的球手获胜。如果你们杆数相同，这个洞被算为均分。一共打完6个球洞。

降低难度

● 把球放在距离练习果岭23米的范围之内。

提高难度

● 在你所选的位置和果岭之间，有一个障碍物（沙坑、树、茂密长草区）。

成功自测

● 每一次击球前都要评估球位、障碍物、风力及其他相关因素。

为你的成功打分

均分球洞 = 3分

赢得球洞 = 5分

你的得分____（满分30分）

劈起球成功小结

如果你学会了成功完成劈起球，即会降低你的杆数。劈起球本身也是一项富有乐趣的技巧。击球高飞到空中，看着它轻缓地落在果岭上，能够给你一种成就感，并对以后练习全挥杆提供了很好的基础。但是，劈起球并不容易。想要正确地击出劈起球，需要合理的技术和勤奋的练习，才能获得这一技巧所需的协调性。幸运的是，它是一种便于练习的方式，因为它并不需要很大的空间，甚至是常见的练习区域、一个后院或一个小公园都可以实施练习。

复习这一章中的基础知识，重复训练，很快你就会发现你的其他击球方式也变得有所不同。你的计分卡上的数字也会逐渐变小。

　　记录这一章中你每项训练的得分，然后求和得出总分。如果满分223分中，你至少得了130分，说明你已经准备好开始下一章的学习。如果你的得分低于130分，在继续学习下一章之前，复习那些让你感到困难的训练。

为你的成功打分

劈起球训练

1. 细绳	＿＿ 满分20
2. 望向球的位置	＿＿ 满分10
3. 劈起球分析检测	＿＿ 满分25
4. 目标毛巾	＿＿ 满分30
5. 劈起球和推球练习	＿＿ 满分20
6. 劈起球和推击练习	＿＿ 满分20
7. 劈起球和推球比赛练习	＿＿ 满分18
8. 障碍物	＿＿ 满分20

劈起球策略训练

1. 切球还是劈起球?	＿＿ 满分30
2. 不可能完成的任务	＿＿ 满分30
总得分	＿＿ **满分223**

　　在一场高尔夫比赛中，几乎75%的球都是从距离球洞91米的范围内打出的。所以你的短距离击球技巧成功与否，很大程度上决定了你的总体成绩。在完成这一章的学习后，你就已经掌握了短距离击球所需的技巧和策略：推球、切球、劈起球。当你在距离球洞91米的范围内时，你就知道自己该做什么、该怎样做。按理说，下一个步骤就应该是从发球台到果岭了。想要发球成功，或是从球道上把球打上果岭，你需要一项至关重要的技术：全挥杆。

第5章

全挥杆

对于一名技术娴熟的球手来说，全挥杆包括了各种各样的挥杆方式。举个例子，球手可以用开球杆或其他木杆完成全挥杆开球，以达到最远距离。在其他情况下，球手可以用沙坑铁杆或高抛挖起杆完成全挥杆，使球高空飞行并在果岭上降落且迅速停止。换句话说，球的飞行情况在很大程度上是受球杆的影响，但它也取决于挥杆的速度（杆头），以及球杆是否击中球的甜蜜点。两个主要因素会影响击球方向：挥杆轨迹（杆头）和击球时杆面的朝向。因此，球手可以通过很多方式来掌控击球，而且这些方式也必须适应当前的情况。球手同时也需要判断使用什么球杆和打出怎样的一球（正确的球杆选择建议参照第6章）。

在一场高尔夫比赛中，球注定会以各种不同的方式达到静止。有效率地打球意味着要掌握各种方式，以便应对球在各种位置上的情况。调查表明，在特定的位置条件下打球，专业球手比普通球手有更多击球方式。一个好的开端是掌握基本的全挥杆方式，它能帮助你在需要时操控全局。

在英格兰和苏格兰，很多古老的球场上并没有练习场地。高尔夫曾经是，现在也是球场上的运动。缺少练习场，球手就必须把所有时间投入球场上的比赛和练习中，这就意味着他们是在比赛氛围中学习掌握高尔夫技巧。练习场地出现后，由于练习场的情况和真正比赛中的情况并不相同，而大多数球手现在却在练习场地上学习高尔夫技巧，其相应的风险便是他们学到的技巧在球场上并不适用。如果只在练习场上练习打球，一个球手就不会学习到如何应对球场上可能出现的各种情况。如果你只能在平地上采用全挥杆打出顺手的球位，你就只能在相同条件下得到提升。在这一章中，你不仅能学习全挥杆，还会在与比赛相似的条件下掌握一些相应的练习方法。这些实用的练习方法会让你成为一名更加全面、更加优秀的球手。

完成全挥杆

对全挥杆的准备工作包括第2章中提到的很多细节，你的握杆方法应该能让你自如地协调手、胳膊和躯干进行挥杆；你必须用手指握住球杆，而不是手心。

从叠指握杆、连锁握杆、十指（棒球）握杆中选择一种方式（图5.1）。叠指握杆是指右手小拇指重叠于左手食指和中指之间。叠指握杆法也叫作Vardon握杆法，得名于它的创始人Harry Vardon。连锁握杆是指右手小拇指勾住左手食指。而棒球握杆法是指双手略微分开，但又彼此靠近。分别尝试3种握杆法，找到最适合自己的握杆方法。记住要用手指握住球杆，而不是手心，可参照第2章中的第一个失误。

叠指握杆法是最常见的握杆方法。棒球握杆法则更适合青少年或是手掌较小的球手，因为把十指同时放在杆柄上能够增强力量感。使用连锁握杆法，双手需要能够达到杆柄顶端（注意第2章中描述的两个指关节的摆放位置），手型较小可能会是一项劣势。

成功的全挥杆姿势包含几个至关重要的因素（图5.2）。使用的球杆不同，球的位置也不同，可从放在站位中线到靠前的某个位置。当你用6号或大于6号的铁杆时，普遍的规则是球要放在你的站位中线上。当使用挖起杆时，球的位置还可以更靠后，以实施更干脆的触球。如果使用较长的球杆，比如小号铁杆或木杆，球可以放在站位靠前的位置，靠向目标侧的脚。在使用5号铁杆时，你可以把球略微移到站位中线的前方。使用任何号码更小的球杆时，应该把球再向前放一些。但是，球绝对不可以放在前脚的内脚跟的前方。双脚分开与肩同宽，身体重心平均分布在左右脚和每只脚的脚趾与脚跟上。两脚连线、臀部、肩膀平行于目标线，膝盖微弯，臀部小幅度收缩，手臂在身前自然下垂。双手轻松自如地握住球杆。

当你完成了正确的准备姿势后，下一步就是真正地挥杆。挥杆可分为3个阶段：

1. 后挥杆，包括后挥杆的起始动作；
2. 下挥杆，包括与球的接触；
3. 挥杆后的随球动作。

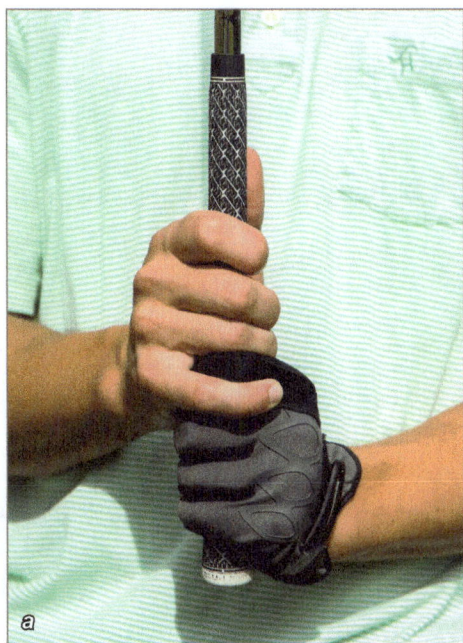

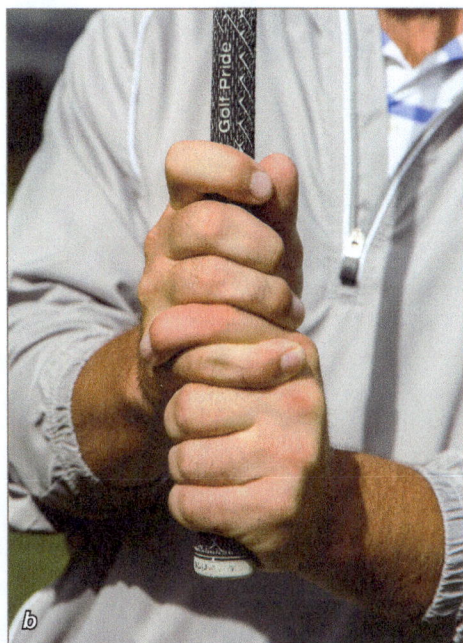

图5.1 握杆：*a.* 叠指；*b.* 连锁；*c.* 十指（棒球）

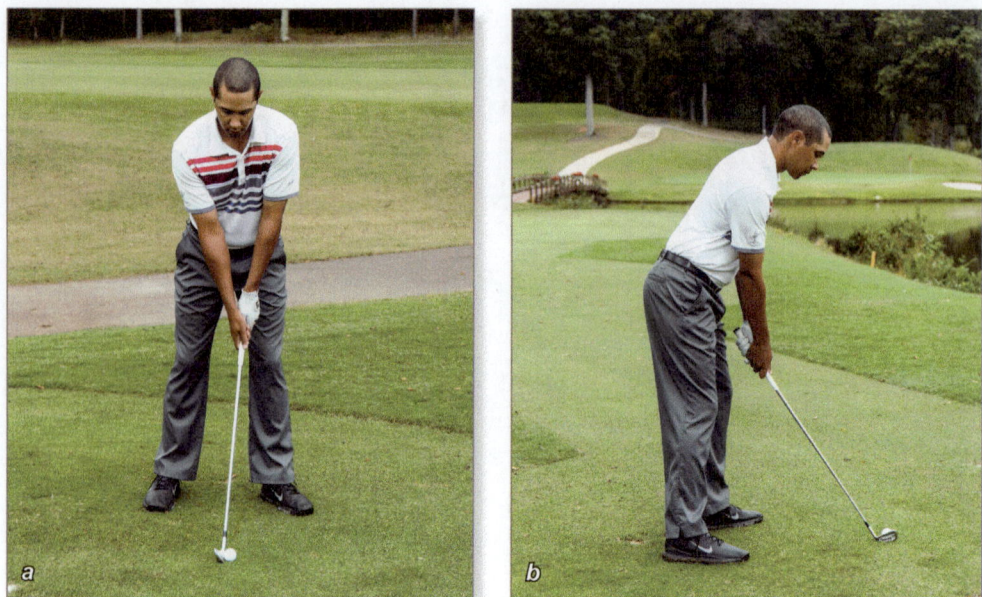

图 5.2　正确的发球姿势：膝盖微弯，双脚分开与肩齐宽，身体重心平均分布

　　有些球手以一个向前的按压动作来开始后挥杆（图 5.3a）。在向前的按压动作中，双手、胳膊、右膝作为一个扳机来开始后挥杆的起始动作。在极大程度上，使用向前按压的动作是一种个人喜好。假设你要膝盖微弯地从一个地方向上跳，是直接伸腿起跳更舒服，还是先迅速微屈双腿再伸腿起跳更舒服？大部分人都认为后者是更舒服的方式，因为它用到了拉长收缩效应。当起跳前微屈双腿时，他们能感到跳跃更有力。一些球手认为挥杆时向前按压的动作也有同样的体会。

　　尝试向前按压的另一个原因是，一些球手并不确定何时、如何开始后挥杆。有了向前的按压动作，更多情况下，后挥杆的起始点成了对向前按压动作的一种反应。但是，也有一些球手认为，从远离球的位置开始后挥杆动作更令人放松。分别尝试两种方法，然后选择最适合自己的方式。

　　开始后挥杆时（图 5.3b），手和肩膀形成的三角应与左臀部和膝盖一同运动，向正后方拉伸球杆。身体重心移到后脚（对于惯用右手的球手是右脚）的脚跟上，右膝保持弯曲，肩膀转动约 90 度直到左肩位于下颌的下方，左臂适度伸直，允许杆身摆动到和地面平行的位置。

开始下挥杆（图5.3c）是全挥杆的关键环节。下挥杆的起始决定了球杆的摆动路线，杆面与球撞击的位置。下挥杆是一个向下、向前的运动，球杆向下向前摆动接近高尔夫球，此时你的身体重心应向前移动到前脚（对于惯用右手的球手是左脚）上。下挥杆是一种奇妙的钟摆运动。如果你用铁杆挥杆，球杆应当先击中球，然后触及地面，在击球后留下一片草皮断片。开始下挥杆时，注意身体重心移到前脚，脚跟接触地面，同时把右手肘向后下方拉近身体。

球手最常遇见的问题之一，就是他们试图在脑海中同时保留太多关于挥杆的设想。指导书籍和杂志常常有很多帮助球手的小贴士，但更多不代表更好。如果对你来说，过多的顾虑已经成为一个问题，也许英国的传奇高尔夫教练John Jacobs对于挥杆的简述会对你有所帮助："两次转身，中间'嗖'的一下扫球。"

如果后挥杆和下挥杆都正确，挥杆后的随球动作就变得很简单了（图5.3d）。如果你的随球动作很好，说明你的后挥杆和下挥杆很可能也完成得很完美，因为挥杆后的随球动作是之前一系列动作的结果。此时，身体重心应当落在平稳的左脚上（对于惯用右手的球手），身体呈直立姿势，球杆靠在左肩上。挥杆后随球动作的姿势应该能自然舒适地保持，身体感到平衡，而不应该感觉好像即将倾倒。

失误

在后挥杆的起始动作中，你用手和胳膊举起球杆远离球。

纠正

确保在后挥杆的起始动作中手和肩膀同步运动。尝试肚脐后挥杆训练。

失误

在后挥杆达到顶端时，身体重心位于左脚，让身体看起来仿佛一个反向的"C"。

纠正

这个错误是因为你没有把重心移到右脚上或伸直右膝。身体重心应当位于右脚跟内侧，后挥杆达到最高点时右膝应保持弯曲。尝试后触训练。

图5.3　**完成全挥杆**

向前按压动作

1. 作为启动后挥杆的起始动作。
2. 用手、胳膊、右膝（惯用右手的球手）来按压。

后挥杆

1. 由手和肩膀形成的三角开始，使杆头远离高尔夫球。
2. 左膝和左臀跟随杆头向正后方后撤几英寸。
3. 身体重心移到右脚跟内侧。
4. 右膝保持弯曲。
5. 肩膀转动约90度直到左肩位于下颏的下方。
6. 杆身移动到和地面平行的位置，左臂伸直。

下挥杆

1. 身体重心移到左脚，右手肘向后下方拉近身体。
2. 用流畅的下挥杆来提高速度。
3. 杆头自然摆动（这是离心力的效果，只要你不阻止它）。
4. 击球时，杆头垂直于目标方向。
5. 左手手背转向目标。
6. 杆头应先击中球，然后触及地面，在击球后留下一片草皮断片。

随球动作

1. 身体重心应当落在平稳的左脚上。
2. 身体呈直立姿势，而非弯曲。
3. 球杆停靠在左肩上，背部后方。
4. 确保完成姿势自然舒适，易于保持。

失误

你击中了球的顶端，导致球没有飞行起来。

纠正

这个失误可能是很多错误操作的结果：在击球时重心落在错误的脚上，下挥杆开始时没有转移身体重心，认为要把球举到空中的误解（球的飞行应该是由杆面斜角造成的）。练习全挥杆训练4、5、6，来强化正确的重心转移和击球方式。

失误

你发现很难保持随球动作。

纠正

你的击球准备姿势中身体重心的分布可能有误，或者后挥杆开始得太草率。尝试动作训练，注意力放在寻找舒适的随球动作上。

全挥杆训练1　向前按压

　　用一个球做准备，好像你要击球，用手、胳膊和右膝（惯用右手的球手）尝试向前按压的动作。在向前按压的动作之后，立即开始后挥杆。第二次挥杆时，尝试不采用按压动作，直接开始后挥杆，并留意哪种方式较舒适。向后挥杆至最高点来完成动作。总共挥杆20次，10次采用向前按压的动作，10次不采用。尝试把重心移到后脚上完成后挥杆。不论是否采用按压动作，每次完成后挥杆给自己1分。如果你在完成挥杆时，绝大部分身体重心都在后脚上（后脚的内侧），给自己2分。

降低难度

- 在后挥杆到一半时，只关注挥杆的起始动作。
- 站在一面镜子前后挥杆，观察自己的动作。

提高难度

- 慢慢地继续挥杆，把球杆下拉到会击中球的位置，停下并留意你的姿势。
- 继续下挥杆，并尝试用杆头击中地面。
- 完成挥杆直到结束姿势。

成功自测

- 用手、胳膊、右膝完成向前按压动作。
- 后挥杆过程中把重心移到后脚上。

为你的成功打分

0到6分 = 0分

7到12分 = 1分

13到19分 = 2分

20到26分 = 3分

27到33分 = 4分

34到40分 = 5分

你的得分＿＿＿（满分5分）

全挥杆训练2　肚脐后挥杆

　　向下握住杆柄，选择一个正常的站姿。杆柄的末端触及你的肚脐。当你借助手和肩膀形成的三角开始后挥杆时，感受整体的起始动作。让你的身体旋转，重心移到后脚上，开始挥杆，并且在肩膀转动时后撤到一半。挥杆10次，基于以下标准给自己打分：

- 开始后挥杆时，杆柄末端没有与肚脐接触 = 0分
- 开始挥杆后，杆柄末端很快离开肚脐 = 1分
- 当肩膀转动到一半时，球杆与肚脐保持接触 = 2分
- 肩膀转动到一半，球杆与肚脐保持接触，身体重心移到后脚 = 3分

降低难度

- 只关注挥杆开始的前几英寸距离。尝试感受后挥杆是如何借助胳膊、手、肩膀完成同步运动的。

提高难度

- 握住杆柄末端，不要让杆柄末端接触你的肚脐；开始挥杆时保持杆柄指向你的肚脐。
- 像平时一样握杆，采用普通的站姿，尝试完成同样的整体起始动作。

成功自测

- 借助胳膊、肩膀、手形成的三角形，缓慢地实施后挥杆的起始动作。
- 把身体重心移到右脚跟内侧。

为你的成功打分

0到5分 = 0分

6到10分 = 1分

11到15分 = 2分

16到20分 = 3分

21到25分 = 4分

26到30分 = 5分

你的得分＿＿＿（满分5分）

全挥杆训练3　后触

选择一个正常的准备姿势，完成后挥杆（按压动作可有可无，只要你感到合适），然后在后挥杆达到顶点时停住。把你的目光锁定在球上，轻柔地释放球杆，并注意它的动向。杆身应该触碰你的肩膀或右臂肱二头肌（对惯用右手的球手）。总共挥杆10次，基于以下标准给自己打分：

- 球杆无法到达后挥杆顶端 = 0分
- 球杆到达后挥杆的顶点，眼睛没有锁定球 = 1分
- 球杆到达后挥杆的顶点，眼睛始终锁定球，球杆落在身后 = 2分
- 球杆到达后挥杆的顶点，眼睛始终锁定球，杆身触碰你的肩膀或右臂肱二头肌 = 3分
- 球杆到达后挥杆的顶点，眼睛始终锁定球，杆身触碰你的肩膀或右臂肱二头肌，重心落在后脚上 = 4分

降低难度

- 让你的眼睛跟随球杆向后看，在后挥杆到达最高点时调整你的姿势，这样球杆会碰到你的肩膀或右臂肱二头肌。
- 站在一面镜子前，调整姿势。

提高难度

- 找一个朋友检查你的后挥杆姿势，完成全挥杆，而不是停在后挥杆的顶点处。
- 让朋友观察你后挥杆最高点的姿势，挥杆击球。

成功自测

- 用正常、舒服的准备姿势握住球杆。
- 挥杆时让你的重心移到后脚跟内侧。
- 注意力集中在球上。

为你的成功打分

0到6分 = 0分

7到13分 = 1分

14到20分 = 2分

21到27分 = 3分

28到34分 = 4分

35到40分 = 5分

你的得分____（满分5分）

全挥杆训练4 *神奇战术*

选择一个正常的准备姿势,但不要用球,而是把球座插在地里代替球的位置。向后挥杆,身体重心移到左脚,开始下挥杆,同时把右手肘下拉到身旁(神奇战术)。关注左脚(惯用右手的球手),确保你的脚跟稳固地踩在地上。

在继续下挥杆时,记住结束姿势的样子和感受,尝试着自然呈现那样的姿势,而不是刻意向下挥杆到球的位置。注意在撞击中轻击球座。如果你对下挥杆感到困难,试试在俱乐部或电视上观察一个优秀球手,注意他的一举一动,尤其留心球杆在下落时如何撞击球,同时身体重心移到目标侧的脚上。

你的目标是在接触中轻击球座。由地面上的球座开始多次练习,然后随着你的进步,把球座按压到更深的位置。确保在接触地面前先轻击球座。挥杆10次,基于以下标准为自己打分:

- 向后挥杆,开始下挥杆,但没有把重心移到前脚 = 0分
- 向后挥杆,借助神奇战术和右手肘开始下挥杆 = 1分
- 借助神奇战术挥杆至结束姿势,但是错过球座 = 2分
- 借助神奇战术正确挥杆并轻击球座 = 3分
- 借助神奇战术正确挥杆、轻击球座,然后接触地面 = 4分

降低难度

- 用一个高球座,只关注如何轻击球座。
- 先用一支长杆或木杆,便于接触球座。

提高难度

- 把球座向地面下按压得更深。确保先轻击球座然后触碰地面。
- 移开球座,然后用球替代。先击中球,然后接触地面(留下一个小断层)。

成功自测

- 用放松的准备姿势舒适地站在球座前。
- 向后挥杆并把重心移到后脚。
- 使用神奇战术来开始下挥杆,并完成挥杆直至结束姿势。

为你的成功打分

0到6分 = 0分

7到13分 =1分

14到20分 = 2分

21到27分 = 3分

28到34分 = 4分

35到40分 = 5分

你的得分____(满分5分)

全挥杆训练 5　右脚、左脚

　　以正常的击球准备姿势站好。不使用球，向后挥杆同时抬起前脚离开地面（惯用右手的球手的左脚）。向下完成挥杆，同时把前脚转向地面，然后抬起后脚。把一个球放在你身前，用同样的方式把它打向一个目标。一共打 10 个球，根据以下标准给自己打分：

- 向后挥杆，抬起前脚但失去平衡 = 0 分
- 向后挥杆，抬起前脚，完成挥杆，然后抬起后脚但失去平衡 = 1 分
- 向后、向前挥杆，两只脚分别抬起过，但没有打中球 = 2 分
- 保持平衡向后、向前挥杆，并打中球 = 3 分
- 保持平衡向后、向前挥杆，并击球打中目标 = 4 分

降低难度

- 把球置于球座上，使用一支长杆。
- 把球置于球座上，使用一支短杆。

提高难度

- 把两个或更多球排列开来，按顺序击球，在两次击球之间短暂休息。
- 把最多 5 个球排成一线，按顺序不间断击球。缓慢前移打出下一球。

成功自测

- 练习几次挥杆，找到一个好的节奏。先移动后脚，然后移动前脚。
- 关注你的身体平衡，不要挥杆太过用力。

为你的成功打分

0 到 6 分 = 0 分

7 到 13 分 = 1 分

14 到 20 分 = 2 分

21 到 27 分 = 3 分

28 到 34 分 = 4 分

35 到 40 分 = 5 分

你的得分____（满分 5 分）

全挥杆训练6　*完结姿势*

　　做好击球的准备姿势，但是不要用球。不要向后挥杆，而是向前挥杆到你预想的完结动作处。确保球杆的位置令你感到舒服。重心放在左脚上（惯用右手的球手），身体呈直立状态。检查身体平衡，让身体去充分体会这个姿势。

　　开始挥杆，尝试达到你刚练习的完结姿势。对比两个姿势，做出调整，然后再次尝试。当你觉得不用球也可以找到舒服的姿势，用球再尝试一遍。一共打出10球，根据以下标准给自己打分：

- 对保持一个平衡的完结姿势感到困难 = 0分
- 在完结姿势时舒适地保持平衡 = 1分
- 向后、向前挥杆 = 2分
- 向后挥杆、打中球，在完结时保持平衡 = 3分
- 向后挥杆、打中球，完美地结束 = 4分

降低难度

- 不用球，在每两次击球之间练习挥杆或找到合适的完结姿势。
- 不用球，只关注挥杆。挥杆时尝试接触地面。

提高难度

- 每次击球后更换球杆。
- 在上坡、下坡和侧坡上尝试演练，改变球杆和球的位置。

成功自测

- 在脑海中预想好完美的完结姿势，测试自己是否能在实际中重现这个姿势。这个姿势是什么感受？看起来什么样子？它符合你脑海中的样子吗？
- 每次击球都专注于达到平衡的完结姿势。当你做到时，其他方面都会水到渠成。

为你的成功打分

0到6分 = 0分

7到13分 = 1分

14到20分 = 2分

21到27分 = 3分

28到34分 = 4分

35到40分 = 5分

你的得分＿＿（满分5分）

全挥杆策略

用到全挥杆的击球方式通常需要策略性的思考。首先，问问你自己，你想要如何击球。当你的水平慢慢提高，策略性问题，比如球的飞行、右转或左转、高轨或低轨，会变得越发重要。

刚入门的球手会把大部分策略性思考的时间花在寻找目标和选择球杆上，原因是他们可以击球的方式十分有限。但是，职业球手会顾及击球的各个方面。风向、球位、坡度、障碍物、螺钉的位置、果岭硬度、个人喜好和其他因素都会帮助职业球手们判断球的飞行情况。

比如说，美国职业高尔夫球协会巡回赛选手Jesper Parnevik在赢得达拉斯Byron Nelson高尔夫精英赛的过程中经历了一个有趣的策略性决断。当时Jesper正站在第17个球座前，一个有螺钉的标准三杆洞在他右手边果岭的远后方。果岭的右侧有一个水障碍，但是螺钉左边的果岭区域十分空旷。所有外界因素都表明最好的击球方式是从左向右，让球停在螺钉左侧并完全避开水障碍。但是，Jesper更适应从右向左击球，在当时这是加倍困难的方式。即便如此，他打出了这一球，把球打到了果岭上，并最后摘得巡回赛的桂冠。

当你在提高你的球技时，关于"如何处理球"这一问题的答案会慢慢转化成根据球场和你自身条件而做出调整。你的技术越高超，你就会找到越多答案和越多样化的击球方式。

当你决定好要做什么后，思考要如何实施，衡量你打出这一球所需的能力。一个好的球手能够在任何条件下打出最优秀的一击。再次回想Jesper Parnevik的例子。他大概清楚最好的击球方式并不是高弹道小左曲球（由右向左），但是他对这一球十分自信以至于他决定无论如何都要这样做。打出从左向右的小右曲球可能会使球落在水里，造成一个灾难性的结局。从另一方面来说，如果Jesper想要成为更加优秀的球手，他就会学习如何在压力下打出小右曲球。未来或许就会出现这样的情况：小右曲球是唯一的选择。

在你到达Jesper Parnevik的水平之前，关于"如何打球"的最重要的答案仅仅是你打出这一球所需要的技巧。能够打一个向正前方的直线球可能需要你平时的全挥杆训练。想要球更轻缓地飞行，或许用长杆更轻柔地挥杆会帮助你完成任务。

如果不真正地站在球场上，想要练习全挥杆的策略性思考是不容易的。练习场通常和真正的球场不尽相同。在和比赛相似的条件下打球会帮助你把在训练中学到的技术真正带到球场上去。

全挥杆策略训练 1　击中目标

在练习场上，选择一个击球目标，比如一个标志、地上一个不同颜色的点、球道上的一堆球。你的目的是打中所选的目标，但是每次击球前在目标周围划定和果岭同样大小的一片区域。用不同的球杆打出至少20球，每次击中果岭给自己1分。

降低难度

- 扩大你对果岭的视线范围。
- 把包里所有球杆从小到大使用一遍，直到使用发球杆。

提高难度

- 缩小你对果岭的视线范围。
- 只使用8号铁杆到挖起杆。

成功自测

- 关注目标，让你的挥杆自然完成。

为你的成功打分

0到2次击中果岭 = 0分
3到5次击中果岭 = 1分

6到8次击中果岭 = 2分
9到11次击中果岭 = 3分
12到14次击中果岭 = 4分
15到20次击中果岭 = 5分
你的得分____（满分5分）

全挥杆策略训练 2　曲线球

一场高尔夫下来，你会遇到各种情况的球位。在球的飞行路线、球杆选择、击球所需的挥杆方式方面，每一球都有自己最好的解决方式。如果你能用不同方式处理你的球，你就更可能完成所需的击球。曲线球训练会帮助你找到不同方式把球送入空中。

选一支你认为击球顺手的球杆，取20个球，你的目标是打出10个小左曲球和10个小右曲球。每次成功打出想要的球给自己1分。在这一步，你可以不用目标进行演练。

降低难度

- 用同样的球杆和同样的形态打出20个球。

提高难度

- 不要两种球各打10次，而是尝试每次都改变击球形态。

成功自测

- 决定你想打出从右向左的球（小左曲球）还是从左向右的球（小右曲球）。
- 如果你希望打出小左曲球，向球的落点右侧瞄准（惯用右手）、杆面朝向完结的位置（目标）。
- 如果你希望打出小右曲球（惯用右手），则一切相反。换句话说，向左瞄准，杆面朝向目标位置。
- 用正常的方式挥杆，允许挥杆路线决定球飞行的起始方向，杆面主宰球的转动。杆面在撞击时指向挥杆轨迹的左侧会导致球从右向左转动，反之则会让球从左向右转动。

为你的成功打分

0到2分 = 0分

3到5分 = 1分

6到8分 = 2分

9到11分 = 3分

12到14分 = 4分

15到20分 = 5分

你的得分____（满分5分）

全挥杆策略训练3　即兴发挥

　　好的球手不仅想要改变球的飞行形态（从左向右或从右向左），也会想要改变其他因素。一流球手有各种办法把球从A点打到B点。他们会根据球的位置、风向、目标、目标周围环境、个人喜好和很多其他原因来选择击球方式。有经验的球手也知道，同样一支球杆的使用方法绝不只有一种。这项演练会帮助你探索其他途径。

　　取10个球，选择两支球杆。每支球杆打5个球，选择一个不需要全挥杆的目标。选择一种击球方式：高球、低球、小左曲球、小右曲球或直线球。每次击中目标得一分，飞行轨迹正确得1分。每次击球前改变目标和距离。

降低难度

- 只用一支球杆打完10个球。
- 只用一个目标和一支球杆。

提高难度

- 尽可能改变球的位置：长草、侧坡等。
- 和朋友比赛。

成功自测

- 脑海中清晰地知道自己想打出什么球。
- 用你认为能够完成预想的击球方式挥杆。
- 每次击球后自我评估，根据前一球的经验尝试技术有所提高。

为你的成功打分

0到2分 = 0分

3到5分 = 1分

6到8分 = 2分

9到11分 = 3分

12到14分 = 4分

15到20分 = 5分

你的得分____（满分5分）

全挥杆策略训练4　Parnevik式训练

杰斯珀·帕尔纳维克（Jesper Parnevik）青睐于曲线球。小右曲球、小左曲球、高球、低球都是他最常用的。取10个球，在每次击球前，决定一个目标和球的形态。举个例子，尝试用小右曲球击中91米外的标志。什么球杆能帮你完成？你要如何挥杆？每次击中目标给自己得1分（在你可以接受的范围内），每次制造正确的飞行路线和轨道并击中目标给自己得2分。

降低难度

- 10个球都用同样的球杆来击，只改变球的飞行轨迹。
- 连续打出3个小左曲球，然后是3个小右曲球，以此类推。

提高难度

- 每次击球都改变球杆和目标。
- 借助长杆到短杆来改变距离。

成功自测

- 保证你很清楚自己要做什么和怎样做。

为你的成功打分

0到2分 = 0分

3到5分 = 1分

6到8分 = 2分

9到11分 = 3分

12到14分 = 4分

15到20分 = 5分

你的得分____（满分5分）

全挥杆成功小结

掌握正确的全挥杆技巧是高尔夫成功的基础。一个好的球手在巡回赛中不一定会用全挥杆打一记直前方的击球，但是每次挥杆都是根据当时情况所做出的基本挥杆的某种演变形态。

全挥杆分三个部分：后挥杆、下挥杆、跟随动作。你可以用球包中几乎任何球杆完成全挥杆。全挥杆的策略性思考包括理解球杆选择、知道什么时候用什么击球方式、根据球场上不断变化的情况做出调整。

在这一章中记录下每项训练的得分总和并相加。35分或更高意味着你已经掌握了这一章、准备好进入下一章。25到34分是可以接受的得分，对于得分较低的训练，多重复几次后就可以进入下一章了。如果你的得分低于25分，在向下进行之前再多复习几次。

为你的成功打分

全挥杆训练

1. 向前按压	____ 满分5分
2. 肚脐后挥杆	____ 满分5分
3. 后触	____ 满分5分
4. 神奇战术	____ 满分5分
5. 右脚、左脚	____ 满分5分
6. 完结姿势	____ 满分5分

全挥杆策略训练

1. 击中目标	____ 满分5分
2. 曲线球	____ 满分5分
3. 即兴发挥	____ 满分5分
4. Parnevik式训练	____ 满分5分
总分	____ **满分50分**

由于各种坡度、草长、障碍、树木的存在，高尔夫球场的情况是瞬息万变的，它的环境也是富有趣味和挑战性的。现在既然你已经掌握了全挥杆技巧，并对如何适应各种情况有了初步的了解，你已经准备好到球场上挥杆了，而各种球的位置都会考验你的技术。侧坡球位、上坡球位、下坡球位和其他不利的球位都在下一章中等着你。那么就继续读下去，看看如何应对那些情况吧。

第 6 章

球的飞行路线、
发球模式和球杆的选择

第1章至第5章的内容都聚焦于打好高尔夫所需要的具体的身体动作技巧。推球、切球、劈起球、击球准备、完成全挥杆都需要充分理解身体结构和动作技巧方面的因素，才能有效并稳定地在球场上展现技巧。每一项技巧都会影响球如何从现在的位置到达你所期望的目标位置。了解球的飞行规律、击球的各种模式，以及如何选择合适的球杆来完成击球，会帮助你成为更优秀的球手。

在比赛中，由于高尔夫球的飞行距离可能很远，因此在发球时的一个微小错误都可能在场上造成灾难性的影响。球飞得过远、过近或太偏左、偏右，都可能会让它落在湖里而不是果岭上。为了确保你的成功，了解影响球飞行的因素，以及球手如何改变球的飞行路线，将会对你很有帮助。在这一章中，你会学习杆面如何影响球的飞行方向，如何控制击球姿态（让球沿一条可以预想到的路线飞行，到达目标），如何选择合适的球杆，如何用你希望的方式让球到达你所期望的位置。

球的飞行路线

球的飞行路线是由两个因素决定的，这两个因素都和杆面有关，并且都表现在与球的接触中：杆面角度和杆面朝向。你挥杆的方式则决定了这两个因素，因此你对球会飞到哪里和如何飞行具有直接的控制权。在击球时，杆面可能有三种角度：开放型、闭合型、垂直型。同时，球杆也会以三种方向摆动：由外而内、由内而外、由内到垂直。接下来会详述这些内容。

在与球接触时，杆面朝向和角度决定了球在空中飞行的方向。这两个因素各有三种可能性，互相组合就形成了六种可能的击球方式。大部分球手（和他们的教练）都努力在触球时让杆面与目标线垂直，或者杆头从目标线内侧到垂直于目标线，这种方向能够打出直线球。很多初学者在触球时很难做到让杆面垂直于目标线，让它处于开放姿态，因而导致球飞行时会向右偏移（对于惯用右手的球手）。如果你感到很难控制球的飞行路线，应检查杆面的朝向和击球时的角度，这些可能会对你有所帮助。把你的表现记录下来，也是观察杆面角度和方向的一种有效方式，这样你可以对击球模式做出调整。本章列出了几项训练活动，以优化击球时杆面的方向和角度，进而提高球的飞行质量。

发球模式

当你掌握了杆面方向和角度，你就可以开始通过改变这些因素来让球旋转，让球实现你预想的飞行轨迹。三种常见的发球模式分别是：

- 直线球（球沿目标线直线飞行）。
- 小左曲球（球在目标线外飞行，然后在着陆前曲线回归目标线）。
- 小右曲球（球在目标线内飞行，然后在着陆前曲线回归目标线）。

当条件理想时，直线球是最好的。但是，有些情况下你会需要让球以曲线模式进洞。举个例子，在有风的状况下，曲线击球（球从左到右或从右到左飞行）可能是让球在风中保持直线飞行的一种方式。其他情况还可能是当旗杆被放在果岭边缘的左手边或右手边，这就意味着一流球手可以瞄准果岭的中心，向旗杆实施曲线击球。

在目标线上，球和目标中间可能会有一个障碍物。常见的障碍物包括树、沙坑、积水，想要成功地绕过这些障碍物，可能也需要让球在飞行中向左或向右转弯，而不是直线飞行。风向也会影响球的飞行路线，所以如果有强风从左向右吹过目标线，你可能会用小左曲球的方式击球（对于惯用右手的球手；对惯用左手的球手则意味着小右曲球，把球从右向左打）。这样做，球就会沿目标线逆风飞行。这些通常是较高等级的技巧，但是通过一些了解和练习，它们并不难掌握。

有两种特定的发球模式意味着球会彻底偏离目标线，而大部分球手会努力避免出现这种情况，它们就是右曲球和左曲球。当球在飞行时彻底、出乎预料地右转（对惯用右手的球手）时，小右曲球可能会变成右曲球。与右曲球相反的是左曲球，球在飞行时急剧、不受控制地左转（对惯用右手的球手）。当杆面和球杆的方向没有与目标线对齐时，就会出现这种球（当球杆由外向内、杆面开放时，就会击出严重的右曲球）。右曲球和左曲球是你希望避免的，它们转动太过剧烈，因此会落在距离你预想位置很远的地方。

发球模式训练　Parnevik式训练

在第5章中，你已经经过这项训练。尝试着打出不同种类的球，会提高你的挥杆技巧和你击球的水平。现在你的焦点要放在发球模式上，而不再是挥杆上。确信你的挥杆技巧也会同时得到提升！

美国职业高尔夫球协会巡回赛冠军Jesper Parnevik喜欢有创造性地变化发球模式。小右曲球、小左曲球、高球、低球都是他在场上会用到的击球模式。在这项训练中，打出10个球。在每次击球前，选择一个目标和你想打出的球的飞行模式。打个比方，尝试用小右曲球击中91米远的标志。什么球杆会帮助你达到目的？你要如何挥杆？当球杆撞击球时，你希望杆面角度是多少，杆面朝向哪里？每次击中目标给自己1分（在你可以接受的距离范围内），每次球的飞行轨道正确并击中目标给自己2分。

降低难度

- 10个球使用同一支球杆，只改变球的飞行轨道。
- 连续打3个小左曲球，然后打3个小右曲球，再打3个高球，以此类推。

提高难度

- 每次击球都改变球杆和目标的选择。
- 使用长杆到短杆来改变击球距离。

成功自测

- 确保你很清楚自己要做什么，如何做。

为你的成功打分

0到2分 = 0分
3到5分 = 1分
6到8分 = 2分
9到11分 = 3分
12到14分 = 4分
15到20分 = 5分

你的得分____（满分5分）

球杆选择

当你学会如何把球打到空中，你就会开始留意球杆之间的区别了。不同的球杆会让球形成不同的飞行轨迹和距离。根据高尔夫规则，一个球手可以随身携带14支球杆，而这14支球杆的选择完全在于球手。优秀的球手每个星期通常携带同样的球杆，但他们也会根据球场的特点和天气变化来更换几支球杆。一个特殊的球场或风况的改变可能会让球手增加一支额外的挖起杆、混合杆/长杆、球道金属杆如5号或7号木杆。高水准球手懂得花时间寻找适合自己需求的球杆搭配，为他们带来成功。新手在选择球杆时面对的挑战，就是要明白不同球杆如何影响球的飞行路线和距离。

对于一个新手来说，携带14支球杆可能有些多。入门初级的简易装备中，两支木杆、四五支铁杆、一支推杆就是很好的开始。但是在一场比赛中确定携带哪14支球杆，尽快弄清楚不同球杆会对球造成什么影响，依旧是很重要的。

一条普遍的原则是，球杆的号码越小，球的飞行轨道就越低，飞行距离越远。这个概念同样适用于铁杆和木杆。挖起杆能让球飞得最高、最近，有最多的旋转力，让球在落地后迅速停下。当你使用小号码的铁杆时，球会飞得更低、更远，并更少旋转。一支5号或7号木杆可以代替最小号的铁杆，因为木杆更易于使用。美国女子职业高尔夫球手Carin Koch认为女生不应该携带号码低于4号、5号的铁杆，而可以用7号、9号、11号木杆作为替代。当你使用小号码的木杆直到发球杆（1号）时，球就会飞得更远。1号木杆通常在发球区外使用，但是如果球的位置有利，优秀的球手也可以在球道使用它把球打得尽可能远。

球杆的选择：在球场上

在球场上，选择球杆是在击球准备阶段完成的。在准备击球时站在球后，尽可能获得更多能帮助你打出好球的信息。你需要把球打到多远才能击中目标？你需要把球打出特定距离来躲避障碍物或到达果岭吗？检查风的情况并判断球的位置。你是在干燥还是湿润的环境中打球？球落地的区域是什么样的？想要选择正确的球杆，你需要考虑实际情况。

在球场上选择球杆时，最大的决定性因素是你需要把球打出多远才能到达目标位置。因此，你要知道每支球杆能把球打出多远的距离。如果你的目标在114米之外，用包里的哪支球杆能在全挥杆后把球打出114米？球杆生产商设计的球杆组合一般以9米为单位来区别球杆的击球距离。然而这样的差别也因人而异，如果你用9号铁杆打出110米，你的8号铁杆应该能把球打出119米，7号铁杆应该把球打出128米，以此类推。球道金属杆的区别要更大一些，通常球道金属杆之间的距离差距在14到23米，但具体数据取决于球杆和球手。

如果你在逆风打球，球的飞行距离会短于预期，因此你需要一支比在无风条件下使用的球杆更长的球杆。如果你在顺风打球，风力会帮助球飞行得更远，你就需要一支更短的球杆。同样的道理也适用于不同的坡度条件，如果目标区域是明显的上坡，你就需要用号码较小的球杆来增加击球距离，而如果目标区域是明显的下坡，你则需要用号码较大的球杆来缩短球飞行的距离。

　　球的位置同样影响球的飞行距离，因此也会影响球杆的选择。当球位于长草区，击球距离就会较短，因为长草会减慢杆头的速度。这种情况也可能会导致所谓的"滑飞球"，有时连娴熟的球手都无法控制。球和球杆之间的草会减小球的旋转力，导致球飞得较远。滑飞球通常发生在当球位于深长草区的地面上时。如果球处于深长草区但并没有接触地面，这就是位置高而易于击打的球，由于草的摩擦力，球很可能比平时飞得近。

　　当打下坡球时，努力保持和平时同样的杆头速度，这样球会飞得低、远，但是保持杆头速度可能会有一些难度，所以球会飞得近。上坡的球位会增加杆面斜角，球也会比平时飞得高、近。由于杆头速度不快，侧坡的球位会导致飞行距离较近。这些内容在第7章中将有详细描述。

　　选球杆不仅仅是选择一支特定的球杆。球飞行模式的改变可以通过不止一种办法来实现，而优秀的球手会有很多手段使用球包中的每一支球杆。英国最先前往瑞典的教练之一John Cockin，后来成了受人尊敬的瑞典职业高尔夫球协会主席。Cockin曾对我说过："把一位高尔夫球手看作一个乒乓球手。一个乒乓球手只有一把球拍，但能够用这把拍子打出无数种击球方式。如果一个高尔夫球手也可以想出如何用每支球杆打出多种不同方式的球，他在高尔夫球场上的一生都将充实而有趣。"

　　优秀的球手不会被一种挥杆方式所限制。基于场上的情况（球位、风、目标等），使用同一支球杆能够创造出很多种改变方式。在练习场上，用每支球杆瞄准一个目标。为了实现你理想的击球结果，尝试找出你需要做出的改进。如果你向下握杆，如果你挥杆更低或更短，或者如果你把球向前移或向后移，结果又会如何呢？找出击球准备、握杆、挥杆中或小或大的改变，会如何影响结果也是一种好的练习方式。在练习场上和球场上做出改进，进行实验。

铁杆的选择

　　一个球手的包里可能会有1号、2号到9号铁杆，以及几支挖起杆。有些球手还会选择一支48度劈起杆、一支52度差距挖起杆、一支56度沙坑挖起杆、一支60度高抛挖起杆。一流球手通常会挑选3到4支挖起杆，来弥补球杆之间的差距（以免没有顺手的球杆能打出某个特定的距离）。铁杆可以用于果岭附近切球或劈起球（见第3章、第4章，切球和劈起球的球杆选择建议），或者用于向一个标准3杆洞发球，以及用于任何需要比一支木杆的控制力更强的球杆时。当选择铁杆时（图6.1），考虑以下条件：

- 球位——会让球飞得更远还是更近？
- 天气和风——会让球飞得更远还是更近？
- 球落地的区域——你需要为球增加很多旋转力，还是想让球在落地后滚动得更远？
- 飞行轨道——高球还是低球更合适？
- 球的飞行——你需要球向右或向左曲线飞行吗？

记住这些因素，你可以根据球杆的号码做出选择。像之前提到的，小号码的球杆会比大号码的球杆让球的飞行距离较远，飞行轨道较低。大号码球杆的杆面角度较陡，会为球增加更多回旋力，让它在果岭上更快地停下。这是击球的旋转力和高度不同造成的结果。小号码的球杆有更平缓的杆面，不会制造太多回旋力，因此更容易制造出侧旋球。侧旋常常会被不娴熟的球手误认为之前提到的左曲球或右曲球，因此初学者应当从大号码的球杆用起。虽然球不会飞得那么远，但是球手能更好地控制击球模式。

图6.1　选择一支铁杆

1. 球杆的号码越小，球就飞得越远。
2. 球杆的号码越小，球的飞行角度越低。
3. 球杆的号码越小，控制球就越难，因为小号码球杆会增加侧旋。
4. 球杆的号码越小，球就要放得离左脚跟（对于惯用右手的球手；对惯用左手的球手则是右脚跟）越近。

失误

你太急于让球升空，导致打到球的顶端。

改正

当球杆触球时，就已经达到了最低点。高尔夫的挥杆是一个向下的运动，所以应该只让杆面斜角协助球升空。向下击球，先打中球，再接触地面，留下一片薄薄的草皮断片。

失误

球的落点在目标位置之前。

改正

如果你击球时稍微偏离杆面中心，球的飞行距离就会减少。用球杆的顶端击球会导致球的飞行距离过短，也可能会让球偏离目标线。通常建议你多带一支球杆，这样即使你击球失误也会依旧到达目标。

铁杆训练1　四脚梯

使用相同的挥杆速度，分别用9号/8号铁杆、6号/5号铁杆、4号/3号铁杆打出4球，一共打出12球。选择3个你认为可以击中的目标，打完这12球。在击球之间改换目标和球杆。基于以下标准为自己打分：

- 击球失误导致球没有按正确路线飞行 = 0分
- 与球紧密接触，但球的落点远远偏离目标位置 = 1分
- 与球紧密接触，球的落点接近目标位置 = 2分
- 打出一记好球，球落在目标位置处 = 3分

降低难度

- 在更换球杆和目标之前，用同一支球杆打出所有12球。
- 分别用一根挖起杆、9号铁杆、8号铁杆或其他类似的球杆完成训练。

提高难度

- 同一支球杆只使用1次，然后改变球杆和目标。
- 分别用一支中号铁杆、一支长杆和一支球道金属杆完成训练。

成功自测

- 正常挥杆，注意力集中在目标上。
- 所有球杆都保持同样速度。

为你的成功打分

0到4分 = 0分

5到9分 = 1分

10到14分 = 2分

15到21分 = 3分

22到27分 = 4分

28分或更高 = 5分

你的得分____（满分5分）

铁杆训练2　三连发

　　用一支7号或8号铁杆，把3个球打到91米外的目标位置处，再把3个球打到114米外的目标位置处，最后3个球打到137米外的目标位置处。如果距离太远，可以选择其他三种适合你的距离，只要你能用所选球杆打出短球、正常球、长球。当你打完9个球后，调转顺序，从137米外的目标开始，再打114米外的目标，最后是91米外的目标。每次击球到达正确位置或方向正确给自己1分，每次击球达到正确距离并且方向正确给自己2分。每三球中努力做到至少两次距离与方向都正确。

降低难度

- 从挖起杆和距离更近的目标开始。
- 只采用两种距离，一种正常，另一种较短，分别向每个目标打4个球。

提高难度

- 选择一支你不擅长使用的球杆，以免过分轻易地击球到正常距离。与用你平时使用的球杆击球所能达到的正常距离相比，选择三种过长或过短的距离。
- 每次更换目标前，对于同一个目标只击球1次。

成功自测

- 调整你的节奏来改变球的飞行距离。
- 握住杆柄下端，观察会出现什么结果。

为你的成功打分

0到4分 = 0分

5到9分 = 1分

10到14分 = 2分

15到21分 = 3分

22到27分 = 4分

28分或更高 = 5分

你的得分____（满分5分）

铁杆训练3 高球还是低球

　　这项训练会用到7号、8号、9号铁杆。球的飞行高度部分取决于准备时球的位置。如果球的位置靠前（靠近目标侧脚），球会飞行得较高。相反，如果球的位置靠后（靠近非目标侧脚），球会飞行得较低。分别把球放在你的站位前方、中线、后方，从9号铁杆开始，对三个位置的球各打3次，打完9个球后，再改用8号铁杆打9个球，最后用7号铁杆打9个球，总共击球27次。注意力集中在如何坚实地击球上。当球的位置发生改变时，留意球的飞行轨道如何改变（较低、适中还是较高）。

降低难度

- 每次击球用3/4挥杆，或用切球代替全挥杆。
- 用一支劈起杆或沙坑挖起杆来替代7号铁杆。

提高难度

- 每次击球都使用不同的球杆，通过对比球杆的正常击球轨道来为自己打分。
- 用一支较长的铁杆。

成功自测

- 每次击球时正常准备，每次选择一个目标。
- 关注即将出现的改变，并让球对你的挥杆做出反应。

为你的成功打分

每支球杆对应一种位置击球3次，使用以下得分标准：

3球中有一球按照理想轨道飞行（较高、适中、较低）= 1分

3球中有两球按照理想轨道飞行（较高、适中、较低）= 2分

3球都按照理想轨道飞行（较高、适中、较低）= 3分

总分：

7号铁杆____

8号铁杆____

9号铁杆____

你的得分____（满分27分）

木杆的选择

根据你在包中携带的铁杆数量，你会留有空间放置更多或更少的木杆。这些球杆也被叫作球道金属杆，因为它们现在都由金属制成。但是，由于这些球杆的杆头传统上是由木头（大部分是柿木）制成的，因此对于很多球手来说，"木杆"这个称呼依旧成立。这些球杆通常杆身较长，有圆形的杆头，可用于把球打出较远的距离。大部分球手携带至少两支球杆：一支发球杆和一支3号木杆。很多球手也会再加一支5号木杆和7号木杆，如果他们决定放弃一些长铁杆的话。

木杆通常被用来开球，因为这时你会想让球尽可能飞得最远。当然，同样重要的是，球不仅要飞得远，还要飞得直。当直线球变得更重要时，球手会重新评估，然后选择一支一定能把球送到球道上的球杆。对有些球手来时，这就意味着选择大号码的木杆，而不是1号木杆。对于其他人来说，则意味着选择一支小号码的铁杆。

和选择铁杆相同，评估场上条件对于木杆的选择至关重要。球的位置、天气、落地区域、击球种类都会影响你对木杆的选择（图6.2）。但是，当你在发球区开球时，球的位置并不重要，因为你可以把球放在球座上而不是地面上。你想要球飞得越远，你就要使用号码越小的木杆。如果球在球道上的有利位置，一个有经验的球手就会用1号木杆，但对于大多数球手来说3号、5号，甚至是7号木杆都更便于使用，因为它们的杆面斜角和回旋力更大。再次强调，有时使用一支击球距离较短，但较为精确的球杆是明智的做法。

图6.2 选择一支木杆

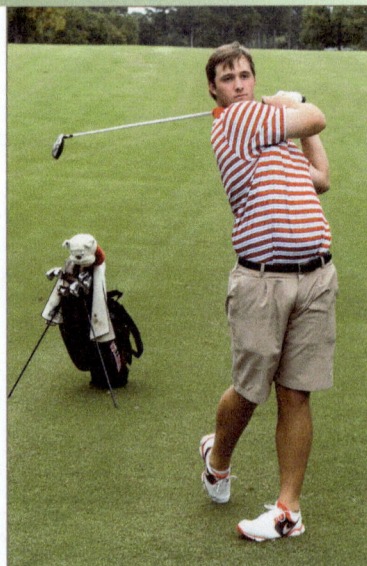

1. 杆身较长意味着挥杆弧线较长，也就代表着杆头速度较快，但挥杆速度不变。
2. 常见的木杆有1号（发球杆）、3号、5号木杆；4号、7号、9号木杆也比较受欢迎。
3. 把球放在前脚脚跟的对面，双脚分开略宽。
4. 球正对前脚脚跟，这样你可以把球从球道或球座上扫下来。
5. 像平时那样挥杆。球杆会把球带到你所需要的距离远。加速挥杆试图增加力量通常会导致灾难性的后果。用和9号铁杆一样的挥杆速度来挥发球杆。你可以通过改变球杆来改变击球距离。但不管使用什么球杆，挥杆方式不变。

失误

用木杆挥杆时击中球的顶部。

改正

当球杆触球时，它已经到达了最低点。如果你击中球的顶端，球的位置可能太过靠前。把球向后移到站位中线上。一条普遍适用的规则是，把球放在左脚跟的内侧的对面。如果这样做没有效果，尝试把球后移一些，但永远不要放在站位中线的后方。

木杆训练1　木杆选择

把你包里的所有木杆都拿出来，除了1号木杆。假设你有3号、5号、7号木杆，在练习场上选择三个对于3支球杆来说距离都合理的目标。你的目的是用每支球杆连续打出3个好球（你自己决定好球的标准）。在你打完3个好球之后，这支球杆就完成了使命。如果你打出两个好球并错失了第三个，你就要重新开始。计算连续打出3个好球需要的总杆数，用这个数除以木杆的数量，得出每支球杆打出好球的平均次数。最好的平均数是每支球杆3次。你的目标是做到每杆击出3个连续的好球，总杆数不超过12次。

降低难度

- 连续击出2个好球。
- 降低你对好球的定义标准。

提高难度

- 连续击出4个好球。
- 提高你对好球的定义标准。

成功自测

- 在走向球之前决定好如何击球。
- 保持你的速度。

为你的成功打分

每支球杆13次或更多＝0分

12到11次＝1分

10到9次＝2分

8到7次＝3分

6到5次＝4分

4到3次＝5分

你的得分____（满分5分）

木杆训练 2 运输机

木杆通常被用于沿着球道移动球。举个例子，对于一个标准 5 杆洞，很难到达球洞，木杆会比铁杆把球打到离果岭更近的地方。当你为此使用木杆时，精度比距离更重要。距离方面的目标可能是把球尽量打远，但说到精度，你会希望球保持在球道上。

在这项训练中，回想你完成的击球入某个球洞，当你使用木杆在球道上移动球的时候，考虑球道的宽度，预设练习场上球道的界限。在练习场上打 10 个球。把球打到与预设相同的正确位置给自己 3 分，球落在球道上但是位置不正确 2 分，打到长草区的第一个缺口 1 分。

降低难度

- 使用更宽的球道。
- 使用号码更大的木杆。

提高难度

- 使用更窄的球道。
- 找两个不同的球洞，在它们之间转换目标。

成功自测

- 具体决定如何击球。确保你清楚地预设球如何运动，以及你要如何实现。
- 按计划实施击球。

为你的成功打分

0 到 6 分 = 1 分

7 到 12 分 = 2 分

13 到 18 分 = 3 分

19 到 24 分 = 4 分

25 到 30 分 = 5 分

你的得分____（满分 5 分）

混合杆选择

近些年，混合杆作为一种比较新型的球杆，已经成为很多球手球包中常见的球杆。混合杆是铁杆和木杆的结合。更具体地说，混合杆结合了铁杆易于挥杆，以及木杆的包容性和击球飞行距离较远的特点。很多球手认为长铁杆（1 号到 4 号）都不便于击球，因为它们的杆面太小，杆面斜角太小造成的侧旋太大。因此，混合杆是为了代替长铁杆，并作为木杆的补充。举个例子，你可以用 3 号混合杆代替 3 号铁杆。

混合杆有更大的杆面，因此能造成更大的甜蜜点，但是它们和铁杆一样杆身较短，易于控制。混合杆较短的杆身也能在狭窄的环境中发挥重要作用，比如靠近灌木丛、长草区、树下。因此，混合杆还有一个常见名称是"急救杆"，因为它们可以在困境中给予你帮助。

混合杆训练　哪一支球杆？

这项训练的目的是让你在同样的击球模式中评估铁杆、混合杆、木杆之间的差别。在训练中，你会用到一支3号/4号铁杆、一支3号混合杆、一支5号木杆。选择一个距离在137米到182米之间的目标位置。首先，用3号铁杆打3球，接着用3号混合杆打3球，最后用5号木杆打3球。重复训练3次。每次使用某支球杆将球打到目标位置时，得1分。在这项训练中最多可以得9分。哪一支球杆会让你得分最高？

3号铁杆得分____

3号混合杆得分____

5号木杆得分____

你的总分____（满分27分）

开球的球杆选择

当你为开球选择球杆时，考虑以下因素：

- 开球后合适的落球区域在哪里？
- 接下来你想在什么位置打出下一杆？
- 距离和精度哪个更重要？会如何影响你对球杆的选择？
- 有没有任何你绝对应该躲避的障碍物或其他阻碍？你能否选择一支球杆帮助你躲过这些障碍？

开球最常用的球杆是发球杆（图6.3）。发球杆会让球的飞行距离最远，因此很多球手认为这是最合理的开球杆。发球杆的杆面斜角通常在8度到11度之间，这会产生出最大的侧旋力。杆面斜角是指杆面和垂直于地面的一条线所形成的角度。对有些球手来说，3号木杆是一个更好的选择，因为它击球更加精准，而与发球杆之间的距离差距微乎其微。美国职业高尔夫球协会和欧洲高尔夫球巡回赛冠军Henrik Stenson通常使用3号木杆代替1号木杆来开球，因为它的精准度更高。

图6.3　为发球选择一支球杆

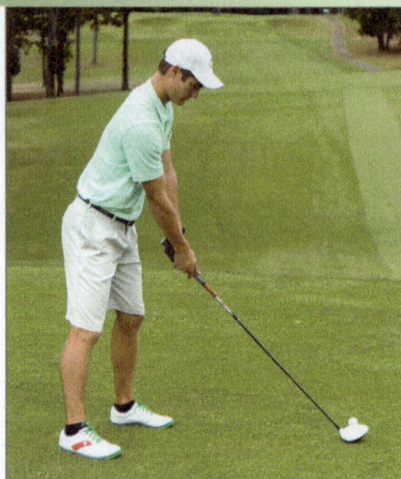

1. 用1号木杆发球，除非有障碍物形成阻碍。
2. 向高处开球。
3. 把球放在前脚跟附近。
4. 用正常的挥杆方式发球，使球离开球座。

失误

你总是错过球道并严重偏离目标。

改正

想在开球时打出远距离的球，最好的方式并不是大力击球到球道，而是用球杆杆面的甜蜜点来击球。减小你的速度，注意稳定地挥杆，与球紧密接触。

开球杆训练1　胜在最后

这项训练适用于两个或更多的人。借助练习场上的一个发球区，选择场上的两个标记作为虚拟的球道（球道两边分别有一个标记）。使用1号木杆击球1次，然后更换球手。只要你将球打到球道，你就可以继续比赛。留到最后的球手就是比赛的赢家。如果你只有一个人，就数一数你连续多少次击球打中球道。你的目标应当是至少连续8次击球打中球道。

降低难度

- 把球道设置得较宽。
- 用3号木杆或一支铁杆来代替发球杆。

提高难度

- 把球道设置得较窄。
- 让一个朋友尝试分散你的注意力，比如在后挥杆时和你讲话。

成功自测

- 明确目标以及击球模式。
- 在挥杆过程中相信你自己的身体反应，让注意力保持在目标上。

打中球道0到1次 = 0分

打中球道2到3次 = 1分

打中球道4到5次 = 2分

打中球道6到7次 = 3分

打中球道8到9次 = 4分

打中球道10次或更高 = 5分

你的得分____（满分5分）

开球杆训练2　球座射手

回想你最喜爱的球场或任何熟悉的球场。在练习场上，尽量形象地想象一个标准4杆洞或标准5杆洞。预想球洞四周的障碍物、球道和理想落球区域分别在哪里。选择一支球杆击球。你的目标是击球打中预想的落球区域，一共打出10个球。每次击球打中理想的落球区域得3分，错过落球区域但打中球道得2分，错过球道但避开障碍物（树或其他阻止你2次击球的障碍）得1分，球落入障碍区域不得分。

降低难度

- 用一支顺手的球杆打一个难度低的球洞。
- 选择一个障碍尽量少的球洞。

提高难度

- 选5个不同的球洞，向同一个目标位置或落球区击球2次。
- 每两次发球之间用铁杆打几球。

成功自测

- 具体决定如何击球，确保你知道自己想要做什么、如何做。
- 按计划实行击球。

0到6分 = 1分

7到12分 = 2分

13到18分 = 3分

19到24分 = 4分

25到30分 = 5分

你的得分____（满分5分）

球杆选择策略

在选择球杆时，思考决策至关重要。优秀的球手有很多方式使用每支球杆。击球的方式和所用的球杆取决于场上的现实条件。你需要打高球、低球、曲线球、撞击滚动球（球短暂飞行然后在地面上滚动）还是落地后迅速停止的球？答案取决于现场情况对球的影响。假设旗杆就在右手边沙坑的后面，果岭地面比较硬实，有从左向右的微风，球停在球道上的有利位置，那么在这种情况下，优秀的球手几乎都会选用可以一杆击出一记高球的球杆，使球飞越沙坑，并给予球足够的旋转力，让球落地后快速停下。球手会瞄准旗帜的左边，让风或曲线柔和的小右曲球（从左到右弯曲）把球送到旗杆附近。球手宁愿球落在旗杆的左侧，也不愿球落在旗杆的右侧，因为球落在错误的位置会出现错失果岭的风险（当旗杆在果岭右侧时，从果岭边长草区右侧击球可能会比从左侧击球的难度更高）。

下一个问题——如何完成这样的击球——会需要一些练习和训练。你可以通过更换球杆来完成任何击球，也可以通过改变不同球杆击球的方式来实现目标。问问自己：

- 我想如何击球？
- 我需要打出什么球？
- 我要如何完成击球？
- 我有所需的技术吗？
- 我需要怎样的挥杆或哪种技巧来打出这一球？

球杆选择策略训练1 球场轮盘赌

完成击球至9个球洞，尝试和平时不同的击球方式和球位。比如说，对于一个距离320米的标准4杆洞，用7号铁杆发球，给自己预设一个不同的方式击球上果岭。每次为自己设计不同的击球方式，并在和平时杆数偏差两杆之内击球上果岭，给自己2分。完成切球球位或果岭侧沙坑球给自己1分。

成功自测

- 仔细计划并完成你的击球，即使没有采用平时熟悉的球杆和距离。
- 完成每次击球，并把经验运用到下一球的击球上。

为你的成功打分

0到1分 = 0分

2到4分 = 1分

5到7分 = 2分

8到11分 = 3分

12到14分 = 4分

15分或更高 = 5分

你的得分____（满分5分）

球杆选择策略训练2　　目标和我的球杆

与一个和你水平相当的搭档合作。在练习场上，轮流为对方选择一个目标和球杆。用你的搭档选择的球杆把球打到他选择的目标。如果你用你认为合适的击球方式把球打到目标，给自己3分。如果你打到目标但并不认为是一记好球，给自己得两分。如果你错失目标，但认为自己打出了一记好球，给自己得1分。如果你错失目标并不认为自己打出了好球，不得分。每个人打10个球。

降低难度

- 10次击球只用2支球杆。
- 和一个与你水平相当或不如你的搭档配合。

提高难度

- 在目标和球杆之间设置较大的差距。比如，首先使用挖起杆，然后是3号木杆。
- 和一个水平高于你的搭档配合。

成功自测

- 想办法把球打到目标位置处，即使球杆不是你常用的。
- 遵从你的决定，按计划完成击球。

为你的成功打分

0到6分 = 1分

7到12分 = 2分

13到18分 = 3分

19到24分 = 4分

25到30分 = 5分

你的得分＿＿＿（满分5分）

选择球杆成功小结

选择球杆意味着了解两件事：不同的球杆会对球造成不同的影响，每支球杆有很多种使用方法。对球杆的选择需要你不仅对当前场上的条件和距离做出思考，而且要决定所需的球的飞行方式和击球模式。你能用更多的方式使用球杆，对各种球位的准备就更充分。

记录下这一章中的每项训练的得分，并相加得出总分。总分达到30分或更高，意味着你已经掌握了这一章，可以进入下一章的学习。如果得分在20到29分，复习得分较低的训练并多加练习，就可以进入下一章了。如果你的得分低于20分，在继续学习下一章内容之前，需要更多的复习与练习。

为你的成功打分

发球模式训练

Parnevik式训练   ____ 满分5分

铁杆训练

1. 四脚梯   ____ 满分5分

2. 三连发   ____ 满分5分

3. 高球还是低球   ____ 满分27分

木杆训练

1. 木杆选择   ____ 满分5分

2. 运输机   ____ 满分5分

混合杆训练

哪一支球杆?   ____ 满分27分

开球杆训练

1. 胜在最后   ____ 满分5分

2. 球座射手   ____ 满分5分

球杆选择策略训练

1. 球场轮盘赌   ____ 满分5分

2. 目标和我的球杆   ____ 满分5分

总分   ____ **满分99分**

了解球杆的选择是高尔夫运动的重要内容。不然一个球手为什么要携带14支球杆呢？当你的水平日渐提高，你会发掘出无数种方式用一支球杆完成一次击球。这就是成为高水平的球手需要很多练习的原因之一。现在，我们要继续学习如何在球场上实际应用上述方案。这时你对球场上变数的应对能力就变得更为重要了。在第10章中继续学习：球场管理。

第 7 章

解决不利的高尔夫球落点
问题以及如何从长草区中击球

当你从练习球场移步到高尔夫球场上时，你会注意到一个很大的改变，那就是你的球常
常会落在不平整或是割草不均的区域。当你在场上打球时，除了发球区，你可能永远
都不会遇到两个完全相同的球位。当你的球落入不理想的区域时，把它看作高尔夫运动中不
可避免的挑战，而不是一种厄运。但好消息是，对于高尔夫技巧有一些了解和练习后，你可
以学着对挥杆做出必要的调整，仍旧顺利击球并打出对你有利的一杆。

和大部分运动不同，高尔夫球的练习场地通常和正式比赛场地的环境不同。在练习场上
训练意味着站在一张垫子，或一片平整的草坪上打球。虽然这对研究提升技巧有所帮助，但
是这样的条件并不能提供实用的比赛环境，也不能帮助练习向比赛顺利过渡。为了让你的练
习成果能够在场上运用，你必须为场上可能遇到的各种不平整的球位做好准备。

当球停在一片平整、割草细致的区域内，即和练习场类似的区域，你就会获得有利的球
位。好球位的优点不胜枚举，最重要的是，它便于你摆出最舒适的击球准备姿势，并紧密击
球。紧密击球意味着你的球杆首先接触到球，然后接触地面，这会推动球飞得更直、更远，
而且会制造出必要的旋转，让球停留在果岭上而不是弹跳、滚入长草区或障碍区。

不利的球位要比好的球位更加常见。任何不便于杆头垂直且紧密触球的位置都算作是不
利的球位。例如球处于上坡、下坡、侧坡时，处于旧断层、深草中，或处于树后、灌木丛
中、障碍区内。你所需要的不是掌握一套新的技能，而是能够从不利的球位成功把球打出
去，这往往意味着灵活运用并调整你已有的技巧。

高尔夫球史上最伟大的一次击球，被认为是发生在 1982 年美国卵石滩举办的公开锦标
赛中。Tom Watson 在第 17 个球洞时击球超过了果岭，与 Jack Nicklaus 并列前茅。看起

来Tom似乎已经输掉了公开赛，但当他研究了处于下坡长草区的球后，他谨慎考虑了自己需要做什么。他转向他的球童Bruce Edwards，因为他知道自己在长草区中的球位还算不错，但Edwards知道撇开球位不谈，这一球一定难以控制，并几乎不可能落在球洞附近。这个球的风险在于如果无法干脆利落地击球，会导致球要么落得太近或落在球洞上方，进而让后续推杆处于严峻的下坡区；要么会偏离球洞，让后续推杆处于上坡区，并且距离较远。任何一种情况都可能会让柏忌翻倍，丧失胜利的希望。为了提醒Watson面临的风险，无论如何都要给自己留有机会完成标准的推杆，Edwards告诉Watson："尽可能靠近。"Watson微笑着回应道："靠近？我一定会进洞的。"

　　借助自信的挥杆和干脆的击球，完美的切球靠近旗杆，并最终直接入洞。在解决这个不利的落点后，Tom Watson乘胜追击，并获得美国高尔夫球公开锦标赛冠军。

　　球场上更常见的不利落点之一是不平整的地面。当地面不平时，你在准备击球时，球的位置应和你的脚的位置相对应。在侧坡球位中，球可能在你的脚面之上或之下（图7.1）。在上坡或下坡球位中，球和你的脚面持平，但球所处的坡度让你的双脚处于不同的高度。你的目标侧脚要么比你的后脚高（上坡），要么比你的后脚低（下坡）。接下来的内容将解释对于非水平的球位应如何调整挥杆。

图7.1　侧坡球位：a. 球高于脚面；b. 球低于脚面

非水平球位的调整

你可以通过很多方式调整非水平位置的球位。为了适应地形，球的位置、重心分布、握杆、校正、挥杆距离、球杆选择都是值得思考的重要因素。用五号铁杆从下坡或侧坡打球，与从球道上打球是不同的。面对球位的不平，优秀的球手会主动衡量风险和回报。选择号码较大的球杆打出干脆利落的一球会获得更好的效果吗？你能否在全速挥杆的同时保持球的平衡和正确的飞行线路？球会不会因为坡度向其他方向偏移？要想找到最合适自己的办法，需要尝试不同的球位，观察球的轨迹和落点。但是，一些普遍性规则会对你有所帮助。在非水平球位上，你所做的准备要允许你能自由地挥杆。通过练习你会学到坡度对球的影响，下面的建议会帮助你处理非水平球位。

上坡和下坡球位

当球与你的双脚平行，但是你的两只脚却处于不同高度时，必须做到和在平面上一样，球杆能下挥到球的位置。这就意味着在准备击球时，你的肩膀必须顺应或平行于地面坡度。

当面对上坡球位时（图7.2），目标侧的脚高于后脚，因此首先要做的就是在准备时让肩膀平行于地面。这样可以防止球杆接触球的角度过小，并且可以使球杆和球顺利接触。你的握杆方式和平时相同，虽然向下紧握球杆可能会让你的手更靠近球。

图7.2 上坡球位

对于上坡球位，你的球可以放在靠前一点的位置，让球杆击球的角度略小。离球远一点练习几次挥杆是个好主意，注意与你的双脚相比，球杆接触地面的位置这就是球应该在的位置。由于在上坡球位击球时，球会趋向于变成小左曲球（对惯用右手的球手来说从右向左移动），需要改进你的校准目标，向右瞄准（图7.3a）。

挥杆应该和平时相同，球杆后挥，让你的重心移到身体后方（图7.3b）。你可能想要略微缩短后挥杆的距离来保持平衡。由于坡度的原因，在后挥杆中移动身体重心会比较简单，但是也会使得在下挥杆和随球动作中将身体重心转移到目标侧变得更加困难。在挥杆结束时，不太可能把全部重心转移到前脚，但你应当能够找到一个姿势来保持身体平衡（图7.3c）。

图7.3 **打上坡球位**

准备

1. 握杆方式和正常全挥杆相同。
2. 向下一点握紧杆柄（手更靠近球）。
3. 采取正常站姿，略微向目标左侧校正。
4. 身体重心均衡落在两脚上，或稍稍偏向位置较低的脚。
5. 身体靠向丘陵。
6. 球位于略微偏向目标侧脚的位置。

后挥杆

1. 后挥杆方式和正常全挥杆相同。
2. 略微缩短后挥杆的距离来保持平衡。
3. 在后挥杆时把你的重心移到身体后方。

随球动作

1. 下挥杆方式也和正常全挥杆相同。
2. 身体重心转移到目标侧的脚上。
3. 和正常挥杆一样完成挥杆。
4. 在结束时保持平衡，身体重心置于目标侧的脚上。

失误

当你从上坡球位或下坡球位击球时，球落在目标位置的左侧或右侧。

改正

你很可能直接瞄准了目标，但是坡度会导致球按曲线运动，所以你需要调整校准的位置。如果你惯用右手，在上坡球位击球时瞄准目标的右侧，在下坡球位击球时瞄准目标的左侧。

当你在下坡球位击球时（图7.4），后脚应高于目标侧的脚。在击球准备时让肩膀平行于地面，需要采用和上坡球位相反的调整方式。你可能会感到重心更偏向目标侧的脚，这会让球杆在击球时的角度较小。你的握杆方式和平时相同，但应更向下一些握住球杆。因为球的位置略微靠后，向下握杆会形成较小的击球角度，防止杆头从球后插入地面。

图7.4 下坡球位

115

离球远一点练习几次挥杆，注意和你的双脚相比，球杆接触地面的位置这就是球应该在的位置。由于在上坡球位击球时，球会趋向于变成小右曲球（图7.5a），因此你应当略微向目标位置的左侧瞄准。

面对下坡球位时，挥杆应该和平时相同。向后拉球杆，重心靠后，这会比正常击球时困难一些（图7.5b）。和上坡球位相似，你可能会想要缩短一点后挥杆的距离来保持平衡。在挥杆过程中，把重心移到目标侧的脚上可能会比较容易。而且球略微靠后，你就能够干脆地击球。你脑海中设想的触球是跟随球下坡，换句话说，继续向下坡挥动杆头直到触球。在挥杆结束时，找一个可以保持平衡的姿势，让重心落在目标侧的脚上（图7.5c）。

图7.5 **下坡球位击球**

准备

1. 握杆方式和正常全挥杆相同。
2. 向下一点握紧杆柄（手更靠近球）。
3. 采取正常站姿，略微向目标左侧校准。
4. 确保你的肩膀和坡度平行。
5. 身体重心均衡落在两脚上。
6. 把球放在略靠后的位置（靠近非目标侧的脚）。

后挥杆

1. 后挥杆方式和正常全挥杆相同。
2. 略微缩短后挥杆的距离来保持平衡。
3. 在后挥杆时把你的重心移到身体后方。

随球动作

1. 下挥杆方式和正常全挥杆相同。
2. 身体重心转移到目标侧的脚上。
3. 和正常挥杆一样完成挥杆。
4. 继续沿下坡地面挥动杆头来确保干脆地触球。
5. 在结束时保持平衡，身体重心位于目标侧的脚上。

失误

在下坡球位时，你击中球的顶端，或者先接触了地面。

改正

位置较高的脚可能承重太多，或者球太靠近位置较低的脚。确保在挥杆结束时重心落在位置较低的脚上。在准备时球靠向位置较高的脚。

侧坡球位

　　和上坡、下坡球位一样，借助一些挥杆时的调整，也会让侧坡球位更加容易完成。面对侧坡球位准备时，球可能会高于或低于你的脚。当你在侧坡球位击球时，球的路线很可能会向下坡方向弯曲。也就是说，对于一个惯用右手的球手，上坡球位会产生向左弯曲的球，而下坡球位会产生向右弯曲的球。在击球准备中对此调整，会帮助你更好地控制击球的方向，优化触球效果。

　　当你面对侧坡球位准备时，球的位置高于你的脚（图7.6a），你可能不需要做太多的调整。由于球高于你的脚，你会想向下一些握住杆柄，这样在击球之前球杆不会接触地面。同时，坡度可能会造成你的脚跟比平时承重更多，所以膝盖多弯曲一些让双脚承重均匀。当球高于你的脚时，球在被击中后倾向于小左曲或左曲球，为此应做出调整，只需要略微向目标的右方校准。击球距离越远，你就需要向右瞄准更多以抵消坡度的不良影响。挥杆实际上和平时相同（图7.6b），尽管距离稍短便于你保持平衡，你仍然需要注意挥杆的完结动作（图7.6c）。在侧坡上保持平衡会是一项具有挑战性的任务。

117

图7.6　侧坡击球，球高于双脚

准备

1. 握杆方式和正常全挥杆相同，但向下一点握紧球杆。
2. 采取正常站姿，略微瞄准目标的右侧。
3. 身体重心均衡落在两脚上。
4. 把球放在站位中线上或略微靠前，尤其在使用长杆时。

后挥杆

1. 后挥杆方式和正常全挥杆相同。
2. 略微缩短后挥杆的距离来保持平衡。
3. 在后挥杆时把你的重心移到身体后方。

随球动作

1. 下挥杆方式和正常全挥杆相同。
2. 身体重心转移到目标侧的脚上。
3. 和正常挥杆一样完成挥杆。
4. 在结束时保持平衡，身体重心置于目标侧的脚上。

失误

当球高于你的双脚时，你在击球之前先接触了地面（在高尔夫术语中也叫作击球"过厚"）。

改正

你需要根据坡度做出更多的调整。向下握住球杆，离球远一点，并检查球的位置来确保它处于你的站位中线上，而不是太靠前。

面对侧坡球位做准备时，球的位置低于你的双脚（图7.7a），这时同样不需要你做过多的调整。由于球低于你的双脚，你会用到杆柄的全部长度来避免击球过薄（击中球的下半部分，但没有接触地面，这会使控制方向和距离变得更加困难），因此握杆时应靠近杆柄末端，膝盖比平时挥杆弯曲幅度大一些，这样会让你离球近一些，减小击球过薄的风险。脚趾承重更多也会帮助你干脆地击球。由于球的位置低于你的脚，在击球时会更倾向于出现小右曲或右曲球，因此你要向目标的左侧瞄准。挥杆实际上和平时相同（图7.7b），除了距离可能稍短，便于你保持平衡，并且你需要注意挥杆的完结动作（图7.7c）。

图7.7 侧坡击球，球低于双脚

准备

1. 用正常的握杆姿势，利用球杆的全部长度。
2. 用正常的准备姿势，但略微瞄准目标的左侧。
3. 膝盖弯曲更靠近球。
4. 重心均匀分布在两脚上，略微偏向于脚趾。
5. 把球置于站位中线上。
6. 如果使用木杆，把球放在略靠前的位置。

后挥杆

1. 后挥杆方式和正常全挥杆相同。
2. 略微缩短后挥杆的距离来保持平衡。
3. 在后挥杆时把你的重心移到身体后方。

随球动作

1. 下挥杆方式和正常全挥杆相同。
2. 身体重心转移到目标侧的脚上。
3. 和正常挥杆一样完成挥杆。
4. 在结束时保持平衡，身体重心置于目标侧的脚上。

失误

在侧坡球位，球低于你的脚时，你打中球的顶端。

改正

你需要根据坡度做出更多的调整。利用球杆的全长，膝盖比平时弯曲程度大一些。保持你击球后的姿势，但确保你的重心没有太向后位于脚跟上。

失误

当你在侧坡球位击球时，球落在目标的右侧或左侧。

改正

你可能刚好瞄准了目标位置。由于坡度会导致球按曲线飞行，你需要调整瞄准的方向。位于侧坡球位时，球低于你的双脚，瞄准目标位置的左侧；球高于你的双脚，则瞄准目标位置的右侧。

非水平球位训练1　找到上坡、下坡球位

　　练习场普遍地势平缓，不能准确展现出大部分真实的高尔夫球场的条件，因此可能不便于练习非水平球位击球。但是，如果环顾练习场四周，你通常可以找到一个有坡度的区域，来准备练习上坡球或下坡球。这些坡度可能在练习场的边缘，甚至是靠近短球练习区。因为你在开始时无须击球，你可以使用同样的坡度，并面对一个不会造成危险结果的方向。做击球准备，但不要用球。使用5号或6号铁杆。你的目标是打中地面上虚拟的球位，并在全挥杆过程中保持平衡。这项训练会帮助你练习平衡，让你看到在非水平球位中，球杆底部会接触地面的什么位置。挥杆10次，5次上坡，5次下坡，尽可能改变击球方式（举个例子，上坡球位和下坡球位交替轮换）。

　　你的目标是完成10次挥杆，5次上坡，5次下坡，击中地面上的正确位置，并在挥杆过程中保持平衡。

降低难度

- 先打5个上坡球，再打5个下坡球。
- 用一支较长的球杆，比如3号或4号铁杆，而不是5号或6号铁杆。

提高难度

- 用一支较短的球杆，比如9号铁杆或劈起杆，而不是5号或6号铁杆。
- 每次击球都更换球杆。

成功自测

- 根据球位调整准备姿势和握杆方式。
- 如果你感到不自在，练习几次挥杆。尝试找到平衡。

为你的成功打分

失去平衡未击中地面＝0分

保持平衡但未击中地面＝1分

击中地面但失去平衡＝2分

保持平衡并击中地面＝3分

10次挥杆后你的得分＿＿＿（满分30分）

121

非水平球位训练2 上坡和下坡球位击出球座

这项训练和非水平球位训练1相同，但不仅是利用地面，你要把一个球座放在你认为球应该在的位置，并用力按压进地面。你的目标是要把球座打出地面，并在挥杆中保持平衡。挥杆10次，5次上坡，5次下坡，尽可能改变击球方式（举个例子，上坡球位和下坡球位交替轮换）。

你的目标是完成10次挥杆，5次上坡，5次下坡，击出球座，并在挥杆过程中保持平衡。

降低难度

- 先打出5个上坡球，再打出5个下坡球。
- 用一支较长的球杆，比如3号或4号铁杆，而不是5号或6号铁杆。

提高难度

- 用一支较短的球杆，比如9号铁杆或劈起杆，而不是5号或6号铁杆。
- 每次击球都更换球杆。

成功自测

- 根据球位调整准备姿势和握杆方式。
- 如果你感到不自在，练习几次挥杆，尝试找到平衡。

为你的成功打分

根据以下标准为每次挥杆打分：

失去平衡未击中球座 = 0分

保持平衡但未击中球座 = 1分

击中球座但失去平衡 = 2分

保持平衡并击中球座 = 3分

10次挥杆后你的得分____（满分30分）

不平行球位训练3　找到侧坡球位

找一个斜坡来准备侧坡击球，球会低于双脚或高于双脚。因为你在开始时无须击球，你可以使用同样的坡度，并面对一个不会造成危险结果的方向。做击球准备，但不要用球。使用5号或6号铁杆。你的目标是打中地面上虚拟的球位，并在全挥杆过程中保持平衡。挥杆10次，5次模拟球高于双脚，5次模拟球低于双脚，尽可能改变击球方式（举个例子，先模拟侧坡球位球低于双脚，紧接着模拟侧坡球位球高于双脚）。

备选训练准备方案

如果你在练习区域（在球场内或在短球练习区内）找不到一个侧坡球位，尝试以下备选方案。

- 模仿侧坡球位中球低于你的双脚，挥杆时可以站在两个小桶上或一块木板上。虚拟的球会低于你的双脚，这样你就可以在对应条件下练习。
- 模仿侧坡球位中球高于你的双脚，可以把一张塑料练习垫放在身前，在挥杆时想象球在垫子上。你的目标是完成10次挥杆，5次模拟球高于双脚，5次模拟球低于双脚，击中地面上的正确位置，并在挥杆过程中保持平衡。

降低难度

- 先打出5个球低于双脚的侧坡球，再打出5个球高于双脚的侧坡球。
- 用一支较长的球杆，比如3号或4号铁杆，而不是5号或6号铁杆。

提高难度

- 把一个球座按压进地面，只露出顶端，作为虚拟球的位置。击打地面时要打中球座。
- 用一支较短的球杆，比如9号铁杆，而不是5号或6号铁杆。

成功自测

- 根据球位调整准备姿势和握杆方式。
- 如果你感到不自在，练习几次挥杆，尝试找到平衡。

为你的成功打分

根据以下标准为每次挥杆打分：

失去平衡未击中地面 = 0分

保持平衡但未击中地面 = 1分

击中地面但失去平衡 = 2分

保持平衡并击中地面 = 3分

10次挥杆后你的得分____（满分30分）

非水平球位训练4　　侧坡球位击出球座

这项训练和非水平球位训练3相同，但不仅是找到侧坡球位，你要把一个球座放在你认为球应该在的位置，用力按压进地面。每次挥杆尝试击中球座。你的目标是在虚拟的球位上击中球座，并在挥杆过程中保持平衡。完成10次挥杆，5次模拟球高于双脚，5次模拟球低于双脚，尽可能改变击球方式（举个例子，侧坡球位，交替模拟球低于双脚和球高于双脚）。

备选训练准备方案

如果你在练习区域（在球场内或在短球练习区内）找不到一个侧坡球位，尝试以下备选方案。

- 模仿侧坡球位中球低于你的双脚，挥杆时站在2个小桶上或1块木板上。因为练习场可以这样做，用高尔夫球代替球座，并尝试打出你脚下的球，就像在球场上一样。
- 模仿侧坡球位中球高于你的双脚，把一张塑料练习垫放在身前，并把一个球置于垫子上，尝试打出干脆利落的一球。

你的目标是挥杆10次，5次模拟球高于双脚，5次模拟球低于双脚。在正确位置上击中球座或球，并在挥杆过程中保持平衡，这是你的目标。

降低难度

- 先打出5个球低于双脚的侧坡球，再打出5个球高于双脚的侧坡球。
- 用一支较长的球杆，比如3号或4号铁杆，而不是5号或6号铁杆。

提高难度

- 用一支较短的球杆，比如9号铁杆或劈起杆，而不是5号或6号铁杆。
- 每次击球都更换球杆。

成功自测

- 根据球位调整准备姿势和握杆方式。
- 如果你感到不自在，练习几次挥杆，尝试找到平衡。

为你的成功打分

根据以下标准为每次挥杆打分：

失去平衡未击中球座 = 0分

保持平衡但未击中球座 = 1分

击中球座但失去平衡 = 2分

保持平衡并击中球座 = 3分

10次挥杆后你的得分＿＿＿（满分30分）

非水平球位训练5　不平行比赛

一场高尔夫球比赛会面对各种非水平球位，而你很难会连续遇到两个相似的球位。想要发挥良好，你需要根据每个球的状况做出调整。对于这些不确定因素，最好的准备方法就是进行各种球位的练习。在这项训练中，找到一处可以向各种目标打出上坡、下坡、侧坡球的地方。有些练习场有这种区域，但如果你找不到合适的地方，也许可以在短球练习区或在高尔夫球场上找到类似的地方（注意有些球场禁止在球场上练习）。用12个球，从12个不同的球位向12个不同的目标击球（分别涉及上坡、下坡、侧坡）。确保随时改变你的击球球位，比如先打球低于双脚的上坡球位，紧接着打一个球高于双脚的下坡球位。每次击球都选择不同的目标。你的目标是把12个球都打到距离目标10%的范围内，打个比方，如果你从距离91米外击球，球必须落在距离目标9米的范围内。

降低难度

- 多采用同样的球位，减少改变。
- 把标准改为打到距离目标20%的范围内得3分，打到距离目标30%的范围内得2分。

提高难度

- 改变长杆（3号到5号铁杆）到挖起杆之间的差距。
- 把2分的标准改为距离目标10%，3分的标准改为距离目标5%。

成功自测

- 每次击球根据坡度做出调整。
- 每次击球前练习挥杆，来体会每个球位。

为你的成功打分

根据以下标准为每次挥杆打分：

击中球但未达到目标范围 = 每球1分

球落在距离目标20%的范围内 = 每球2分

球落在距离目标10%的范围内 = 每球3分

12次挥杆后你的得分____（满分36分）

不利球位的击球策略

"做什么"和"怎样做"这两个问题不仅适用于有难度的球位，也适用于有利球位。你所面对的是什么样的球？根据球洞条件如何调整？假设你面对一个下坡球位，你和果岭之间有水障碍，果岭地面坚实有沙坑环绕。即使你位于球道上的有利球位，这也会是一次有挑战性的击球，而当结合了下坡球位时，这一球的难度甚至更高。球位会影响球的飞行，所以对你的挑战就是如何制造回旋力，让球迅速地停在果岭上而不是弹开。如果你仍旧认为你可以打出必要的飞行轨迹让球直接到达果岭，"怎样做"的答案就会和在平整的球道上击球而有所不同。想要得到同样的球的飞行轨迹，你就需要用一支大号码的球杆，让球低空飞行。如果你仍旧认为你能击球到达果岭，那就行动吧！其他时候，唯一可行的方法可能是先击球到达水障碍之前，尝试切球或劈起球到球洞附近，接下来用一杆推球入洞。

在类似情况下，一条好的经验法则就是问自己："如果打10次这样的球，我会成功几次？"如果你不认为10次中你能成功8次，就应该选择较为保守的办法。接受安全的柏忌，也好过由于决策失误而面临大幅增加杆数的风险。

一场高尔夫比赛中，球手可能会面对无数个困难球位。坡度和非水平球位只是你能想到的一小部分；厚草区和灌木也会对你造成阻碍。只有多加练习，你才能逐渐学会在面对困境时做出合理的抉择。莱德杯高尔夫球赛球手Niclas Fasth曾被问及当他在树后时如何选择球杆，他回答说："通过经验。其中没有普遍适用的规则，因为不同的球位会导致每一次击出的球的飞行模式都有所不同。我也可以用同一支球杆以不同的击球模式影响球的飞行线路。所以不同情况下的答案也不尽相同。"

高尔夫运动史上有一个经典的故事，1999年卡诺斯蒂英国公开赛上，Jean Van de Velde面对他的第18个球洞。当他从第18个球座击球时，他看起来好像在一个安全有利的位置。但是接下来一记鲁莽而糟糕的铁杆球后，球飞入果岭前的小溪里。当他决定脱鞋并走进小溪里击球时，他陷入了大麻烦。最后，他用了三倍柏忌才入洞，并在决赛中把冠军拱手让给Paul Lawrie。追溯起来，我们可以很轻易地说Van de Velde做了几个错误的决定，并打出了几个不如意的球。如果参加较小规模的巡回赛，或是在比赛前几轮中，他还会做同样的决定吗？他会不会有更好的发挥？高尔夫的关键在于不断考虑所面临的任务，权衡风险和回报，并对各种困境做出合理正确的反应。

不利球位策略训练1　挑战赛

这项训练要在练习场上与一个对手共同完成。你们两人从练习场的同样位置开始击球，轮流选择球位和目标，提前预想途中的灌木和其他障碍物。打个比方，第一球你可能把球打出了91米，越过一个虚拟的水障碍，并落在一片小果岭上。第二球时，想象要把球从树枝下打过去，树枝不高于练习场上的第一支旗杆，并让球停在137米以外的目标位置处。继续训练，直到你们每个人打完10个球。

降低难度

- 使用同样的球杆，但改变目标。
- 同样的任务打2个球，观察第二球是否有所提高。

提高难度

- 每次击球都改变目标和球杆。
- 在长草区、坡度或其他有难度的区域击球。

为你的成功打分

根据以下标准为每次挥杆打分：

错误的飞行轨道并错过目标＝0分

飞行轨道准确但偏离目标＝1分

飞行轨道良好并击中目标＝2分

你的得分＿＿＿（满分20分）

不利球位策略训练2　抛球失误

在球场上和一个朋友打完9个球洞时，制定规则可以在每个球洞用非惯用（优势）手把对方的球抛出一次。球不能被投入障碍区，并且必须能够被找到，击球时不至于被罚杆。从球的落点开始打球。换一个球放在原位，并在该位置完成击球，但也要在抛球后的球位击球。

降低难度

- 只在打短球时抛球。
- 不要把球扔到14米之外。

提高难度

- 用这项训练打18个球。
- 抛球距离不受限制。

成功自测

- 每次在决定击球方式时都要衡量风险和回报。
- 提前考虑下一杆球你想从哪里打。

为你的成功打分

根据以下标准为每次挥杆打分：

用三杆或更多杆数把球打到球道或果岭推球区＝0分

在两杆之内把球打到球道或果岭推球区＝1分

一杆就把球打到球道或果岭推球区＝2分

你的得分＿＿＿（满分18分）

从长草区击球

理想情况下，你会希望每次击球都到达球道或果岭，但这并不现实，你难免会把球打到长草区内。即使是一流球手也会错过球道或果岭，而必须面对长草区这一困境。然而他们成为一流球手的原因之一，就是他们即使面对不理想的情况，也懂得击球成功必需的技巧。

有些时候，球场负责人——管理设施和维护球场的人，想要提高球场的难度，一种可行的方式就是种植长草。由于近些年球手的水平和高尔夫装备质量都有所提高，巡回赛负责人和球场管理者在不断寻找提高球场难度的方式，而最快最廉价的方式之一就是种植长草。对于球手来说，这就意味着即将在更多的球场上见到更多被长草包围的球道。

有两种方法可打造长草区。第一种是缩小球道的面积，增加球道的两侧和两端的长草的数量，这叫作把球道变窄。有些时候他们会让草围绕果岭生长，而这可能是难度最大的长草区，因为从长草区打出精确的一球会变得更难。这种长草区就叫作果岭侧长草区。

打造长草区的第二种方法是让沿球道的草生长得更高，这样就会有不同高度的长草。举个例子，管理者可能会让球道最靠边的草长到2.7到3.6米，比球道上的草高出2.5到5厘米，这是第一块长草区。在2.7到3.6米高的草旁边，草可能会长到10到15厘米，这就是第二块长草区。在有些情况下会有第三块长草区，它的草从来没有被修剪过。根据草的种类，你可能会要在及膝或及腰深的草丛中寻找球。美国高尔夫球协会在准备美国公开赛时，因为种植长草增加球场难度而"臭名昭著"。长草也是球场上的一种生命形式，因为想要成为成功的球手，你就必须学会从长草区打球。

从长草区击球和从球道击球很相似，除了下面两种调整有所不同。不管你是从球道长草区全挥杆，还是从果岭侧长草区部分挥杆，都适用这些调整。第一，当你做好击球准备时，杆面略微朝外（图7.8a）。长草可能缠绕住球杆插口，扭曲并闭合杆面，让击球方向偏左（对惯用右手的球手）或偏右（对惯用左手的球手）。在准备姿势中杆面朝外会预防这种情况。

第二，在后挥杆起始动作中，略微弯曲手腕，非常迅速地举起球杆（图7.8b）。长草会在杆头接触球之前减缓杆头的速度，所以你必须在下挥杆时尽可能接触球，少接触草。在起始动作中非常迅速地举起杆头，会帮助你把杆头以锐角拉回球的位置，并在击球前尽量少接触草（图7.8c）。从略靠后的位置开始击球，尤其在面对果岭侧长草区时，这会帮助你更干脆迅速地击球。确保在随球动作中球杆跟随球向目标方向摆动，结束时身体保持平衡（图7.8d）。

如果你从普通场地到深长草区击球，应该更加用力紧握球杆，这会使草对球杆的影响最小化。如果你在46米内向果岭劈起球，应使杆面朝外并比平时加大50%的力量挥杆。杆头会滑到球下并把它弹出。如果你从深长草区向果岭切球，起始动作时加大手腕的弯曲度，并且在下挥杆时气势更强，帮助杆头穿过长草。对于距离较短的球，可缩短后挥杆的距离。在长草区打球时应力度更大、速度更快，这样杆头才能穿过长草。

在长草区练习击球的次数越多，你的技巧就会提高，并且这也会使你了解长草区对击球的影响。然而很少会有球场刻意在练习区域设立长草区，但你可以在练习场的两头找到一些长草区来进行练习。

图7.8　从长草区完成击球

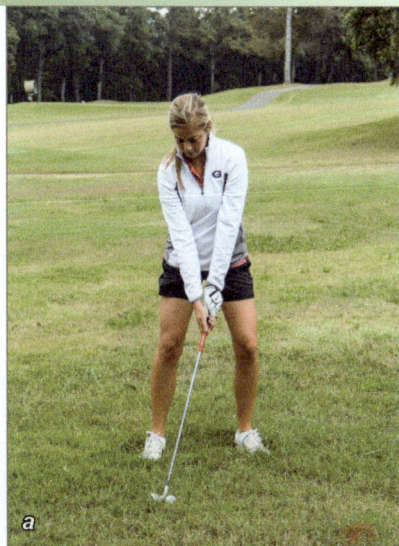

准备

1. 在击球准备时杆面略微朝外。
2. 把球置于靠后的位置。
3. 用力握杆。

执行

1. 在后挥杆起始动作中弯曲手腕，并以锐角举起球杆。
2. 胳膊、手、球杆自然跟随肩膀而转动。
3. 从后向前转移重心，开始下挥杆。
4. 非常迅速地向下拉动杆柄，来保持球杆下落和球接触时形成锐角。
5. 尽可能少接触草，尽最大可能接触球。

随球动作

1. 球杆跟着球向目标方向摆动。
2. 结束时保持平衡，身体重心置于目标侧脚上。

失误

在球后击球，与草的接触多于球。

改正

从站位更靠后的位置打球。在后挥杆开始时弯曲手臂，迅速举起球杆。在下挥杆时，重心前移，下拉杆柄，确保以锐角击球（纵向下降角度）。触球时你的重心在前方的目标侧脚上。

失误

球偏离目标线。

改正

保持杆面向外。长草会缠住球杆的插口并闭合杆面，在准备时杆面向外，并握紧球杆来预防——尤其要保持手在杆柄的顶端。

长草区击球训练1　击球角度

想要从长草区成功击球，你必须让杆头以锐角击球，在挥杆时尽量少接触草。这项训练会帮助你在挥杆下降时达到更锐利的角度。训练时你并不需要从长草区击球。

在练习场上，把一张纸板或泡沫卷放在一个球后0.9米的位置处（图7.9），选择一支9号铁杆或劈起杆。首先，采取正常的准备姿势，把球放在站位中线上。开始后挥杆起始动作时，手腕弯曲，以直线向后举起杆头到纸板的正上方。重复10次。每次在起始动作时避开纸板得1分，满分10分。

其次，重复训练，但只完成后挥杆。重复10次。每次在起始动作和后挥杆时避开纸板得1分，满分10分。

最后，重复训练，完成后挥杆起始动作和后挥杆，完整地挥杆击球，完成训练。在下挥杆时，快速下

图7.9　击球角度训练

拉杆柄，以保持锐利的下降角度触球。挥杆应该令你感觉到可以控制，击球干脆利落。重复10次。每次在起始动作和后挥杆时避开纸板得1分，击球干脆利落得1分（在击中地面之前先击中球），满分20分。

降低难度

- 用3/4挥杆代替全挥杆。
- 把纸板向远离球的后方移2.5厘米（总共距离球5厘米）。

提高难度

- 用挖起杆、铁杆、球道金属杆完成训练。

成功自测

- 在后挥杆开始时弯曲手臂，迅速举起球杆。
- 在击球过程中以锐角下降。
- 在挥杆过程中确保握紧杆柄。
- 把球放在站位中线的后方。

为你的成功打分

后挥杆起始动作____（满分10分）

完整的后挥杆____（满分10分）

完整的下挥杆____（满分10分）

你的得分____（满分30分）

长草区击球训练2 在长草区中击球

想要更加熟练地把球打出长草区，你可能需要一些探索，才能找到长草区练习部分挥杆或全挥杆。

在中等长草区中（5到10厘米），切球到一个目标位置。注意击球角度保持锐角，最大程度触球，尽可能少接触草。切球时挥杆不超过全挥杆3/4。向9米以外的目标切球五次，向13.5米以外的目标切球五次，再向18米以外的目标切球五次。每次切球在空中飞行距离至少达到4.5米给自己2分，满分30分。

从中等长草区向一个目标位置劈起球。这里应该使用全挥杆，并注意在起始动作时非常迅速地举起球杆，并以锐角击球。在长草区向22.5米外的目标劈起球5次，向31.5米外的目标劈起球5次，最后向40.5米外的目标劈起球5次。每次切球在空中飞行距离至少达到9米得2分，超过18米得5分，满分75分。

降低难度

- 从稀疏的长草区击球。

提高难度

- 从球被埋得很深的长草区完成训练。
- 每次击球改换不同深度的长草区完成训练。

成功自测	为你的成功打分
• 在挥杆过程中保持握紧杆柄。	长草区切球＿＿（满分30分）
• 采用锐角击球，尽可能多触球，尽量少地 接触草。	长草区劈起球＿＿（满分75分）
• 在准备时杆面向外开放。	你的得分＿＿（满分105分）

长草区击球训练3　短暂但致命

当一个高尔夫球被草包围起来，或一部分被草遮住时，很难做到直接触球，这就会使控制击球变得更加困难。当长草区在果岭四周时，这尤其会成为一个问题，因此需要用一些技巧击球才能让球靠近球洞。在中等长草区的球位（草不高于你的鞋面），用一支沙坑挖起杆切球到9米之内的一个球洞，重复10次。

降低难度

- 从浅长草区击球（草长到你的鞋高中部）。
- 把球打到18到27米以外（果岭面积越大，击球就越简单，因为球离开长草区后会滚动得更远）。

提高难度

- 从只能看到球顶端的长草区完成训练。

成功自测	为你的成功打分
• 在做后挥杆起始动作时，非常迅速地举起杆头。	球落在果岭上 = 1分
• 采用锐角击球，尽可能多地接触球，尽量少 接触草。	球落在离球洞91厘米之内 = 2分
• 在挥杆过程中确保握紧杆柄。	你的得分＿＿（满分20分）

长草区击球训练4　长草区劈起球

从一个中等长草区（不高于你的鞋面）的球位，用一支沙坑挖起杆，劈起球到果岭上距离你18到27米的球洞处。重复10次。记住，杆面向外打开，大力并迅速挥杆，球离开长草区后会滚动得更远，旋转更小。这一球应该更类似于沙坑球，但你不是拨开沙子，而是拨开草丛。

降低难度

- 从浅长草区击球（草长到你的鞋高中部）。

提高难度

- 瞄准一个在果岭边缘4.5米范围内，离你最近的球洞。
- 在球落在果岭前，让球越过一个沙坑，完成这项训练。

成功自测

- 在挥杆过程中杆面保持向外开放。
- 挥杆大力且迅速。
- 用左手紧握球杆，防止球杆在长草中转动。
- 挥杆过程中身体保持平衡。

为你的成功打分

球落在果岭上 = 2分

球落在球洞91厘米范围内 = 3分

你的得分＿＿＿（满分30分）

长草区击球策略

从长草区击球与从球道击球相比，难度更高，任务更具挑战性。相应的计划和决策会帮助你确保击球成功。在这一部分中，我们会讨论计划和思考的关键点，并提供一些建议，帮助你在困境中击球时达到较好的效果。

首先判断草坪的各种条件，草厚密还是稀疏？高度多少？球落在草下还是草上，或是草丛之间？最后，球要飞多远才能回到球道或果岭？记住，当面对一个不利的球位时，第一个要考虑的就是如何把球打回合理的位置，而不是增加不必要的杆数，而且制造出更多的麻烦。运用你的技巧，以保守安全的方式击球。不要太过贪心急于求成，或认为你必须弥补之前的错误。在高尔夫中，保守策略通常是更聪明的办法。不要将不利的情况变得更糟。

当你了解自己处于什么样的草地中时，就可以决定击球方式了。举个例子，如果球距离果岭162米，被深埋在长草丛中，只露出一小部分，你就需要在长草区中深挖取球。由于草遮盖球的面积太大，击球达到果岭的概率变得非常渺茫，因此很简单，你可以直接决定让球前进27米，回到球道上。如果球落在果岭边缘的深长草区，距离果岭2.7米，你应当可以不费力气地击球，并尽量排除草所带来的干扰。因此，你可以计划用切球的方式击球入洞。

　　当你决定好如何击球后，你就需要选择一支球杆帮助你完美地完成击球。由于杆头无论如何都会先接触草，再接触球，长草区会减缓杆头的速度，并不可预估地影响杆头的方向。因此，你需要选择一支合适的球杆，来尽量减少草对击球的不利影响。对于普通球手来说，五号铁杆杆面斜角最小，能在长草区内完成有效的击球。如果要使用球道木杆，五号木杆大概已达到了有效斜角的极限。斜角更小会让球杆难以与球进行合理的撞击。想在长草区打出远距离球（超过91米的球），一个更好的选择则是混合杆，也被称作急救杆（在长草区和其他困境中都能发挥作用）。在长草区使用混合杆时，一定要和用其他球杆一样做出必要的调整（采用锐利的击球角度，球放在靠后的位置，紧握球杆）。

　　如果球停在浅长草或中长草区，既没有停在表面也没有埋在深处，球的大部分都可见，这就叫作"滑飞球"（图7.10）。当球处于滑飞球的位置时，杆头会在撞击球前先接触草地。草并不会减缓杆头速度，因为草不够高，但会有一些草夹在杆头和球之间，这就会减少球的回旋力，实际击球时就会没有旋转。球会飞得较快、较低，弹跳和滚动更多，一个完成不错的滑飞球会滚动很长一段路程。在面对这种球位时，应选用比平时小一个号码的球杆，避免球滚动更远的距离。举个例子，如果你平时用7号铁杆能打出126米，此时同样的距离你需要选择8号铁杆。

图7.10　滑飞球

图7.11 深埋球位

图7.12 当球落在深草区表面，选择一支
　　　　类似发球杆的球杆

如果球被深埋在长草区底部（图7.11），你的目标就是把球击出草丛并打回短草区。此时不要试图追求距离，否则可能增加你的杆数。根据杆头触球前必须穿过的草丛厚度，你不大可能通过完美的击球而获得较远的击球距离。在这种情况下，挖起杆通常是一个好的选择。把球放在站位靠后的位置上，开始后挥杆时弯曲手腕，以锐角挥杆把球击出。通常的经验法则是如果球的位置埋得越深，挥杆下落的角度就要越陡。

在球落在深草区的表面时，大部分球手认为自己是幸运的。但是不要误以为完成这个击球就很简单。你很容易出现空挥杆，或杆头插到球下过深的位置，而把球直线弹入空中。这一球应当更像发球：一记低空发球，而不是小角度向下击球，应该刚好与处理球深埋在长草区的情况相反，更远更低地后拉球杆。

选择一支能把球打出所需距离的球杆，草不应该阻碍你的击球（图7.12）。为了制造出必要的浅表扫球动球杆后挥要尽量远且低。

从长草区策略性击球训练1　高、中、低

在18米距离范围内，选择一个有深草区的练习果岭。把10个球放在长草区的深处（踩在球上，图7.13a），10个球放在长草区中等深度（从肩膀或臀部高度抛球，图7.13b），再把10个球放在长草区表层（用手放置，图7.13c）。选择果岭中间的一个目标位置，距离你13.5米到18米之间，并把这30个球劈起到目标位置处。为这三种不同球位分别找到一支合适的球杆，尽可能帮助你连续击球打到目标位置。

图7.13　高、中、低训练

降低难度

- 在每种球位打出5个球，把球放在距离练习果岭9米的范围内。

提高难度

- 改变三种球位和果岭的距离，每种球位各完成10个球。

成功自测

- 根据不同的球位，调整杆头下降的角度。

为你的成功打分

根据以下标准为每次挥杆打分：

每次击球，球落在果岭上得2分；球停在距

离目标球洞4.5米的范围内得3分，满分150分。

深草区10次击球____

中等长草区10次击球____

浅长草区10次击球____

你的得分____（满分150分）

从长草区策略性击球训练2　　从长草区表面击球

用一支沙坑挖起杆，把10个球放在深草区的表面，距离练习果岭大概18米。在练习果岭上不同距离处，交替向2个球洞劈起球。重复2次。

降低难度

- 从距离练习果岭9米的地方击球。
- 把球打到同一个球洞。

提高难度

- 每次击球改变和果岭的距离。
- 把每个球都打到不同的球洞。

成功自测

- 更远更低地后拉球杆，来完成流畅的扫球动作。

为你的成功打分

每次击球落在并停留在果岭上 = 1分

每次击球停在距离球洞1.8米的范围内 = 2分

每次击球停在球洞距离0.9米或更近的范围内 = 3分

你的得分____（满分30分）

解决不利的高尔夫球落点和 如何从长草区中击球成功小结

掌握不利球位击球技巧的关键，是根据球所处的地面情况做出调整。当球的位置低于你的双脚时，调整握杆来延长球杆可用的长度；当球的位置高于你的双脚时，缩短球杆。尝试让肩膀平行于地面。

当面对上坡或下坡球时，调整球的位置。面对上坡球，球应该位于站位靠前，而面对下坡球，球应该位于站位靠后。如果你发现自认为良好的击球却落在目标的左侧或右侧，注意坡度经常会导致球的飞行路线出现弯曲。下坡球位或球低于双脚时瞄准左侧，上坡球位或球高于双脚时瞄准右侧。

另外，提高在长草区的击球能力会有助于你成为优秀的球手。挥杆时进行一些简单的调整，并降低击球的期望值，会减少球落在长草区的风险。一定要谨记：在长草区击球并不简单，对于每个球手皆是如此，即使是水平最高的球手。但那些勤于练习并熟练掌握策略的球手，在面对长草区时遇到的困难会较少，因为他们知道摆脱困境需要"做什么"和"怎样做"。

记录下这一章中每项训练的得分，并相加得到总分。如果满分559分中，你的得分至少达到300分，意味着你已经准备好继续学习后面的内容。如果你的得分在250分到300分之间，你就要准备好继续学习，复习那些你认为还有进步空间的训练项目，再进入下一章的学习。如果你的得分低于250分，复习这一章中的击球技巧，并重新练习来提高得分。

为你的成功打分

非水平球位训练

1. 找到上坡、下坡球位   ____ 满分30分

2. 上坡和下坡球位击出球座   ____ 满分30分

3. 找到侧坡球位   ____ 满分30分

4. 侧坡球位击出球座   ____ 满分30分

5. 不平行比赛   ____ 满分36分

不利球位策略训练

1. 挑战赛   ____ 满分20分

2. 抛球失误   ____ 满分18分

长草区击球训练

    1. 击球角度　　　　　　　　　　　　　　＿＿　满分30分

    2. 在长草区中击球　　　　　　　　　　　＿＿　满分105分

    3. 短暂但致命　　　　　　　　　　　　　＿＿　满分20分

    4. 长草区劈起球　　　　　　　　　　　　＿＿　满分30分

从长草区策略性击球训练

    1. 高、中、低　　　　　　　　　　　　　＿＿　满分150分

    2. 从长草区表面击球　　　　　　　　　　＿＿　满分30分

总分　　　　　　　　　　　　　　　　　　＿＿　**满分559分**

    与球的位置相比，"困境"一词可能更多地反映出球手的水平。一个新手认为有困难，甚至是不可能击球的球位，对于有经验的球手来说可能是小事一桩。而初学者低估长草区或非水平球位的难度也是时有发生的。成为更优秀的球手，意味着能找到更多的方式完成眼前的击球任务。如果你能掌控好草地上困难球位的击球技巧，你很快就会掌握下一步：沙坑击球。继续前进吧！

第8章

沙坑救球

大部分业余球手都非常惧怕球落入沙坑，但是职业球手宁愿球落入沙坑，也不愿球落在长草区里。谁的看法正确呢？答案是职业球手。虽然沙坑球常常被认为很难处理，但它实际上是最容易应对的情况之一。和大部分击球方式一样，当你有了一些知识和练习后，你就会把这种球变为你潜在的武器。沙坑球有其十分独特的击球方式，你击打的并不是球，而是沙子。通过击打球下面的沙子，你会把球和沙子一同送出沙坑。由于沙子比球占据的面积大很多，打中沙子其实要比打中球简单。因此，通过练习，沙坑球也是易于处理的。

沙坑常被特意放置于球手们更可能击球的位置。沙坑，比如果岭或果岭上的旗帜也被建筑师们用来分散你集中在目标上的注意力。在有些情况下，如果你视线范围内最大的物体是一个大沙坑，似乎等待着吞下你打偏的球，你可能会感到无法集中精力把球打到果岭。尽管白沙可以和果岭形成舒适的视觉对比，大部分球手仍然认为沙坑更加令人恐惧。在苏格兰圣安德鲁斯的老球场，有一个非常有名的沙坑，几个世纪以来，由于其给许多球手造成了痛苦，而得名"地狱沙坑"。恐惧因素很可能会增加你的挑战难度，考验你的水平。但是，经过练习和提升你的沙坑球技术，你就能极大地克服恐惧因素。尤其不要忘记，沙坑球实际上是高尔夫中最容易处理的球，只是需要了解一些相关技巧和进行足够的练习。在这一章中，你会学着掌握果岭侧沙坑和球道沙坑击球的技巧，以及对抗挑战。

沙坑规则和礼仪

沙坑是高尔夫球场的一个独特元素，因此有专门适用于它的规则和礼仪。不知道或不遵从这些规则会导致罚杆，所以你必须学习这些规则。专门为沙坑击球制定的规则是《美国高尔夫球协会比赛规则手册》（美国高尔夫球协会2012高尔夫规则）的第13.4条，根据规则，击球过程中，球杆在下挥杆动作前不允许碰触沙子。如果你在挥杆前触沙，后果是被罚两杆。在沙坑中留意你的球杆，就能够避开这个严重的惩罚。

由于沙坑被归类为障碍物，你就不能移除任何可能阻碍你挥杆，或阻碍与球接触的自然物体，比如石头、树枝、沙块。但是，你可以移开任何妨碍你挥杆的人造物体，比如耙子、瓶子、纸。如果在你移除人造物品时球发生移动，你必须把球放回原位。

如果你的球停在障碍区内的死水中，你可以把球移走，并在最近的自由抛球点进行抛球而不被罚杆。但是，你必须把球抛在障碍区内。如果它在落地后滚出障碍区，你必须重新抛球，让它留在障碍区内。

作为礼仪，带一把耙子进沙坑，在做准备时把它放在一边，完成击球。离开沙坑前，耙平任何你在击球或走动时造成的干扰痕迹（图8.1）。让沙坑看起来如同你希望球落在它上面时的样子。在离开沙坑时，把耙子锯齿朝下摆放在沙坑外或沙坑内。

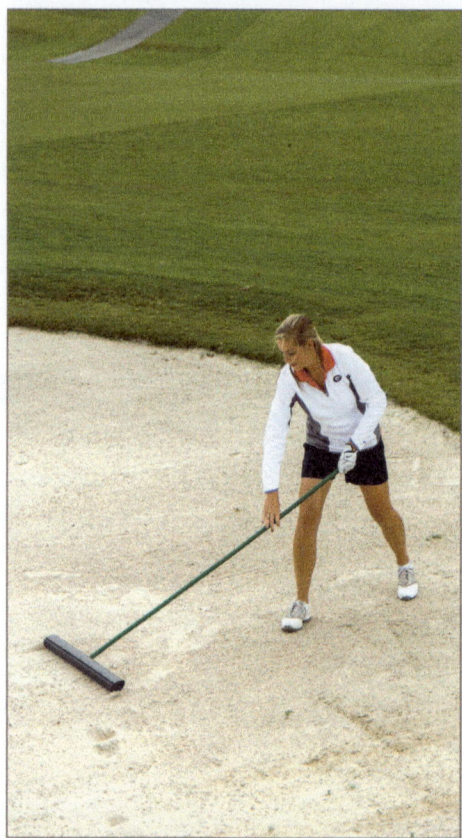

图8.1 击球后耙平沙坑

果岭侧沙坑击球

沙坑挖起杆（图8.2）是为果岭侧沙坑特别设计的，现在的球手们普遍携带几支不同斜角的挖起杆用于沙坑击球。虽然沙坑挖起杆在其他击球方式中也可以发挥作用，但球杆的底部（也叫"反弹点"）更重，让它在沙坑中的击球效果尤其显著。因为沙子比草重，球杆的反弹点可以让球杆在沙子中轻易地穿梭。沙坑挖起杆的杆面斜角较大，有助于球杆击球升空，而不需要球手和在草地上一样向下击球。

图8.2 沙坑挖起杆

根据球位的不同，沙坑击球的准备也有所不同。和球场的其他部分一样，一个沙坑可以有坡度，从而影响你的准备姿势，非水平球位（上坡、下坡、侧坡）在沙坑中很常见。调整准备姿势以确保你的身体平衡，挥杆方向与地面平行（参照第7章：解决不利的高尔夫球落点问题和如何从长草区中击球），在沙坑中和在球场上其他位置是一样的。如果你的球直接落在果岭侧沙坑的表层，你面对的就是一个常规或普通的球位（图8.3a）。球陷入沙中，如同一个煎鸡蛋的情况则属于埋藏球位（图8.3b）。常规球位和埋藏球位的击球方式也有几点不同。

图8.3　沙坑球位：a.常规球位；b.埋藏球位

常规球位

果岭侧沙坑击球和全挥杆相似，除了准备过程有少许差别。为了充分利用沙坑挖起杆的反弹点，把杆面打开，朝向天空，然后握住球杆（图8.4a）。此时，你会注意到杆面不再指向目标，因此要校正杆面，从目标线后撤目标侧的脚，调整臀部和肩膀与脚对齐，开立击球姿势，使杆头朝向目标线。

为了防止在软沙中滑动，双脚应向下踩入沙中几厘米。踩入沙中也会让你了解沙子的深度和纹理，提示你杆头击打沙子后会如何反应。如果沙子干爽并松软，球杆会自如地滑动；如果沙子潮湿紧实，你就需要更用力，让球杆穿过沙子。同时，让脚低于球的位置，也会帮助你在触球前先接触沙子。

为了提高正确的挥杆和挥杆后随球动作的质量，应该像平时一样高握沙坑挖起杆的杆柄上端。用左手手指紧握杆柄（对于惯用右手的球手），杆头不会卡在沙子中并扭转。杆身应当指向你的裤子拉链，你的双手要略微处于杆头的前方，在站位中线或略靠前的位置击球。当杆面打开，瞄准目标后，沿肩膀、臀部、双脚形成的线正常挥杆（图8.4b）。在球后5到10厘米处击打沙子，在沙子中留下一个浅显的小坑，大小接近美元纸币，让球随着一捧沙子飞出沙坑，并落在果岭上。

在果岭侧沙坑击球时，控制距离的关键是挥杆后的弧形随球运动。对于远距离沙坑击球（最多18米），完整地挥杆直到动作完结。但在旗杆附近时，应缩短随球动作。随球动作结束时，臀部和肩膀应该垂直于目标线，身体保持平衡，重心主要落在目标侧脚上（图8.4c）。需要多次练习才能掌握沙坑击球中的距离控制和整体感知能力。

图8.4　果岭侧沙坑完成常规球位击球

准备

1. 开放杆面，瞄准目标，正常握杆。
2. 用左手手指紧握球杆以控制球杆。
3. 杆身指向裤子拉链，手略微处于杆头的前方。
4. 从目标线后撤目标侧的脚，调整臀部和肩膀与脚对齐，开立击球姿势。
5. 双脚踩入沙中。

执行

1. 沿肩膀、臀部、双脚形成的线正常挥杆。
2. 在球后5到10厘米处击打沙子，在沙子中留下一个浅显的小坑。
3. 为了增强控制力，挥杆时保持下半身不动。

随球动作

1. 对于远距离沙坑球，用完整的弧形动作完成全挥杆。
2. 如果球洞靠近沙坑，减小随球动作的幅度。
3. 随球动作结束时，臀部和肩膀应该垂直于目标线。
4. 结束时身体保持平衡，重心主要落在目标侧脚上。

失误

在常规球位打沙坑球时，你直接击中了球，而不是球后的沙子。

改正

首先，检查球的位置，观察是否球的位置太靠后；球的位置应在站位中线上，或略靠目标侧。其次，检查你的下挥杆，你可能关注的是球，而不是球后5到10厘米的位置；注意力应集中在你希望球杆击入沙子的位置。

失误

从常规球位打沙坑球时，你击起了太多的沙子，而球留在了沙坑里。

改正

首先，检查球的位置，观察是否球的位置太靠前；如果是的话，移动站位中线。其次，确保杆面朝向天空，允许球杆扫过沙子而不是陷入沙子。最后，检查你的下挥杆，杆头角度可能太小，把杆头推入了沙中；挥杆更窄浅一些，尝试从球下撇开沙子。

埋藏球位

你踏进沙坑后发现球埋在沙子内,而不是落在表层上。打埋藏球和常规球相似,除了需要对准备、执行、随球动作做少许调整。这种球看起来好像比常规球位的沙坑球难度更大,但是,和大部分球一样,只要有一些洞察力和练习,你就能很快做到像职业球手一样;实际上它比看起来要容易。

在做准备的过程中,把球放在站位中线靠后的位置上(图8.5a)。和常规球位的沙坑球有所不同,对埋藏球你必须闭合杆面,让它垂直于目标。选择正常站姿,而不是开立式击球姿势。和常规球位一样,双脚踩入沙中,但目标侧脚受力更多一些。

在后挥杆起始动作时,略微弯曲手腕(快速弯曲手腕),让球杆向上竖起(图8.5b),这会帮助你以小角度触球。这种球的秘密是:用双手牵引杆头,把球杆推到球后,即球和沙子之间的位置。换句话说,埋藏球位的特征是球和沙子之间有小空隙,而你应该瞄准这个空隙,或这个空隙的后面位置。把杆头推入这个空间,会让球爬上杆面并弹出沙坑。和常规球位中你借助一捧沙子把球带出沙坑不同,在埋藏球位中,你要尝试着把球弹出沙坑,把杆头推入到球后,让球和杆头之间的沙子尽可能最少。即使只有少量沙子介入球和杆头之间,也可能会消除球的旋转力。这样球会比常规球位弹出低、滚动远。如果你能稳稳地把杆头推到球后,球就会弹出并停在果岭上。

由于你要把杆头向下推入沙中,沙子自然会限制挥杆后的随球动作。你的身体在击球过程中应当保持平衡,在结束时你的臀部、肩膀面向目标(图8.5c)。

图8.5　**果岭侧沙坑埋藏球位完成击球**

准备

1. 用正常握杆方式，杆面垂直于目标线。
2. 用左手手指紧握球杆（对惯用右手的球手）。
3. 杆身指向目标侧大腿，双手在杆头前方。
4. 身体重心落在目标侧脚上，球置于站位中线后方。
5. 双脚踩入沙中。

执行

1. 在起始动作时弯曲手腕。
2. 沿肩膀、臀部、双脚形成的线正常挥杆。
3. 把杆头推入沙子和球之间的空隙。
4. 为了保证精确触球，挥杆过程中下半身保持不动。

随球动作

1. 由于球杆插入沙中，应缩短随球动作。

2. 把臀部和肩膀转向目标。

3. 身体保持平衡，重心主要放在目标侧脚上。

失误

当在埋藏球位打出沙坑球时，你击中的沙子太多，导致球无法飞出沙坑。

改正

检查你的下挥杆，击打紧靠球后的位置，把杆头推入沙中。如果你的挥杆过浅，你就会打中过多的沙子。在准备时球应位于站位中线的后方，能帮助你以更小的角度击球。

失误

球从沙坑中斜着飞出去，而不是直线。

改正

首先，检查你的握杆，如果你握杆太松，沙子就会扭曲杆头；应用三根手指紧握杆柄上端。其次，检查手的姿势，如果击球时杆头在双手前方，沙子会让杆头偏转；挥杆过程中应把你的双手放置在杆头的前方。

果岭侧沙坑训练1　沙坑球

　　首先，选择果岭上三个目标，分别距离你3米、4.5米、6米。如果果岭上有球洞，它们可能就是合适的目标，或者你可以将圆柱体、毛巾、球杆放在果岭上。用一支沙坑挖起杆，完整地挥杆，击中沙子，并把一捧沙子打到果岭上的各个目标处。现在使用常规沙坑击球技巧，把沙子打到目标处。先瞄准离你最近的目标，然后是4.5米的目标，最后是6米的目标。再重复2次训练，总共打出9个沙坑球。每次沙子落在目标处得1分。如果用球，沙子的落点就是你的球的落点。这项训练的目的是帮助你判断距离，并让你感受需要用多少力度击打沙子，才能让球达到果岭上特定的距离。

降低难度

- 把目标放在距离1米、2米、3米的位置。

提高难度

- 用一支劈起杆和9号铁杆重复训练。
- 闭上眼睛重复训练。
- 用一个球，尝试把球和沙子打到目标处。

成功自测

- 注意力集中在使用开放性杆头。
- 完成流畅的挥杆，并在结束时做到姿势平衡。

为你的成功打分

沙子落在目标处 = 1分

9次挥杆后你的得分____（满分9分）

果岭侧沙坑训练2 平行线递进

果岭侧沙坑击球是否成功，直接取决于你在沙中推动杆头的能力。每次在同一个地方击中沙子，让球飞出沙坑到达果岭，并留下一个浅显、整齐的断层，会帮助你增强自信和能力。练习这项训练，对沙坑击球获得整体感知和一致性。

在沙子上画两条1米长的平行线，相距15厘米（图8.6）。准备时两腿跨越平行线，两条线的中心处于你双脚中间。不用球，练习挥杆，每杆后沿线前移。尝试在非目标侧的直线处接触沙子，并在目标侧直线前离开沙子，把少量沙子抛到果岭上，尤其注意杆头拍击沙子时的感受，留下一个小断层。在击中沙子时加速挥杆，会帮助你在沙子中推动杆头。挥杆10次。每次挥杆在非目标侧直线处击中沙子，并在目标侧直线前离开沙子得1分（满分10分）。

图8.6 平行线递进训练

为你的成功打分

未能做到在非目标侧直线之前击中沙子，或在目标侧直线之后离开沙子 = 0分

在非目标侧直线之前击中沙子，在目标侧直线之后离开沙子 = 1分

10次挥杆后你的得分____（满分10分）

现在把10个球放在两条平行线的中线上，重复训练。精力集中在击中和离开沙子的位置，留下一个浅显的断层，并用两条线作为参照标准。如果你能全神贯注地击打沙子而不是关注球，你就更容易取得成功。挥杆10次。每次挥杆在两条线之间的范围内进入并离开沙子得1分。在沙坑击球，需要比在果岭上击球更加用力地击打沙子，因为杆头必须克服沙子的阻力。因此，每个到达果岭的球给自己额外加1分（满分20分）。

降低难度

- 采用半挥杆，精力集中，在靠后的直线处击中沙子。
- 单独画一条线，在准备时两腿跨越这条线，让它和你的站位中线重合。在这条线的一边击中沙子，从另一边离开沙子，把一小捧沙子打到果岭上。

提高难度

- 用一支劈起杆和9号铁杆重复训练的所有三个部分。
- 闭上眼睛重复训练的第一部分。
- 从下坡、上坡、侧坡位置重复训练。

成功自测

- 注意力集中，使用开放性杆头，以平行线为参照位置，击中和离开沙子。
- 完成一记流畅的挥杆，结束时保持平衡。
- 在站位中线击球。

为你的成功打分

未能做到在非目标侧直线前击中沙子，或在目标侧直线后离开沙子 = 0分

在非目标侧直线之前击中沙子，在目标侧直线之后离开沙子 = 1分

在非目标侧直线之前击中沙子，在目标侧直线之后离开沙子，并且球到达果岭 = 2分

10次挥杆后你的得分____（满分10分；整项训练20分）

果岭侧沙坑训练3　埋藏球位

把10个高尔夫球放在沙子上，用脚把它们踩进沙中。全神贯注地在线和球之间推动杆头。每次挥杆做到在球后击中沙子，同时接触沙和球得1分。每球到达果岭额外加2分（满分30分）。

降低难度

- 不用球，重复训练。在沙子上画一条线，精力集中在击中线上，并把杆头推入沙内。
- 用球重复训练，但是在你踩在沙子上时，让脚推球滚动一段距离，在球和沙子之间制造出更大的空间。

提高难度

- 用一支劈起杆和9号铁杆重复训练。
- 把球的3/4都踩入沙中。
- 在沙坑中前移直到靠近沙坑的前边缘。把10个球放在这个区域内，将其踩进沙子里，并重复训练。

成功自测

- 注意力集中在使用闭合性杆头，在球和沙子之间推动杆头。
- 在挥杆起始动作时弯曲手腕，形成更小的击球角度。
- 从站位靠后的位置击球。
- 结束时臀部和肩膀面向目标。

为你的成功打分

没有接触到球 = 0分

从球后进入沙子并接触到球 = 1分

从球后进入沙子并接触到球，球到达果岭 = 3分

10次挥杆后你的得分____（满分30分）

果岭侧沙坑训练4　急速开火

这项训练会帮助你在沙坑击球的过程中掌握一种自然的动作节奏。在沙坑中距离0.9米处，把5个球朝远离你的方向直线排开，并平行于练习果岭。走向第一个球，把脚踩入沙子，选择果岭上的一个目标并完成全挥杆击球。立刻走向第二个球并重复这个过程，继续向前，直到打完5个球。每次击球到达果岭得两分。每次击球都迅速做好准备姿势，击球时不要犹豫，但不要增加挥杆速度。重复3次训练，总共打出15球（满分30分）。

降低难度

- 使用半挥杆来增强控制力。

提高难度

- 在常规球位和埋藏球位之间转换。
- 每次击球选择距离不同的目标。

成功自测

- 在球后2.5厘米到5厘米处击中沙子，球和一把沙子到达果岭。
- 确保挥杆过程中身体保持平衡。

球落在果岭上 = 2分

15次挥杆后你的得分＿＿（满分30分）

果岭侧沙坑训练5　梯子

用11个球，从常规球位把一个球打出沙坑。下一球把球打到刚好超过上一球的位置上，直到你打完11个球。这项训练类似一架梯子，因为每一球都比前一球远一点。这是一个强化击球技巧和距离控制的好方法。如果你的球超过前一个球，得1分。如果这一球超过前一球的距离少于一杆的长度，得2分。

降低难度

- 只用6个球，把下一球打到超过上一球的位置。

提高难度

- 把每个球打到刚刚超过前一球，偏左或偏右0.9米的位置上。
- 使每个球落在前一球之前，并滚动超过前一球。

成功自测

- 击球过程中保持下半身不动。
- 借助后挥杆距离，而不是挥杆速度来控制距离。

为你的成功打分

击球落点超过前一球 = 1分

球超过前一球，且在一杆距离之内 = 2分

10球后你的得分＿＿（满分20分）

果岭侧沙坑训练6　距离控制

把三个目标放在果岭上最靠近沙坑的位置上，分别距离果岭边缘4.5米、9米、14米。例如毛巾、球座、圆锥物都是不错的目标选项。练习调整挥杆距离，瞄准目标打出沙坑球。首先，把一个球由近到远分别打到三个目标处。再重复2次，总共打9个球。其次，用埋藏球位重复整项训练，一共打9个球，尝试让球尽可能地接近目标。注意每次击球造成的滚动。

降低难度

- 只用常规球位击球。
- 只把球打到4.5米和9米之外的目标处。

提高难度

- 每次击球改变距离和球位。
- 用劈起杆和9号铁杆,增加和目标之间的距离。
- 每次击球使用不同的飞行轨道。

成功自测

- 利用挥杆后随球动作的幅度,来控制击球距离。
- 确保球伴随着一捧沙子飞出沙坑。

为你的成功打分

球落在果岭上 = 1分

球落在距离目标一杆的范围内 = 2分

球在滚动中到达目标 = 3分

球直接落在目标处 = 5分

18个球后你的得分____(满分54分)

果岭侧沙坑训练7 非水平球位

在沙坑中,把5个球放在下坡位置,5个球放在水平位置,再把5个球放在上坡位置。在这项训练中你不需要把球埋起来。 在果岭上放置一个球的落地目标,比如一块毛巾或一支旗子,从每个球位把一个球打到目标处。重复,直到打完15个球。每次球落在果岭上得1分,每次球落在目标处得3分(球不需要一直停留在目标处),满分45分。

降低难度

- 为上坡和下坡球位选择合理的坡度。
- 在果岭上选择一个大的目标。

提高难度

- 把每个球打到不同的目标处。
- 加大上坡和下坡球位的坡度。
- 使用更小的目标,类似球杆、球、球座。
- 把球放在靠近沙坑边缘的地方。

成功自测

- 在上坡球位时，球杆应该以和坡度相同的角度穿过沙子。
- 在下坡球位时，球杆应该以和坡度相同的角度穿过沙子。

为你的成功打分

球落在果岭上 = 1 分

球落在目标处 = 3 分

15个球后你的得分＿＿＿（满分45分）

球道沙坑击球

球场设计者通常会设置球道沙坑，来提高挑战难度和球场的美观性。因此，在开球或衔接球最常落地的区域，很可能会设置球道沙坑，这样能够提高球场的难度。与果岭侧沙坑球对比，球道沙坑球对普通球手来说的确是一项高难度挑战任务，因为球道沙坑球需要你把球精确地打出一定距离，你需要用球杆实施紧密地触球。和果岭侧沙坑球不同，球道沙坑球需要杆头直接击球，而这本身就是一种挑战。为了增加接触，你需要针对击球准备和完成球道正常击球做出相应的调整。

双脚踩入沙中开始准备击球（图8.7a）。这会让你了解沙子的坚实度，但更重要的是这会让你的下半身保持稳定，稳定的身体能够让你更容易把杆头拉回球的位置。你的重心应当平均分布在两只脚上。

这种击球的一个关键因素是先击中球，再接触沙子，因此在准备时应该格外注意球的位置。沙子会减缓杆头速度，因此可能改变击球方向。在这种情况下击球，你可以使用任何球杆，从球道金属杆到沙坑挖起杆（后面沙坑击球策略部分，会在球杆选择上提供更多的信息）。就击球准备而言，球杆和球位决定了球的具体位置，如果你选择一支球道金属杆，球应该位于你的站位中线偏向目标侧。随着铁杆杆身长度的减小，球的位置应逐渐向后移。举个例子，使用劈起杆时，从你的非目标侧脚的位置处开始击球。

如果你面对一个上坡球位，球应该位于站位更前方（更靠近你的目标侧脚）。如果你面对一个下坡球位，球的位置应靠近你的非目标侧脚。当打上坡或下坡球时，你的臀部和肩膀应当和沙坑坡度平行，重心尽可能均衡分布在两脚上。这些调整会让你尽最大可能做到杆头首先和球利落地接触。

在打球道沙坑球时不要心急，因为大部分球手在打这种球时都有些恐慌，他们倾向于加快挥杆速度，因而导致挥杆过度，造成灾难性的后果。你需要意识到这种倾向，在击球前让自己平静下来。控制比力量更为重要，因为干脆紧密地触球才是这次击球的关键。在球前站直，以确保干脆紧密地击球。握杆放松，完成一记流畅、有控制的挥杆。要小心确保杆头保持在沙面以上，在障碍区内接触地面会被罚两杆（美国高尔夫球协会2012高尔夫规则第13.4条）。

因为对于这种球道沙坑球而言，先击中球，再击中沙子非常重要，一个窄小的击球角度（杆头更偏向于身体，而不是直直地从上到下）会帮助你做到干净利落的触球。想要在击球时角度窄小，在挥杆起始动作中应保持杆头放低且动作缓慢。杆头、手、胳膊、肩膀融为一体击球，与正常全挥杆相同（图8.7b）。下半身保持稳定，没有重心的转移。下半身移动幅度越小，杆头准确回到球的位置的机会越大。在下挥杆时，专注于球的前方，这会帮助你在接触沙子前确保杆头先扫过球的位置。

挥杆后的随球动作和全挥杆时相同。杆头完全扫过球，重心自然移到目标侧身体，非目标侧肩膀下推并超过下巴。结束时身体处于平衡状态（图8.7c）。

图8.7　完成球道沙坑击球

准备

1. 双脚踩入沙子。
2. 轻握球杆来实施自如、可控的挥杆。
3. 采用正常的站姿，重心平均分布于双脚。
4. 在常规球位中，把球放在站位中线上或靠后的位置。
5. 保持杆头高于沙面。

执行

1. 沿肩膀、臀部、双脚形成的直线正常挥杆。
2. 干脆地击球，试图把球扫离沙面。
3. 在挥杆过程中保持下半身不动。

随球动作

1. 对于远距离沙坑球，用完整的弧形动作完成全挥杆。
2. 重心自然转移到目标侧身体。
3. 挥杆过程中保持身体平衡。

失误

在击中球之前先接触了沙子。

改正

检查球的位置、重心分布、握杆动作。如果球太靠前，你会很难先打中球，所以球的位置应靠后。如果你的后脚在下挥杆中受力更多，球杆就会先击中沙子。因此，你要把重心平均分布于两只脚上，并尝试在挥杆时保持下半身不动，这样杆头更容易回归球的位置。握杆过紧会产生拉力，让击球变得困难。因此，放松握杆，尤其是手指。

球道沙坑训练1　沟渠

　　这项训练会帮助你以必要的锐角在接触沙子前先击中球。选择一支劈起杆或9号铁杆，借助杆头，在沙子里挖出一条长0.9到1.2米的沟渠。这条沟渠应该至少宽5厘米并且足够深，四周能立起沙墙：目标侧是前墙，目标对立面是后墙。接着，不用球进行挥杆，尝试击中前墙但不接触后墙。重复挥杆，逐渐移向沟渠另一端，直到挥杆10次。每次挥杆时只打到前墙得1分，满分10分。

降低难度

- 挖一条更宽的沟渠（前后墙之间距离更远）。

提高难度

- 加大上坡和下坡球位的坡度。
- 用更小的目标，类似球杆、球、球座。
- 把球放在靠近沙坑边缘的地方。

为你的成功打分

前后墙都被击中 = 0分

你在挥杆时只击中前墙 = 1分

10次挥杆后你的得分＿＿（满分10分）

球道沙坑训练2　球杆递进

在练习球道沙坑，用一支9号铁杆扫5个球、7号铁杆扫5个球、大斜角球道金属杆（5号、7号或9号金属杆）扫5个球。这项训练的目的是在打中沙子前与球利落地接触。训练中不要使用目标，而只留意如何与球紧密地接触。

降低难度

- 用劈起杆、9号铁杆、8号铁杆完成训练。大斜角的球杆更容易接触球。
- 采取半挥杆。向后挥杆到3点钟方向，然后下挥杆到9点钟方向。

提高难度

- 从中、高边沙坑击球。
- 用5号铁杆、3号铁杆、3号金属杆完成训练。

为你的成功打分

你先打中沙子，球留在沙坑里 = 0分

你先干脆地击中球，然后打中沙子，但球留在沙坑里 = 1分

你先打中了沙子，然后打中球，但球飞出沙坑 = 1分

你先干脆地击中球，然后接触沙子，球飞出沙坑 = 2分

15个球后你的得分＿＿（满分30分）

球道沙坑训练3　不同球位

在练习球道沙坑，用一支9号铁杆从平地上扫5个球，从下坡球位扫5个球，从上坡球位扫5个球，从侧坡球位且球高于脚的位置处扫5个球，最后从侧坡球位且球低于脚的位置处扫5个球，总共25球。这项训练的目的是每次挥杆做到与球紧密地接触。

降低难度

- 使用一支劈起杆。
- 采取半挥杆。向后挥杆到3点钟方向，然后下挥杆到9点钟方向。

提高难度

- 使用一支5号铁杆或球道金属杆。
- 从中、高边沙坑击球。

成功自测

- 挥杆过程中保持下半身不动。
- 通过转动肩膀来获取击球力量。
- 你的扫球动作流畅，掌控有度，而不是动作过于急切迅速。

为你的成功打分

你先打中沙子，球留在沙坑里 = 0分

你先干脆地击中球，然后打中沙子，但球留在沙坑里 = 1分

你先打中了沙子，然后打中球，但球飞出沙坑 = 1分

你先干脆地击中球，然后接触沙子，球飞出沙坑 = 2分

25个球后你的得分＿＿（满分50分）

沙坑击球策略

当面对果岭侧沙坑球时，第一个策略性决断是目标落球点，做这个决定时要考虑到球的位置。常规球位会导致球落在果岭上并适度滚动，但埋藏球位会让球滚动得更远。考虑好你希望球落在何处，然后会滚到球洞附近，甚至入洞。你对目标的关注越密切，击中目标的可能性就越大。

你的第一个任务是把球打出沙坑。因此，面对球道沙坑时的第一个策略性决断，就是要决定用什么球杆帮助你避开沙坑边缘。有一些球道沙坑，比如圣安德鲁斯的老球场的沙坑

有非常陡峭的边墙。这时，一支大杆面斜角的球杆，或沙坑挖起杆是帮助球脱离沙坑的不二选择。即便如此，你还需要从侧面或后面击球才能到达球道。飞出沙坑是首要任务，不要贪心。选择一支你确信会把球打到一定高度、脱离沙坑的球杆。

失误

球击中沙坑边缘。

改正

如果球杆的斜角不足，球就无法飞到足够的高度，进而无法飞出沙坑。选择一支你认为一定会击球使其安全脱离沙坑的球杆。

球道沙坑击球的第二个策略性决断就是距离。你有足够的机会从沙坑把球打到果岭吗？还是你需要一个衔接球？无论如何，你都需要选择一支球杆，帮你把球打到目标区域。由于球道沙坑球需要一记流畅而控制适度的挥杆，而不是力度，选择一支比平时击球能达到同样距离的但更有力的球杆。比如，如果果岭在128米以外，而你平时用7号铁杆击球达到这个距离，现在就考虑用6号铁杆，如果你认为6号铁杆会安全地让球避开沙坑边缘。

失误

球落在目标之前。

改正

球道沙坑击球需要一记流畅、放松的挥杆，来保证紧密地触球。为所需距离你需要多备一支球杆。

沙坑击球成功小结

沙坑球的难度并不大，只要记住评估球位（常规、非水平、埋藏），计划合理的击球方式和距离（果岭侧沙坑或球道沙坑），并对击球准备和挥杆做出相应的调整。确保你为这些情况准备好了合适的技能，练习训练来优化提升技术能力，并获得实际操作的信心。

把这一章中每项训练的得分记录下来，并相加得到总分。满分288分，如果你的得分至少达到175分，你就准备好了继续学习下一章。如果你的得分在150到175分，你就接近成功了，继续下一章之前再复习需要提高的部分训练。如果你的得分低于150分，重新阅读并重复训练来提高得分，再进入下一章的学习。

为你的成功打分

果岭侧沙坑训练

1. 沙坑球 　　　　　　　　　　＿＿＿ 满分9分

2. 平行线递进 　　　　　　　　＿＿＿ 满分20分

3. 埋藏球位 　　　　　　　　　＿＿＿ 满分30分

4. 急速开火 　　　　　　　　　＿＿＿ 满分30分

5. 梯子 　　　　　　　　　　　＿＿＿ 满分20分

6. 距离控制 　　　　　　　　　＿＿＿ 满分54分

7. 非水平球位 　　　　　　　　＿＿＿ 满分45分

球道沙坑训练

1. 沟渠 　　　　　　　　　　　＿＿＿ 满分10分

2. 球杆递进 　　　　　　　　　＿＿＿ 满分30分

3. 不同球位 　　　　　　　　　＿＿＿ 满分50分

总分 　　　　　　　　　　　＿＿＿ **满分298分**

作为屈指可数的赢得全部四个高尔夫主要大奖赛（英国公开赛、美国公开赛、美国大师赛、美国职业高尔夫球协会锦标赛）冠军的球手之一，Gary Player 曾对脱离沙坑这样说："从没有沙坑球吓倒过我，也永远不会有。勇气的核心就是练习，其中并没有捷径。你必须勤于练习。"（Freeman，*The Golfer's Book of Wisdom*，27）。让球脱离沙坑并不能凭借幸运，关键在于练习。在这一章中，你已经学习并练习过了有效的沙坑击球的基础技能，不断的练习和不断的提高是相辅相成的。

虽然没有球手会刻意把球打进沙坑里，如果你参与高尔夫运动的时间足够长，你会发现球落在沙坑里是一种很自然的情况。练习会帮你准备好应对方式，让你留在比赛中。这个主题会一直伴随你开始学习第9章的内容：不断练习提高打球水准。第9章会帮你复习基础技能，并为你介绍成为一个对这一运动乐在其中的高手必须做的一些事情。

不断练习，提高打球水准

在 你人生所做的大部分事情中，你能力的提高程度和你练习的程度、质量直接相关。换句话说，如果你想要取得明显的提高，你的练习也需要有所侧重。打个比方，如果你想成为一个优秀的短跑运动员，马拉松式的训练是没有意义的。把这项原则带入高尔夫运动中，你需要采用和比赛方式尽可能接近的方式训练。这说起来容易，但做起来很难：很多时候练习场地和球场差距很大，而人们在练习中更容易获得成功，任何熟悉"一篮子球"（球通常被装在篮子里送来，当篮子空了，球手的练习就结束了）的人都会明白这种现象。为了进行有效的练习，你需要考虑有哪些具体的需要提高的地方，如何具体实施。一味地花费时间并不一定就会帮你提高得更多。

理解比赛

某种程度上，前文描述过的原则就是 1982 年 David Bunker 和 Rod Thorpe 创作《理解比赛》的初衷。他们已经认识到，传统体育教育的方式很多都包含了比赛的技巧方面，但并不一定能提高运动员的表现水平，归根结底是因为策略缺陷或决策错误。在高尔夫运动中，也有符合这种观念的现象，球手完成挥杆的质量有所提高，但却不见杆数有明显的减少。所以，Bunker 和 Thorpe 的模型如何应用于高尔夫球？

比赛形式

高尔夫是一种目标明确的比赛。如同书中各章中常常强调的，高尔夫的基本目标是用一支球杆以最少的杆数把球击入球洞（目标）。为了做到这点，球手们需要结合球的位置、装备选择、实施技巧、比赛情况、心理特征等做出决断。每一球都向着目标方向，哪怕目标不是球洞或旗帜。

比赛理解

规则定义了比赛，它们限制了比赛的时间、空间，制定了计分标准和判罚流程，明确了装备要求，并决定了所需技巧。高尔夫有一个相对宽泛的规则手册，即使球手不能全部知晓，也要理解并运用最基本的原则。你对规则的了解越深入，你在比赛时的选择就越多，违反规定并引起判罚的机会就越小。

战术意识

判断比赛中所需的战术对大部分运动来说都是至关重要的。在高尔夫运动中，在球场现有实际情况下，决定如何运用技巧和知识，一个球手就能用最少的杆数把球打进球洞，并避免被判罚。衡量风险和回报是决策的重要因素，同样也是球手的个人特点。新手的战术和巡回赛球手的战术一定有所不同。

制定决策

在根据球手的需求制定、执行决策时，有两个问题需要得到解答。

1. **我要做什么？** 虽然高尔夫球中有一些通用的策略（比如尽可能笔直地向球道击球，达到最远的距离），场上条件会不断改变（比如有强风从左到右吹过又短又窄的球道，右边有积水等），在决定下一步的行动时，各个方面的情况都要被考虑到。因此，能够识别情况线索，预测可能的结果，在高尔夫运动中十分重要。

2. **我要如何做？** 当你决定了要做什么之后，你就需要选择最好的实施方式了。在之前提到的情况中，优秀的球手可能会从右向左击球，避免球偏向右侧而落入积水。

实施技巧

技巧的实施是与决策相呼应的必要行为的实际结果。技巧的实施包括动作的机械效率、与具体比赛条件的相关性、球手的能力。大部分球手会意识到，在特定情况下，对Tiger Woods合适的击球方式对于我们来说可能完全不适用；我们完全无法完成同样的击球。在各种条件下你能掌握的技巧越多，你就能越完美地完成这个模型的最后阶段。

表现

球手的表现是能够观察到的结果：这一次击球达到目标了吗？每一球结合起来就组成了完整的比赛，或一轮巡回赛。只有把所有这些因素结合起来，才能判断一个球手的水平高低。高尔夫能同时测量你反应的合理度（战略决策）和你的技巧实施效率（技术等级）。

基于这个模型，成为一名优秀的球手，已经是你可以从多个角度着手实施的一个过程了。在通向成功的路上谨记这一点。

设立并实现目标

任何非常努力的成功球手都有一个共同的提高途径：他们为自己设立具有现实意义的目标，并努力实现。

仅仅是重复练习挥杆或击球，并不能保证提高你的表现水平。单纯地重复一种动作也不能算作是练习，想要完善一种技巧，你必须有目的地练习——设定一个目标。想想你的书写水平，在过去十年内你提高了吗？答案也许是否定的。由于如今更多地使用高科技手段交流，你手写的机会越来越少，但这并不是阻碍你提高的根本原因。如果你想要优化你的字迹，这就必须成为优先重视的事情。你必须明确地为它设定详细的目标，然后实现目标。很少有人用这一过程练习书法，因此很少能真正地获得提高，有些人的水平甚至会下降。在高尔夫运动中想将水平提高一个层次，就需要一个设置目标的过程。

设立练习目标，并计划实施获得提高，可以从选择能够使你进步最大的技巧开始。在这一章的学习中，你会学习如何辨别这些技巧。现在，意识到目标的设立是提高的开始就足够了。好的练习目标既有意义，又是可以实现的。

一个有意义的练习目标，是你相信会引导你取得成功的目标。因此，你会想要把练习时间大部分放在能够通过练习降低杆数的目标上。举个例子，你可能认为你不能动作连贯地挥杆击球到达球道，那么你就以此设立一个目标，设法练习掌握有效、重复的挥杆。

全挥杆占据了一场高尔夫球35%到40%的击球方式，而剩下60%到65%的击球方式是部分挥杆或推杆。如果你希望你的表现有所不同，每三个小时练习中你应该把两个小时放在短球上。但是当你前往更多练习机构时，你看到的大部分球手都在哪里？他们在练习全挥杆。如果这是你享受浪费时间的方式，当然没问题。但如果你从不练习短球的话，不要认为这就能极大地提高你的水平。

在确立有意义的目标时，你必须根据自己在球场上成功的经验，对自身各项技术的水平高低有一个准确的评估。举个例子，你可能不是一名优秀的沙坑球手，但你也能得到较好的分数，因为在一场球中你不需要经常面对沙坑球。但是，如果你的推球技巧不稳定，你应该优先强化它，因为没有人在无法成功推杆时还能获得成功。成为优秀的推球手，是对几乎所有球手都适用的目标。

设立可行的目标意味着你有能力实现目标。在确立目标时应考虑到两件事：首先，基于你的能力和球场条件，目标必须是实际的。虽然所有球手都想把球开出超过274米的距离，但是几乎没有人能做到，无论如何练习。第二，你的目标应当是可以测量的，这样你就会知道你是否达到了目标。成为一个好的推球手是一个有意义的目标，但是你要如何知道自己是否达到目标了呢？设置一个对比标准一定会对你有所帮助。比方说，你也许能从0.9米外推10球有5球入洞。那么设置一个目标，让10次推杆中有8杆入洞，并练习一两个星期，然后测量你是否实现了成为优秀推球手的此项目标。

如何确定需要提高的技能领域，即设置目标并设法追踪进程。有一个好例子是前世界排名第一球手Annika Sorenstam。当你已成为全世界最好的球手，你如何找到自己的下一步，或者进一步提高的关键？此时，把其他人作为衡量标准，可能只会证明一件事——你比其他人都好。

然而，Annika非常明智，她用自己的方式记录对她而言最重要的比赛数据。举个例子，她会测量自己在固定距离内，两杆让球入洞的成绩。她为自己设立了实际的数字目标，然后设计练习活动，最终帮助自己取得新的提高。通过连续使用这种统计分析方法，她能追踪自己的进程，并最终达到目标。

由于实现你设立的目标非常重要，因此一次设置的目标不要多于三个。有太多球手因此缘故让自己在练习时无法专心，也让实现目标变得更加困难。只选出对你最有意义的目标，增加你成功的机会。

下一章讨论了成功的衡量标准——判断你进步多少的方式——然后提出这些标准，帮助你更快实现目标的方式。

失误

你设置了目标但似乎永远无法达成。

改正

确保你的目标针对某项具体的技术，并且可以被测量。模糊的目标很难让你得到提高，比如"我想要降低杆数"，这种目标并没有明确一种降低杆数的技术。而类似于"我想让一杆入洞的频率更高"这个目标，会帮你找到合适的练习方式，以实现目标。

目标确立训练1　优先目标

确定你最需要提高的击球技巧，并设计两个练习目标，明确表示你要如何知道自己已经达到目标。比如，你可以规定："我的目标是把10球中的8球切球到练习果岭上，落在距离自己9米的球洞附近的0.9米范围内。"确定三个目标可能是好主意（两个短球或推球目标，一个长球目标）。

成功自测

- 确保你的目标是可以测量，并可以达到的。

为你的成功打分

针对每个目标，如果你能明确一种具体的技术给自己1分；如果你能确定自己希望达到的成功的等级，给自己1分。

你的得分____（满分4分）

提高技术

很少有人喜欢做自己不擅长的事，尤其是高尔夫球手们似乎是充满激情的完美主义者。尽管有时候很难立刻看到练习和学习的成果，但是有很多衡量成功的标准都是可以达到并有所回报的。许多职业和业余球手会设置提高技术的目标，然后设计有效的练习方式来实现目标。职业球手尤其懂得运用球场上表现出来的信息，来分析自己的长项和短板，然后根据这些信息设置练习目标。这是所有等级的球手都适用的有效策略。

首先，在打一场球时记录下关键数据（图9.1）。只要你在计分卡上多记录一点额外信息，就很容易做到这点。基本表现数据聚焦于四个区域：球道击球、标准杆上果岭、推球、短球技术。前两个数据提供了全挥杆技术的情况说明，而后两个明确了球手在距离果岭91米这一关键距离内的技术——短球技巧的水平。确定你技巧中的最强和最弱项会帮助你完成第二步：设置目标。

确立目标的重要性已经在前文解释过了，现在就要运用那些原则。如果你无法经常打中球道，你就无法把球打到果岭上，更没有机会推球得分。错失球道就意味着球会落入长草区、灌木丛、障碍区、出界。如果你的技术分析表明你很少击中球道，那么这可能就是你可以设置练习目标的区域。当你确立好了练习目标后，你就准备好了第三步：练习。

	球洞									
	1	2	3	4	5	6	7	8	9	Out
标准杆	4	4	4	5	4	3	4	4	3	35
和果岭距离（米）	360	386	307	451	423	174	316	415	141	2 973
差点	11	3	13	5	1	15	9	7	17	
杆数	5	5	4	5	6	4	4	4	3	41
击中球道		X		X	X		X			4/7
标准杆上果岭为你的成功打分			X	X			X		X	4/9
推杆（次）	2	2	2	2	2	2	2	1	2	17
两杆入洞	NUD	NUD			NSS	NUD		NUD		1/5

NUD：无两杆入洞；NSS：无沙坑救球

分析：击中球道：4/7，57%　　　　　　　　　标准杆上果岭：4/9，44%

推杆：17（标准杆 = 18，少于标准杆1杆）　　两杆入洞，沙坑救球：1/5，20%

　　根据这一轮比赛，球手最快提高分数的办法是提高两杆入洞和沙坑救球的频率。他应该多加练习切球、劈起球、沙坑球、推球——短球技巧。

图9.1　九球洞得分卡示例，附关键表现数据

使用网上工具和应用

　　有很多工具可以用来分析你的表现，并记录你的数据。职业球手和国家队也会使用一些网站和更高级的系统。

　　凭借今天的科技手段，你的手边可能就会有很多有用的工具。如果你在使用智能手机或平板电脑，尝试用"高尔夫"或"高尔夫数据"搜索应用。当你知道你常用球杆的适用距离后，很多智能手机也有定位测距仪来帮助你确定距离。只要确保比赛规则内允许使用这些辅助工具。

其他评估表现的方法

　　评估你的表现的方法有很多种，而不同球手有不同的喜好。当Pia Nilsson（Vision54的共同创立者）还是瑞典高尔夫球队的主教练时，她采用了一种简单有效的办法，几乎能评估各种表现，它主要围绕以下三个方面展开：

- 哪些方面表现不错？

- 有哪些方面可以做得更好？

- 我如何提高？

下面的表格（图9.2）提出了所有球手都应该询问自己的一些基本问题，以此量化并确立成功和需要提高的技巧。对每个球洞，每次回答"是"标记"1"。你的目标是让"1"尽可能增多。

球洞	1	2	3	4	5	6	7	8	9	10	11	12	13	14	15	16	17	18	总分
标准杆	4	3	4	5	4	4	4	3	5	5	4	3	4	4	4	4	3	5	72
这个洞你打得好吗？																			0
如果打得不好，还有什么是可以提高的？																			
球洞管理和策略																			
决策（做什么？）																			
决定"如何实施"																			
实施决定																			
其他问题																			
分数																			

这个球洞你打得好吗？如果是，标记"1"。这是一种主观判断，努力不让结果影响你的判断。如果你认为没有打好这个球洞，在你认为影响你的因素下标记"1"（你可以随意标多少）。

1. 球洞管理和策略——你今天根据自己的技巧用最明智的方式完成这一洞了吗？

2. 决策——你为击球做出了清楚、正确的决定吗？举个例子，从右球道沙坑边缘打出小左曲球，落到球道的中心。

3. 决定"如何实施"——你为实施击球做出了清晰的决定（包括球杆选择）吗？打个比方，瞄准沙坑左边缘，稍微闭合杆面，并略微从内向外挥杆。

4. 实施决定——你用理想的方式击球了吗？

5. 下次你可以怎样提高？_____

_____

_____

_____

图9.2 球手评估计分卡

也许是出于人类的天性，很多球手似乎很难认识到自己在一场球中的优点。球手通常跳过第一个问题，直接思考自己做得不太好的方面。但是，在你的长项上继续提高也是很重要的，因此有必要找到一种办法，系统地确定自己表现优秀的技术领域，也许不是件坏事。提出问题通常是一种把注意力转向重点的有效方式。在一项对于英国国家队球手表现的不同分析方式的研究中，借助之前提到的《理解比赛》中的理论模型，研究者提出了一种评估方式。简单来说，这种评估方式包含了对问题"这个球洞我完成得好吗？"的回答。如果答案是否定的，接下来的问题帮助你判断可以提高的方面，在该球洞发挥不好的原因是策略、关于做什么或如何做的决定、执行决定的能力还是其他问题？最终，球手被问及他们认为下次还可以提高的方面。

当球手们被问及他们所欣赏的方式，很多人表示喜欢基于《理解比赛》的模型，但也希望拥有更实际的数据，比如球道击球、标准杆上果岭击球、推杆。

通过练习提高水平

高尔夫的练习包含知识、付出、评估。换句话说，你必须知道自己在向什么方向努力，你如何向实现目标而努力，你必须为达到目标而付出，愿意投入必要的时间，而且你必须掌握自己的进程，这样在达到目标后才可以设立并追求实现下一个目标。

如果一个表现目标，比如命中球道的成功率为50%，伴随相应的练习目标，例如20次练习球道击球能命中12次，你就可以创立一套练习计划，并跟踪你的进程。这时，复习第5章的内容，提醒自己正确的训练方法，强化全挥杆技巧，都可能会对你有所帮助。你可能也会想要复习第6章的内容，来确保你使用的球杆，能够确保你实现最大的精度。

接下来一整周，确定一个日常练习时间并坚持练习。这类练习可以简单到在客厅练习挥杆来复习技巧，但更有效的练习，是计划好一周几晚、每次一两个小时在练习球场上，钻研前面章节中的训练。带着一个目标练习，因为漫无目的的练习什么都达不到。也许曾经的巡回赛职业球手Tony Lema在《高尔夫球手的智慧之书》中说得最贴切："练习中最常见的错误是在场上漫无目的地游荡，毫无规律地击球。这并不是练习，而是浪费时间。你做的最糟的事就是不断重复你的错误。"（Freeman, 1995）最后，找一种合适的方式跟踪自己的进程。想要知道自己练习20次球道击球是否能命中12次，就应该步入练习场，取20个球，看看自己能把多少个球击中球道。想象球道就在练习场上，根据地理特征或目标旗帜所在的距离和宽度，来代表你正常的击球距离。你练习得越多，自我反思得越多，你就能越迅速地达到目标。

　　技巧的提高并不一定要和表现水平紧密相关，尤其是对于新手而言。在练习推球的果岭上设立并实现练习目标，比如连续完成10次距离0.9米的推球，会让你成为一名优秀推球手的进程提速。提高切球、劈起球、沙坑球的技巧，或增加对于规则和礼仪的知识，都能帮助你成功，而比赛本身也会变得更加有所享受。

　　有一个频繁被问到的问题：成为成功的球手需要进行多少练习？这个问题没有绝对答案，但是有几种方式可以判断你需要进行多少练习。设立目标是最简单有效的方式，可以测量你需要进行多少练习。如果你在特定的练习时间中，提前规定你希望达到的标准，你只需要练习直至你达到标准。这就是六次美国大师赛冠军Jack Nicklaus用来确定他练习时间长度的方式。他会设置一个具体的目标，比如用3号木杆连续5次击中目标果岭，当他达到目标时，那一部分的练习就结束了。如果那一天他的目标是提高3号木杆的精度，那这一天的练习时间可能就比较短暂。

　　短暂而频繁的练习要比少量的马拉松式练习更有效果。如果你一周有3个小时练习，制定3次1小时的练习计划，效果要好于1次3小时的练习。练习过分疲惫并没有效果，而更简短的时间段会保证你在练习中始终保持活力。针对你希望提高的技巧，更加频繁地练习还会帮助你的肌肉获取并保持规律的记忆。因此，每晚坚持使用家中的一个练习区域，来钻研短球或推杆技巧，甚至一些全挥杆的慢动作，与在高级练习场每月进行几次长时间练习相比，能更快地加速你的进程。

　　如果你无法有规律地去练习机构，不代表你就不能练习。好在最需要练习的技巧通常都是可以在家里练习的，例如只要有平整的地面就能练习推球。俄勒冈大学前任高尔夫教练Jack Adler喜欢在家里设置一个小的推球场地，他在门口附近设置球洞，并为每一个球洞分配一个标准杆数，从地毯到地砖，甚至到楼下。如果你家附近有一小片草地，你就可以设置一个切球和劈起球的练习区。你也可以从小块地毯切球到毛巾或枕头来完成练习。Ben Hogan在巡回赛过程中，仅在酒店房间里就能练习几个小时的劈起球。设立一个小练习站点既有趣又简单，而且只需每周几小时的练习，就会让你在高尔夫球场上收获颇丰。

提高练习训练1　公共练习设施

利用网络或电话号码本找到几个附近的练习区域。打电话询问或直接前往，观察你可以在那里练习的技巧。在该设施提供的练习站点旁画"√"。

- 全挥杆练习场（草地击球站点）_____
- 全挥杆练习场（人工垫子站点）_____
- 短球区（切球和劈起球果岭）_____
- 短球区（沙坑）_____
- 推球果岭 _____

前往一个机构，带上你的球杆。为你在该机构可以练习的击球技巧打分。

为你的成功打分

在练习场打出至少10个球 = 3分

打出至少10个切球和10个劈起球 = 5分

至少推杆20次 = 10分

你的得分____（满分18分）

提高练习训练2　个人练习站点

为一项你希望提高的技巧确立一个练习目标。在家里或办公室设计一个练习站点。以一周为一个周期，至少进行3次时长20分钟的练习。

提高难度

- 把练习站点设计成可以练习两种或更多技巧的区域。

为你的成功打分

一周内进行1次20分钟的练习 = 2分

一周内进行3次20分钟的练习 = 5分

一周内进行5次20分钟的练习 = 10分

你的得分____（满分10分）

提高练习训练3 　比赛提高计划

　　确定两种你希望提高的技巧，并设置两个目标。你可以选用优先目标训练中确定的目标，也可以设置新的目标。参考对应的训练，并为每个目标选择两个训练活动，然后确定你希望在哪里，以及什么时间进行为期两周的练习。在图9.3中记录下目标、训练和练习日程。

目标1＿＿＿＿＿＿＿＿＿＿＿＿＿＿＿＿＿＿＿＿＿＿＿＿＿＿＿＿＿＿＿＿＿＿＿＿＿

＿＿

训练1＿＿＿＿＿＿＿＿＿＿＿＿＿＿＿＿＿＿＿＿＿＿＿＿＿＿＿＿＿＿＿＿＿＿＿＿＿

训练2＿＿＿＿＿＿＿＿＿＿＿＿＿＿＿＿＿＿＿＿＿＿＿＿＿＿＿＿＿＿＿＿＿＿＿＿＿

目标2＿＿＿＿＿＿＿＿＿＿＿＿＿＿＿＿＿＿＿＿＿＿＿＿＿＿＿＿＿＿＿＿＿＿＿＿＿

＿＿

训练1＿＿＿＿＿＿＿＿＿＿＿＿＿＿＿＿＿＿＿＿＿＿＿＿＿＿＿＿＿＿＿＿＿＿＿＿＿

训练2＿＿＿＿＿＿＿＿＿＿＿＿＿＿＿＿＿＿＿＿＿＿＿＿＿＿＿＿＿＿＿＿＿＿＿＿＿

练习地点＿＿＿＿＿＿＿＿＿＿＿＿＿＿＿＿＿＿＿＿＿＿＿＿＿＿＿＿＿＿＿＿＿＿＿＿

＿＿

练习日期和时间

第1天＿＿＿＿＿＿＿＿＿＿＿＿＿＿＿＿＿　时间＿＿＿＿＿＿＿＿＿＿＿＿＿＿＿＿

第2天＿＿＿＿＿＿＿＿＿＿＿＿＿＿＿＿＿　时间＿＿＿＿＿＿＿＿＿＿＿＿＿＿＿＿

第3天＿＿＿＿＿＿＿＿＿＿＿＿＿＿＿＿＿　时间＿＿＿＿＿＿＿＿＿＿＿＿＿＿＿＿

图9.3　比赛提高计划：目标、训练、练习日程

降低难度

- 只设立一个目标。
- 把每项训练的练习时间限制为10分钟。

提高难度

- 设立三个目标。
- 把每个目标的对应训练增加到4个。
- 把练习天数增加到4天或5天。

为你的成功打分

设立一个目标＝每个1分

为目标确定一个对应训练＝每个2分

确定一个可用的练习地点＝5分

实施比赛提高计划两个星期＝20分

你的得分＿＿＿＿（满分35分）

提高练习训练4　旗杆球

在你打上果岭的击球中有两种球，即旗杆球和果岭球。旗杆球要瞄准旗杆，果岭球只要打中果岭。计算你的最低分，确定你打出了旗杆球还是果岭球。

降低难度

- 不再试图进攻果岭，而是把球扔在果岭上并推球入洞。计分并判断，如果你每次都能用标准杆击球上果岭，你的得分是多少。
- 一次只用3个球洞完成训练，然后用3个球洞完成正常比赛。

提高难度

- 打果岭球时更换球杆，用比旗杆球更长或更短的球杆。
- 用从左到右或从右到左的方式打果岭球。

为你的成功打分

果岭球在每个球洞得到最低或相同的分数＝5分

果岭球在2/3的球洞中得到最低或相同的分数＝10分

果岭球在1/3的球洞中得到最低或相同的分数＝15分

旗杆球在每个球洞得到最低或相同的分数＝20分

你的得分＿＿＿（满分20分）

提高练习训练5 Carl Petersson 式训练

瑞典职业高尔夫球协会巡回赛球手Carl Petersson 设计了这项训练，并在他的职业生涯中频繁使用。该训练要求正常击球，但在上果岭时（标准3杆洞的发球，标准4杆洞的2次击球，标准5杆洞的3次击球），你不能击球上果岭，而是尝试将球打到让你完成2杆入洞可能性最大的位置。如果你打中果岭，你的搭档就把你的球扔进一个果岭侧沙坑、果岭侧长草区或抛离果岭。击球入洞并计算你的得分。

降低难度

- 不用尝试抛离果岭，只要把球放在果岭之外，你认为你能发挥最好的位置。
- 只在每次完成第二个球洞时进行这项训练。

提高难度

- 把球扔到果岭外最困难的位置（避开果岭最糟糕的结果）。
- 如上，但每次都抛入沙坑。

为你的成功打分

你设法击入了（用标准杆）20%的球洞 = 5分

你设法击入了（用标准杆）40%的球洞 = 10分

你设法击入了（用标准杆）60%的球洞 = 15分

你设法击入了（用标准杆）65%以上的球洞（这个水平能让你在职业高尔夫球协会巡回赛的排名进入前十名！）= 20分

你的得分____（满分20分）

提高练习训练6 二次发球

在一场比赛中，每次完成标准杆上果岭时，你可以有第二次开球机会。这意味着你可以在击球上果岭时球的落点位置完成第二次推球。看看第二次发球如何影响你的成绩！

为你的成功打分

在所有球洞中至少打出1个小鸟球 = 5分

在所有球洞中至少打出2个小鸟球 = 10分

在所有球洞中至少打出3个小鸟球 = 15分

在所有球洞中至少打出4个小鸟球 = 20分

在所有球洞中至少打出5个或更多小鸟球 = 25分

你的得分____（满分25分）

不断练习提高打球水准成功小结

把这一章中你的每项训练得分记录下来，并相加得到总分。满分132分，如果你的得分至少达到80分，你就已经能够计划并执行有效的练习，来帮助你提高水平。如果你的得分在50到79分，你就要准备好复习你认为还能够提高的技巧，然后进入下一章内容的学习。如果你的得分低于50分，应该复习全部内容，并重复训练来提高得分。理解如何设立目标，设计训练来达到目标，安排一个可行的日程表，以及有效的练习活动是将来实现成功的关键因素。

为你的成功打分

目标确立训练

优先目标 _____ 满分4分

提高练习训练

1. 公共练习设施 _____ 满分18分
2. 个人练习站点 _____ 满分10分
3. 比赛提高计划 _____ 满分35分
4. 旗杆球 _____ 满分20分
5. Carl Petersson式训练 _____ 满分20分
6. 二次发球 _____ 满分25分

总分 _____ **满分132分**

很多高尔夫球手一生坚信熟能生巧，而且从各个方面来说这个原则都是成立的：我们会擅长我们所练习的技巧。但是，高尔夫运动中最强劲的对手，是需要应对的各种球场情况，应对好才能做到表现最佳。现在准备好进入第10章的学习，你将了解更多关于如何应对球场变数的内容。

球场管理

高尔夫的成功很大程度上取决于学习第1章到第8章中所介绍的必要的技术。但是，有时你会身处高尔夫球场，而不是练习场地。此时，你就应利用你的技巧在球场上自如地前进，而不仅仅是提高你的技术水平。在那时，你的成功就会根据你完成18个球洞所用的杆数来衡量。也就是说，你的分数决定了你成功与否。

高尔夫的成功不只需要一套熟练的技巧，你必须学会管理球场。每个球场各有特色，有不同的挑战、地势和主题。因此，为了做到成功击球，每个球场都需要你专门设计有效而合理的策略，提高和实现这些策略通常叫作球场管理。在这一章中，你会学习在每个球洞前制订计划，来指导你做出决策，把技巧运用到球场上。

优秀的球场管理会让你运用你的技巧，以最少杆数把球从球座击入球洞，而不论球洞规定的标准杆是多少。优秀的球场管理也会让你成功应对任何球场设计者特意安排的各种障碍——狗腿形击球区、水障碍、沙坑、丘陵球道、快速滑球果岭等。

了解你的水平

优秀的球场管理不是从球场本身开始的，而是始于对自身技术水平的了解。球场管理需要你把你的实际水平和所处的球场相对应，才能打出最低杆数。因此，你必须了解自己的实际水平和球场情况。你对二者了解得越多，你就能与球场对应得越好，虽然你遇到的每个球场都可能有所不同，你所拥有的技术水平也基本保持不变。因此，你必须了解你自身的实际水平。

了解自身水平可以从知道自己的长处和短板开始。首先，要清楚你使用的每支球杆能打出的距离。你可以在练习场上评估自己的水平，用包中每支球杆打10个球，记下10个球的落点，然后求出平均距离（表10.1）。如果你有一球的成绩太差，以至于如果被包含在内会严重影响数据结果，那就重新击球，不算之前的那一球。在计算某一球杆的平均击球距离时，重新击球不能超过两次。如果大部分情况下，你都不能用一支球杆打出好球，也许你该考虑剔除这支球杆，除非你能更稳定地用它打球。当你计算出每支球杆能打出的平均距离时，你就可以把这些信息用在球场上。比如，你会知道哪支球杆能把球打出128米，越过积水到达果岭。

表10.1 球杆码数和成功等级

球杆	1	2	3	4	5	6	7	8	9	10	平均值	成功等级
高抛挖起杆												
沙坑挖起杆												
劈起杆												
9号铁杆												
8号铁杆												
7号铁杆												
6号铁杆												
5号铁杆												
4号铁杆												
3号铁杆												
球道木杆												
发球杆												
其他												

其次，观察包里的每一支球杆，估测每一支球杆的成功概率。成功取决于你要达到75%的概率，成功把球打到预期目标的能力。有些球手采用1到10的标准，10代表他们10次击球，每次都能用指定球杆击中目标。把这些信息记录在表10.1内，成功概率最高的球杆就是你在比赛时应该尽可能使用的球杆，而成功概率最低的球杆应该在练习中得到你最多的关注。比如说，如果你用发球杆的成功概率是3，但用3号金属杆的成功概率是5，那么3号金属杆应该成为你大部分发球的所选球杆。

接下来，回顾你在第1章到第8章中练习过的击球方式，为这些击球方式打分。观察你在前面几章中的得分，分析总结以找到你的长项和弱项，或者使用和球杆相同的1到10的标准来做出判断。了解你在推杆、切球、劈起球、铁杆击球、木杆击球、沙坑球中的技术水平，会帮助你在特定条件下判断如何击球。比如说，如果你的推球水平好于切球，你的球距离果岭4.5到9米，不在长草区中，你可以选择用推球代替切球。在人自尊心的作用下，诚实评估自身水平可能有点困难。无论如何，高尔夫都是一项具有挑战性的运动。诚实客观地评价自身水平，是获得成功必不可少的关键因素。精确地估测你的技术水平，能帮助你为击球和比赛确立具有实际意义的期望值，在你的水平范围内获得成功，知道何时采取保守策略，何时在球场上发起攻势。只有当你对自己的水平有了稳定而准确的了解时，你才准备好了进行球场管理。

了解你的水平训练1　距离指导

这项训练会帮助你评估使用每支铁杆和金属杆的击球水平，对于有效管理你的技术水平非常重要。要想达到最好的效果，最好在无风无雨的条件下完成这项练习。在一片平整的练习场上，确立一条虚拟的线，这条线由你出发，向练习场延长。你在场上会需要至少三个距离标记，来帮助你估测每次击球的距离。如果球场上没有距离标记，用测距仪来测量你每次击球的距离。准确了解你携带的每支球杆的击球距离尤为重要，从杆面斜角最大的挖起杆开始，到斜角最小的金属杆结束。用每支球杆打十个球，注意每支球杆让球在空中飞行的平均距离，球落在虚拟线的左侧或右侧的平均距离（分散），以及你打出的小右曲球（线左）或小左曲球（线右）的飞行轨迹。在表10.2中记录下这些数据，无须在意球向前滚动的距离。很多因素都会影响球的滚动，比如地面湿度、草的类型和长度、坡度、球的旋转，而大部分因素都不在你的掌控之中。因此你更需要了解的是，每支球杆能让球在空中飞行多远的距离。

为你的成功打分

每支球杆完成计算，得出其平均空中飞行　　　你的得分____（满分26分）
距离得2分。

表10.2 距离指导

球杆	平均空中距离	平均分散	小右曲球/小左曲球
高抛挖起杆			
沙坑挖起杆			
劈起杆			
9号铁杆			
8号铁杆			
7号铁杆			
6号铁杆			
5号铁杆			
4号铁杆			
3号铁杆			
球道木杆			
发球杆			
其他			

了解你的水平训练2　我的成功球杆

　　了解哪些球杆会为你提供最高的成功概率，能帮助你发挥长处，并提醒你练习短板。在这项练习中，首先想象一条虚拟的线，由你的球出发，直线向下直到练习场。接下来，用每支球杆打10个球，注意球落在线的偏左或偏右的距离。你可以估计这个距离，或用测距仪得出精准读数。10个球之后，估测每个球在线周围的平均分散值（左或右），这些信息会让你对球杆的精度有一定的了解。然后，计数10次击球中你击球水平发挥稳定的球数，记在相应的列中。最后，评价你每支球杆的表现水平，可以从1到8排序，1代表成功发挥次数最多的球杆，8代表成功发挥次数最少的球杆，记录在表10.1中。

为你的成功打分

每支计算过分值的球杆得1分。　　　　　你的得分____（满分8分）

了解球场

对你使用的每支球杆的技术水平进行精确评估之后，你就准备好踏上球场了。高尔夫是一次完成一个洞，一次完成一击的运动。制定你的场上策略时要记住以下要点。

计划球场策略最好的方法就是从结果往前推测，也就是说，从球洞开始，逐渐后退到球座。问问自己，果岭上推球的最佳位置在哪里（通常你会希望直线上坡推球），这会告诉你果岭球应该落在哪里。当你确定位置后，再问问自己，在球道的哪个位置最适合打出一记果岭球，这个问题的答案会帮助你越过障碍物或长草区，让球落在果岭上你所心仪的位置。比如说，对于一个标准4杆洞，洞在果岭左边一个沙坑之后，你会想要发球到球道的右侧。这个位置会给你更好的角度击球上果岭，这样你就不需要把球打过沙坑（图10.1）。

除了你的技术水平，球场策略也会被目标距离、球洞特点（障碍或山丘）、天气所影响。

- 标准4杆洞
- 球洞在果岭左边一个沙坑后

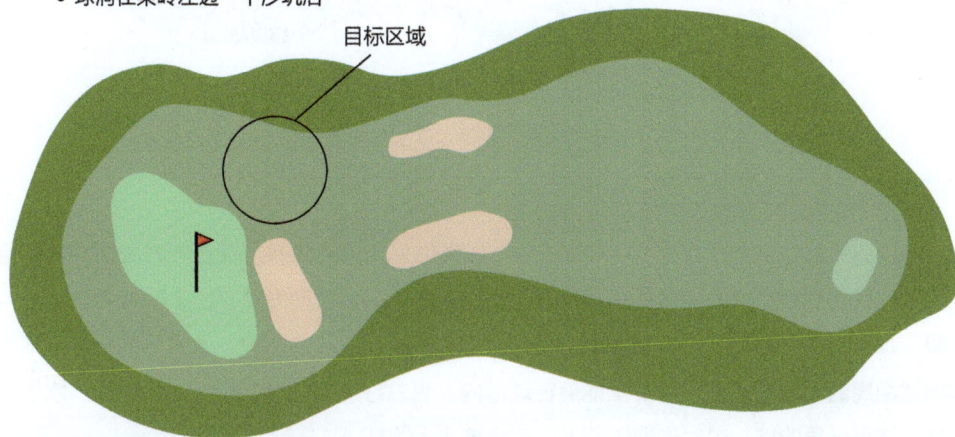

目标区域

图10.1 对于这个标准4杆洞，发球到球道的右侧

目标距离

完成一个球洞最好的方式，很大程度上受距离的影响。有时，明智的做法是忽略球洞的标准杆数，单纯地根据距离计算你的成功概率。比方说，一个标准3杆洞可能在距离192米外，被深沙坑所包围（图10.2），是否有一支球杆能使你可靠精准地把球打到这个距离？或者，是先发球打出137米到达落球区域，再劈起球55米靠近球洞，最后推杆一次入洞达到3杆（标准），还是推杆2次达到4杆（柏忌）？如果标准3杆洞有深沙坑、长草区或积水，第二种选择可能会减少杆数。你会在最好的条件下，避免因为把球打入障碍区或击球失误而

增加杆数。如果策略得当，你甚至可能在一个有难度的标准3杆洞打出标准杆。这就是Billy Casper在1959年美国公开赛决赛上，面对一个距离最远的标准3杆洞所采用的方法。他没有试图把球强行打入198米的球洞内，而是准确地打在果岭之前。接着，他凭借良好的切球和推球技巧，在鹰足俱乐部的第三个球洞打出了标准杆入洞。在四天的巡回赛中，他都使用了这种策略，并最终夺冠。

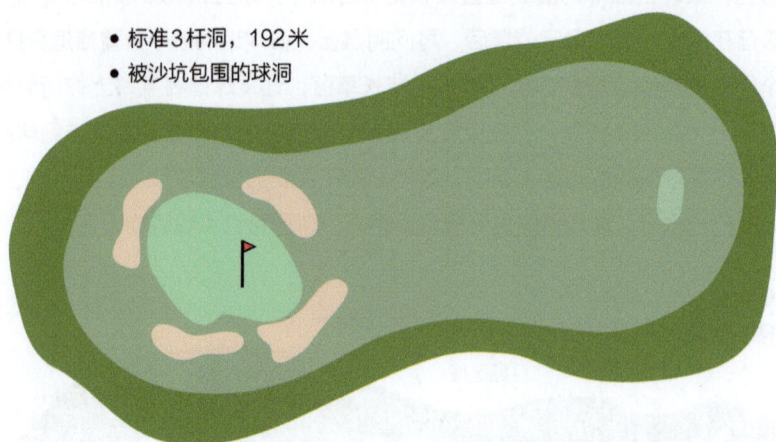

- 标准3杆洞，192米
- 被沙坑包围的球洞

图10.2 对于一个192米远的标准3杆洞，是从球座直接打出192米更好，还是开球时先打出137米，再劈起球55米到达球洞

同样的策略也适用于标准4杆或5杆洞。如果你采用自己熟悉且擅长的方式击球，你会比鲁莽尝试自己没有信心完成的击球方式获得更多的成功。试图发球打出274米并不是一件好事，球可能落在树林深处、障碍区内，甚至最糟糕的情况——出界。上果岭的球即使下一次击球距离略微远一些，但是安全地落在球道内，也总好过一个落在树后、长草内、水里的短球，甚至出界的球，这时你的计分卡上就会被添上罚杆。

当你站在发球区时，考虑与球洞的距离，然后决定哪一套球杆会给予你最大的成功机会。比如说，对一个366米的标准4杆洞，也许发球打出137米，第二球再打出137米，第三球打出91米到达果岭更为合理（图10.3）。如果这3个球（甚至每一球）都偏左或偏右一些，也不大可能面临巨大的风险，3个球过后你仍然会在果岭上，有机会推球达到标准杆。

采用合适的距离打球，还能够让你在自己擅长的范围内发挥更好。这就代表着当你试图打出你相信自己能轻松完成的球时，你能更自如地挥杆，控制更好。试图把一个球打到远距离外的小目标，会导致大部分业余球手挥杆力度过大，对时间和控制都有负面作用。换句话说，尝试把球打得太远，会让打出好球变得更加困难。最好是用你觉得合适自然的方式打球。

- 标准 4 杆洞，365 米
- 发球 137 米
- 球道击球 137 米
- 距离果岭 91 米

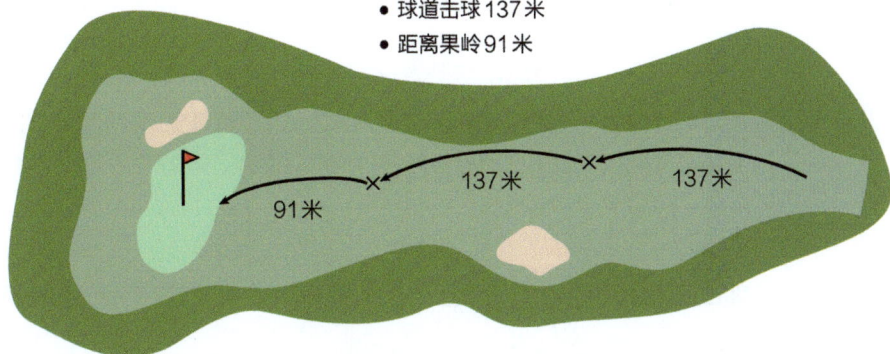

图10.3　对于一个距离365米的标准4杆洞，这个球手发球打出137米，从球道击球137米，再打出91米到达果岭

　　所有球场都有距离标记，可以测量从果岭中心和发球区到球道指定位置的距离。大多数球场的标准标记位于从果岭中心到91米、137米、183米以外的球洞和发球区。在很多高尔夫球场上，到达果岭中心的距离会被标记在洒水装置的莲蓬头上，莲蓬头上也会有距离果岭前后的数值。当你的球处于球道中，而你希望你的第二球到达果岭，你需要知道与果岭的准确距离以选择球杆。想要判断你的球距离果岭中心有多远，常用练习是步测距离。找到距离你的球最近的距离标记，计算从它到球之间的步数。如果你的步长约0.9米，只需要把距离标记上的数字加上或减去你步数的长度，来判断你的球和果岭中心之间的距离，这对选择打下一球的球杆来说非常有价值。步测训练会帮助你练习这项技术，并确定步测所需的步幅长度。

　　职业球手在开始决策时，首先考虑他们希望球落在果岭上的位置，接下来会判断球道上最适合打出这一球的位置。最终，他们会选择能让球到达球道相应位置的发球球杆。这种方式帮助他们精通这项运动，同样也会对你有效。

　　距离作为球场策划的因素之一，最后要考虑的一个方面：选择一支足够有力的球杆。大部分球手会高估特定球杆的击球距离，以及使用球杆击球发挥的稳定性。除非你能稳定一致地把球打过球道或打上果岭，否则宁可选择一支更有力的球杆（小号码球杆）。也就是说，选择一支你确信能够打出必要距离的球杆，甚至击球距离更远一些的球杆。

失误

你选择的球杆力度不足，导致击球距离不足。

改正

所选球杆力度不足是球手最常犯的错误之一。了解每支球杆能打出的距离，并确保你的球杆有足够的力量把球打到目标区域。

失误

你在开球时选择的球杆力度过大，球落在障碍区内，而不是球道或果岭上。

改正

在发球区最重要的目标，就是通过击球上果岭或球道来进入比赛。选择一支球杆，帮你把球打到果岭或球道，而不是仅仅为了把球打得更远。

球洞特征

高尔夫球场设计者在设置球洞时加入了各种特征，包括丘陵、水（如池塘、湖、海洋）、沙坑或草坑、树、沙滩，以及草地来赋予球洞一定的定义、挑战难度和美观度。设计者也可以改变球洞的基本模式，让球洞转向发球区的左侧或右侧，这一特征叫作狗腿形击球区，从空中俯瞰，球道的形状就如同狗的腿。

虽然大部分设计者在设计球场时都倾向于利用自然的地理特征，但是常常会为每个球洞增加一些额外的特点，让球洞既美观又有挑战难度。当你在计划策略和球场管理时，你需要考虑每个球洞的特点。接下来的内容会讨论这些特征对你的分数造成的最大影响，因为在你决策时决定了这些特征的重要性。

你需要特别注意球场上的白桩，因为它们标明了出界的范围。如果你的球超过这些白桩，你会在击打出界球那一杆的基础上，被增加额外的罚一杆。你必须从原位重新击球，所以你既损失了一杆，也损失了距离。在选择球洞的落点区域时，确保远离出界区域。出界球会受到球场上最严重的判罚，所以避开这些区域，对于获得好成绩来说至关重要。

注意到白桩之后，要考虑可能会遗失球，或造成无法击球的区域，这些区域可能被厚灌木或高草所覆盖。遗失球和出界球的判罚相同。当你无法做到有效的杆头触球，来把球前移足够的距离以远离障碍，那么就出现了无法击球的球位。如果你无法击球，你可以宣布无法击球，这会导致被罚一杆，你需要从距离球位两杆长度的范围内抛球，或回到球的原位。把球打到这些区域会增加你的杆数，所以尽量避开它们。

在球场上也许没有什么比积水更让球手们恐慌的了。因为水障碍（图10.4）会给球手带来非常大的麻烦和焦虑，避开这些区域是一种本能的反应。水障碍由黄桩标明，侧面水障碍由红桩标明。如果你把球打入水障碍内，你可以把球抛在水障碍的后方或侧面水障碍的旁边，这样你不会像遗失球或界外球一样损失距离。如果你必须在击球靠近白桩或红桩之间做出选择，那么选择靠近红桩的损失会较小。

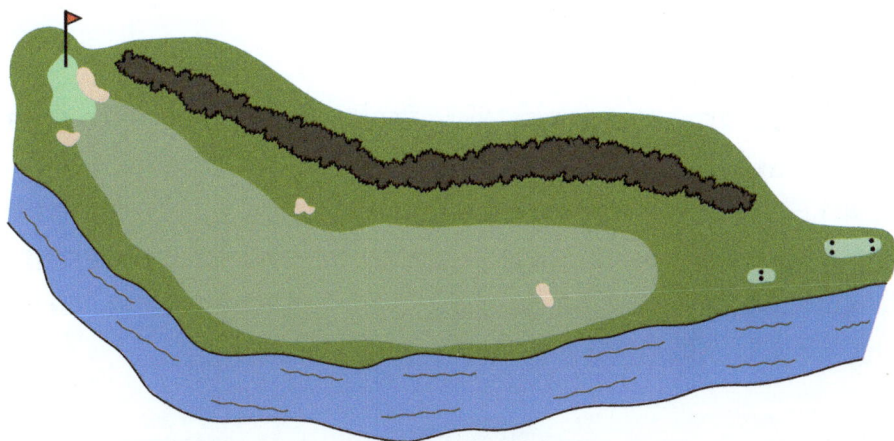

图10.4 不要恐惧水障碍。把球打入水障碍中，比把球打出界或在长草区遗失球的损失小

虽然最好尽力避开深度长草区、树林、废弃区（比如未提及的沙滩或岩石区），但是如果你的球确实落入了这些区域内，你可以设法不受判罚继续下一杆，只要你的球位不是无法击球的球位。但是，击出这些球并不容易，因为它们所处的环境使不受阻碍地向果岭或球道击球变得更加困难。当从这些区域击球时，优先要考虑的就是如何把球打回常规区域内，也就是意味着用劈起球或切球把球打回球道。意识到自己所犯的错误，但不要试图通过过分要求下一次击球来弥补错误，你只需要让自己脱离困境，能不受阻碍地继续下一次击球。

失误

你把球打出界，打入障碍区内或条件恶劣的球位上。

改正

你很可能会对你遭遇的困难感到不满和焦虑。花点时间来告诉自己这只是比赛的一部分，大部分球手都会遇到相同的情况。当你重拾信心之后，分析你的选项，并选择成功概率最大的计划。

失误

你不停地把球打入沙坑或其他障碍区内。

改正

仔细研究球洞，从而远离障碍。这可能意味着使用力度更小的球杆，把球打到沙坑之前，即使下一杆离球洞较远。

　　接下来要考虑沙坑。沙坑能够实施好的站位和干脆的击球，所以相较于从深草区击球，高水平球手普遍倾向于从沙坑击球（图10.5）。虽然从沙坑击球不会被罚杆，但是尽可能在球道或果岭上击球依旧是更好的选择。由于沙坑有尺寸和色彩的对比，以及大多数球手对于沙坑的恐惧，因此球场设计者把沙坑设置在一些稍有难度的位置，来为球洞增加挑战难度和特色。建议你远离沙坑也许有显而易见的理由，但对于一个有难度的球洞而言，相较于遇到球场上的其他情况，例如出界或长草区，沙坑可能是个更好的选择。

图10.5　你可以从沙坑击球而不被罚杆，所以如果你担心把球打出界或打进长草区，沙坑是个可以接受的选项

　　出于策略性和美观性的目的，球场设计者会在球洞附近设置坡度、丘陵、土丘。很多球手都认为，从平地以外的位置击球有一定的难度，所以球道和果岭是最佳落球位置的选项。因此，找到球道中地面平整的位置，当向果岭击球时，为自己留出直线推杆或略微上坡的推杆机会。

失误

你错过了球洞附近的果岭，球在入洞前没有空间落地或滚动，这种结果被认为是错误的方向或是你的技术薄弱造成的。

改正

如果球洞接近果岭边缘，应该把球打到果岭中心而不是旗帜的位置。与在果岭之外使用铁杆或挖起杆相比，在果岭上推球永远都是更好的选择，不管推球距离有多远。

最后，球场设计者利用球洞的宽度和角度来赋予其定义和特色。你应该在选择球杆时考虑球道或果岭的宽度，狭窄的球道通常伴有近距离球洞，所以使用球道木杆或铁杆发球能够确保精度。宽阔的球道可能更长，需要一支能把球打得更远的球杆，即使你准确度不足。窄果岭需要更精确的击球，通常伴有高轨道飞行，这样球会在果岭上迅速停下。在计划击球上果岭时，选择一支能够兼顾两点的球杆：精度和飞行高度。

如果球道转向左侧或右侧，在发球区可以看到果岭，这种就是狗腿形球洞（图10.6）。在面对狗腿形球洞时，需要衡量风险和回报。你能把球打到球道转弯的位置处，你就会离球洞越近。但是，通常情况下你也会更靠近风险区，因为球场设计者通常把沙坑、树、积水、荒废区置于转弯附近，在转弯处击球时要确定适合你的区域。如果风险大于回报，就要采取更保守的方式；如果风险很小，你可以把球打过沙坑或绕过树木，你的回报可能值得冒险。整体而言，保守打法更好，可以避免增加杆数。

图10.6　考虑把球打到狗腿形球道转弯处的风险和回报

球洞特征的策略意义

- 出界球
- 遗失球和无法击球的球位
- 积水障碍
- 深长草区、荒废区、森林
- 沙坑
- 丘陵、坡度、土坡
- 球道和果岭的形状

天气

高尔夫是一项户外运动，因此天气也会影响你的发挥。唯一能终止比赛的天气条件是雷电，因此天气有必要成为你球场策略的一部分。一般而言，相比任何其他天气条件，风对球飞行的影响最大。在有阵风的天气里打球，可能会是球场上漫长而有挑战性的一天。风会同时影响球的飞行距离和飞行方向，逆风飞行的球没有无风时飞得远；顺风击球，尤其是使用斜角合适、会把球打得较高的球杆时，球会飞得较远。在选择球杆时，考虑风力和风向。比如说，如果你在逆风击球，想要打出一记距离137米的击球，可能要用到平时击球距离达到155米的力气（图10.7）。

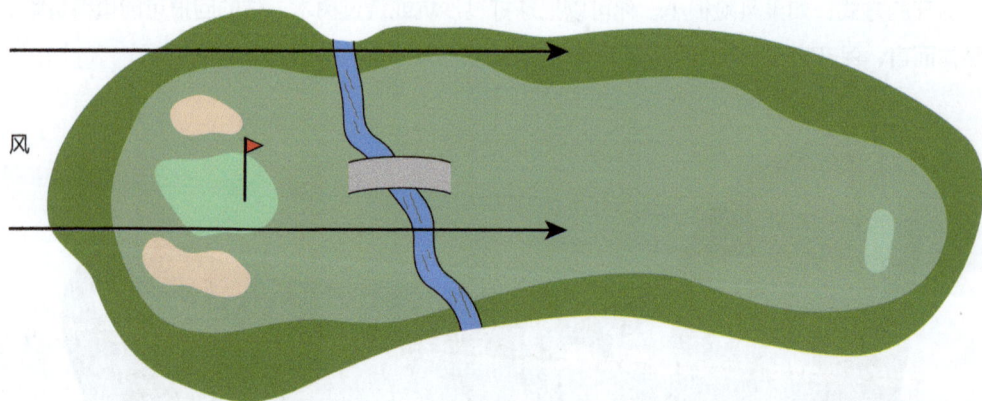

图10.7 逆着强风打球，可能让打出137米距离的击球力度，感觉上好像是打出155米距离的击球力度

由于球的方向会受到风的影响，你就需要通过调整球杆和击球方式来加以弥补。从左到右的风向可以把一记好的发球从球道中心送到湖中心（图10.8）。如果想精确判断风对球的影响，一部分取决于经验，一部分取决于猜测。整体来说，风对球的影响会比你想象得更大，因此要做好准备。观察树顶或果岭上的旗帜，或者把一些草扔进风中，来估测风速和风向。

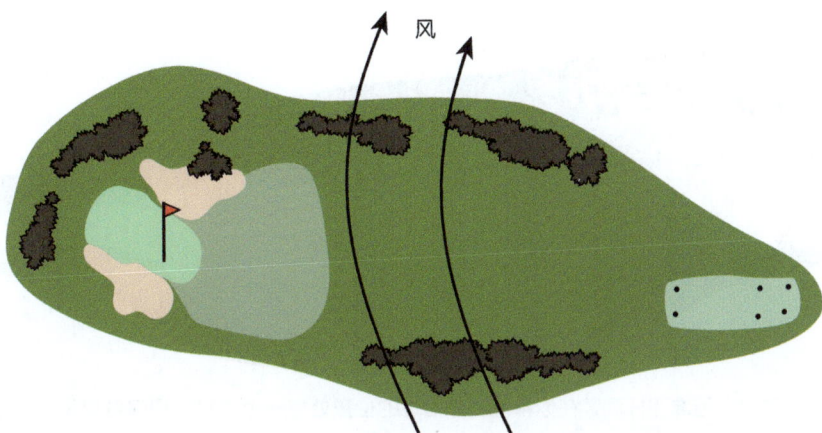

图10.8　如果在从左向右吹来的强风中击球，一记好的发球也会偏离轨道

高尔夫球在冷空气和阴雨天气里的飞行距离会缩短。这些因素也会影响你的握杆，天气冷时准备一个暖手器，雨天准备一条干毛巾，这些都是应当拥有的配件。相反，炎热干燥的天气里球会飞得更远，如果球道和果岭已经在烈日下炙烤了多日，球会比平时滚动得更远。虽然海拔不属于天气条件，但它也会影响高尔夫球，海拔越高，球会滚动得越远。在击球前应为各种条件做好相应的调整。

了解球场训练 1　球洞策略

图 10.9 中的球洞是一个距离 311 米的标准 4 杆洞，尽管距离相对较近，但它有几个障碍区。为这个球洞制定你的策略。在你希望发球落地的位置处标一个"T"，并在括号内写出你要使用的球杆。接下来，把你希望果岭球在果岭停下的位置处标上"A"，并在括号内写出你要使用的球杆。

图 10.9　针对这个标准四杆洞，在你希望发球落地的位置处标一个"T"，把你希望果岭球在果岭停下的位置处标上"A"

为你的成功打分

采用表 10.2 中的距离表，每次击球避开障碍物得 2 分，每次击球选对球杆并把球打　到目标位置得 2 分。

你的得分＿＿＿（满分 8 分）

了解球场训练 2　步测

把一根卷尺在平地上拉伸 4.5 米。两脚沿着卷尺迈步，让步幅尽量接近 0.9 米（从双脚的中心开始测量），迈出五步应该走出 4.5 米。这通常需要练习，所以重复 10 次。

接下来，在练习果岭上选择一个球道，从球洞开始分别步测出 4.5 米、9.1 米、18.2 米的距离，用高尔夫球做标记，然后用卷尺测量你的准确度。分别从 3 个不同的球洞重复训练 3 次，总共练习 9 次步测。

为你的成功打分

每次卷尺测量和步测距离差距在 0.61 米之内得 1 分，差距在 0.46 米之内得 2 分。比如，　你的步测是 9 米，实际测量 9.45 米，你能得 2 分。

你的得分＿＿＿（满分 38 分）

了解球场训练3 **虚拟三人赛**

在练习场上，想象一个标准4杆洞和一个球道障碍区，比如左侧有积水，或右侧有沙坑，以及一个果岭侧障碍，比如一个沙坑或深长草区。利用练习场上类似旗帜或土坡等物体来帮助你制定策略。在这个球洞完成一场虚拟的三人赛，用三种不同策略扮演三个不同的球手。可以先想象你是一名长距离击球手，然后是短球手（可以控制球飞行路线的球手），以及一个保守的短距离击球手。首先作为长距离击球手发球，然后是短球手，最后是保守球手。从练习球座把球打上虚拟果岭，就好像你真的在球场上进行一场三人赛。完成第一个球洞后，再想象一个有障碍的标准五杆洞并打完球洞。重复训练，直到打完九个球洞。每次击球时，对击球距离判断正确得3分，考虑到虚拟球洞的障碍区得一分，考虑到风和其他天气情况得1分，每次击球满分5分，每个球洞满分15分。

降低难度

- 单人完成一轮。
- 设计虚拟球洞为宽球道，无障碍区。
- 把所有球洞都当成标准3杆洞。

提高难度

- 每个球洞包含2个球道障碍。
- 想象一些你最喜欢的球场上的球洞。

成功自测

- 每次击球，考虑击球距离、球洞特征、天气情况。

为你的成功打分

_____ 1号球洞得分

_____ 2号球洞得分

_____ 3号球洞得分

_____ 4号球洞得分

_____ 5号球洞得分

_____ 6号球洞得分

_____ 7号球洞得分

_____ 8号球洞得分

_____ 9号球洞得分

_____ 你的得分（满分135分）

了解球场训练4　　确定障碍区域

列出图10.10中球洞的障碍区域。从1到5为这些有难度的区域打分，1代表最可能造成高杆数的区域。每个区域的难度梯度排序正确得1分（答案在章末）。

1._____

2._____

3._____

4._____

5._____

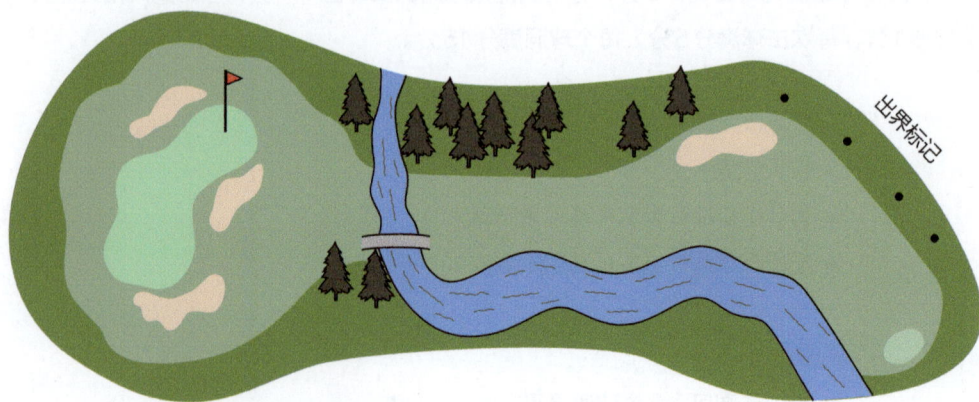

图10.10　为球洞障碍区域的难度梯度排序

为你的成功打分

每个障碍区域难度等级正确得1分。　　　　　　你的得分____（满分5分）

了解球场训练5　掌控整个球洞

优秀的球场掌控能力需要你把自己的长项与球洞的弱点相匹配。在接下来4幅图中的每个球洞，把每次击球落点的合理目标区域标记为"X"，选定把球打到目标区域所需的球杆，在"X"旁做标记，比如"8i"代表8号铁杆，"5m"代表5号金属杆，"SW"代表沙坑挖起杆，"D"代表发球杆。图10.11示范了一个已经标记好的球洞。（图10.12，图10.13，图10.14的答案见本章末。）

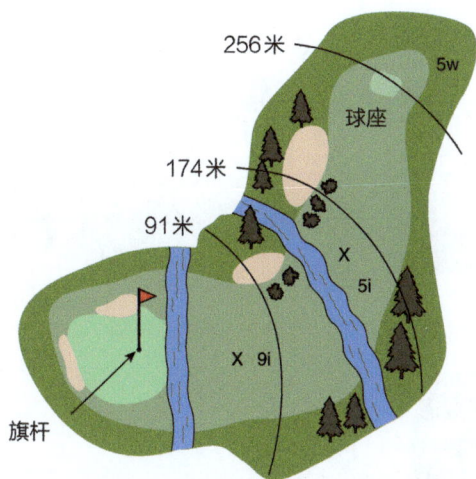

图10.11　示范球洞

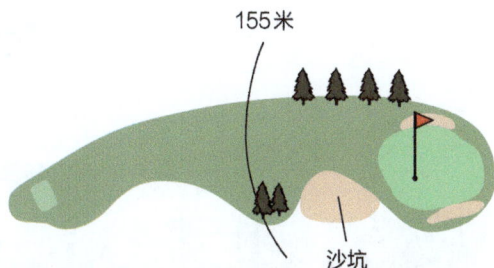

图10.12　312米，标准4杆洞

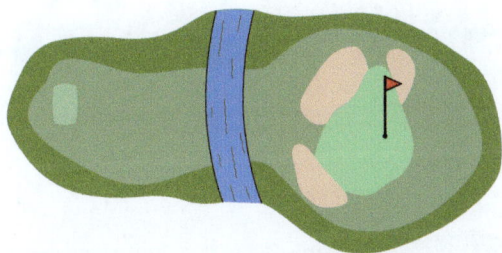

图10.13　154米，标准3杆洞

图10.14　459米，标准5杆洞

为你的成功打分

每次落球区域判断正确得1分，每次正确选择球杆使球到达目标得1分。

你的得分____（满分6分）

了解球场训练6　组织一场比赛

你对球场的掌控越好，你成功的机会就越大。在图10.15中，与之前的训练相同，计划每个球洞的击球策略，标出落球区域和球杆选择。完成练习后，从你最喜欢的球场获取一张计分卡或距离手册，并重复训练。然后完成一场球，对比你的计划和实际结果。

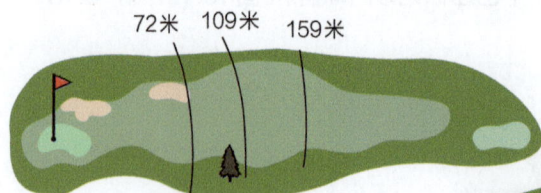

72米　109米　159米

图10.15a　1号球洞，232米，标准4杆洞

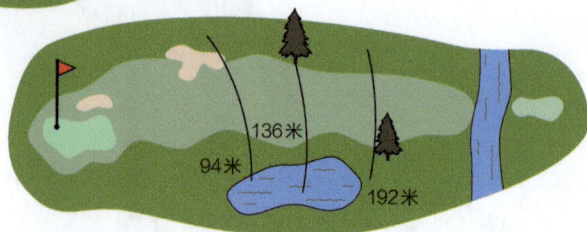

136米
94米
192米

图10.15b　2号球洞，374米，标准5杆洞

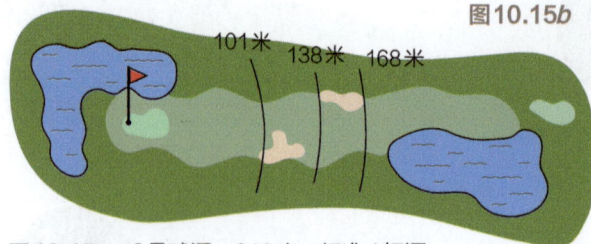

101米　138米　168米

图10.15c　3号球洞，310米，标准4杆洞

71米　112米　144米

图10.15d　4号球洞，222米，标准4杆洞

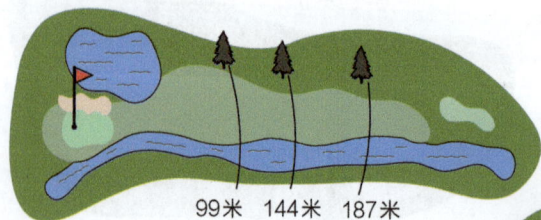

99米　144米　187米

图10.15e　5号球洞，274米，标准4杆洞

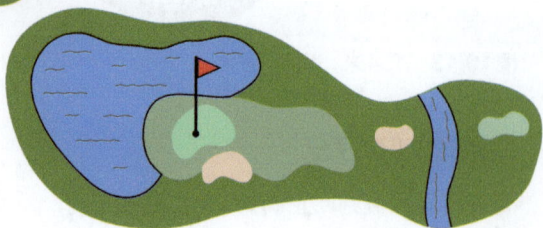

图10.15f　6号球洞，123米，标准3杆洞

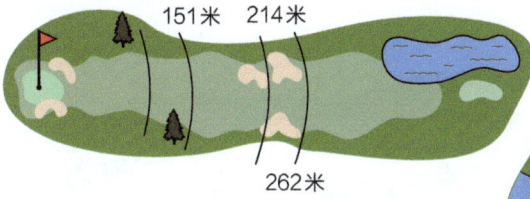

图10.15*g* 7号球洞，448米，标准5杆洞

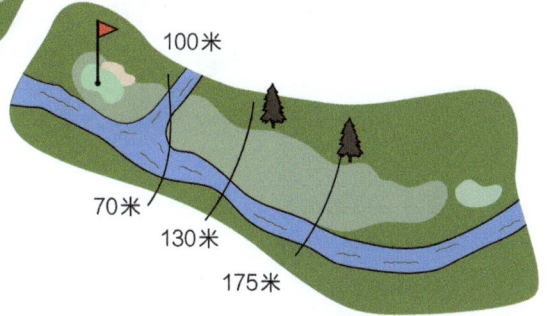

图10.15*h* 8号球洞，335米，标准4杆洞

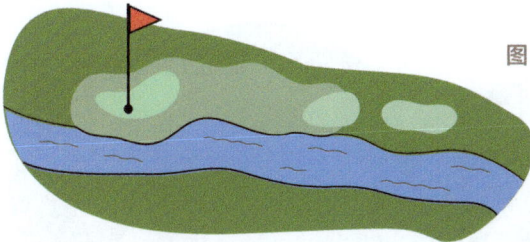

图10.15*i* 9号球洞，113米，标准3杆洞

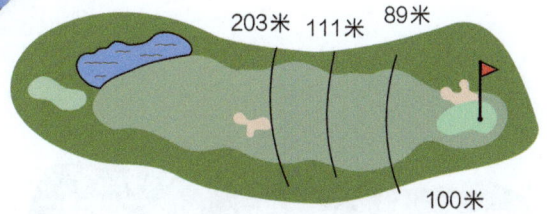

图10.15*j* 10号球洞，434米，标准5杆洞

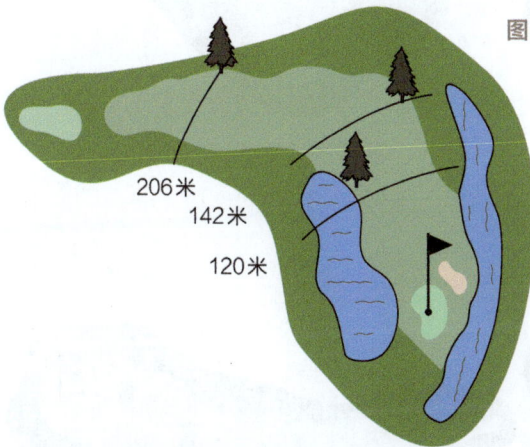

图10.15*k* 11号球洞，366米，标准4杆洞

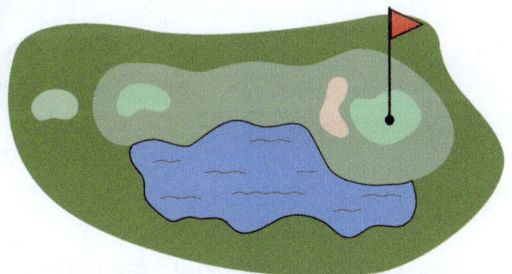

图10.15*l* 12号球洞，110米，标准3杆洞

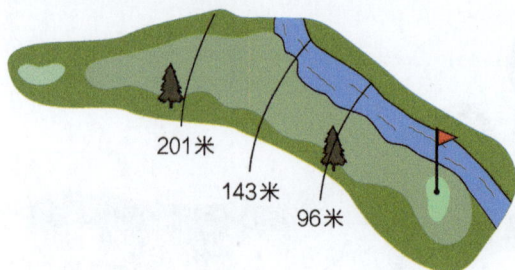

图10.15m　13号球洞，375米，标准4杆洞

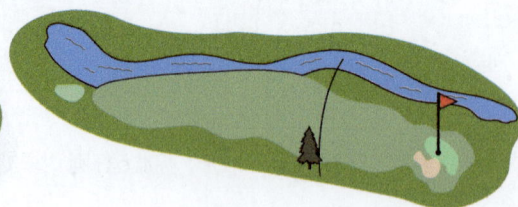

图10.15n　14号球洞，283米，标准4杆洞

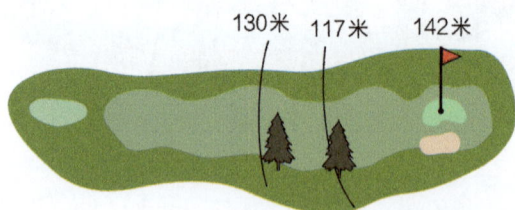

图10.15o　15号球洞，215米，标准4杆洞

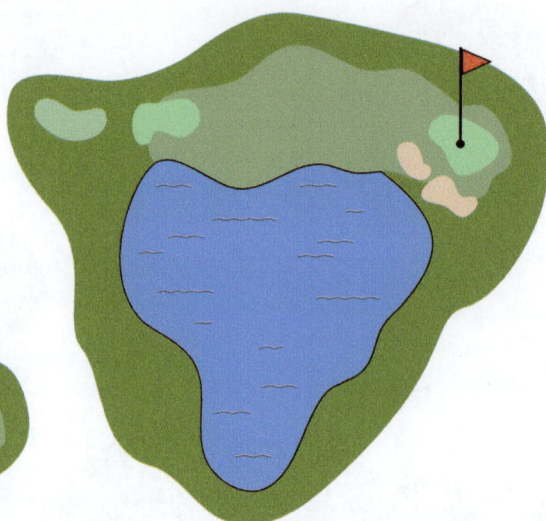

图10.15p　16号球洞，112米，标准3杆洞

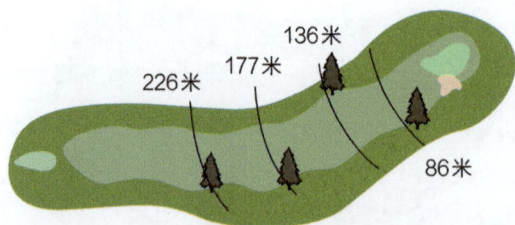

图10.15q　17号球洞，449米，标准5杆洞

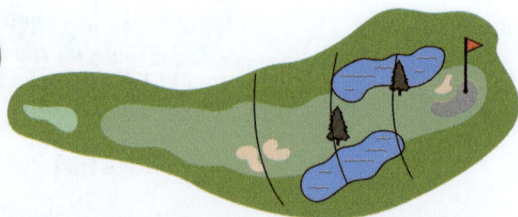

图10.15r　18号球洞，290米，标准4杆洞

为你的成功打分

复习你对18个球洞的整体计划，基于以下标准为自己打分：

如果你首先判断从球道上向果岭击球的位置和你判断的发球位置一样 = 2分

如果你尝试把球打到远离障碍区的方向 = 3分

如果每次上果岭球都落在果岭中心 = 2分

如果在面对标准4杆洞和标准5杆洞时，你在发球区不只使用了发球杆 = 1分

你的得分＿＿＿（满分59分）

了解球场训练4，确定难度等级

1. 出界球
2. 遗失球或无法击球的位置
3. 积水
4. 树林
5. 沙坑

了解球场训练5，掌控整个球洞

一个设计良好的球洞会为你提供很多选择。你所选择的球杆和击球方式，很大程度上取决于你的技术和掌控风险的能力。睿智的球手会准确地预估自己的水平，并让每个球洞的风险最小化，杜绝增加杆数的可能性。下面的答案只是作者对于初学者和中级球手的经验建议。对比你和我们的答案，为你自己对球洞各项因素的思考打分。

1号球洞（图10.12），标准4杆洞，312米。发球时瞄准球道中心182米处，右侧沙坑或左侧树木的前方。这会给你留下128到137米的距离。

2号球洞（图10.13），标准3杆洞，154米。由于果岭前有积水、大沙坑，果岭后有旗帜，你需要选择一支球杆把球打出至少155米，到达果岭中心。

3号球洞（图10.14），标准5杆洞，459米。这个球洞需要三次击球到达果岭，更好的选择是打三次低风险球。一记182米的发球会帮你越过湖，停在沙坑前，为你排除这两个障碍。第二球打出137米，会帮助你打到球道中心，留下第三球距离果岭中心137米。

了解球场训练6，组织一场比赛

你在一场比赛中的策略越出色，你胜利的可能性就越大。在图10.15中，采用与掌控整个球洞同样的方式策划每个球洞的击球策略，标出落球区域和球杆选择。

1号球洞（图10.15a），标准4杆洞，232米。一记瞄准球道左侧中段的距离达155米的发球，会避开右侧沙坑，为你留下距离少于82米的果岭球。

2号球洞（图10.15b），标准5杆洞，374米。发球应瞄准球道右侧以避免左侧的积水。发球距离达183米，会留下192米的距离到达球洞。第二球瞄准球道中心128米的位置，会帮你越过右侧的沙坑，留下一杆距果岭中心73米的劈起球。

3号球洞（图10.15c），标准4杆洞，310米。发球瞄准球道右侧的沙坑的左侧，避开左侧的积水。发球距离达到182米，会留

下128米的果岭球。由于果岭右侧有积水，瞄准果岭的中心或左侧。

4号球洞（图10.15*d*），**标准4杆洞，222米**。一片狭小的果岭前有一个大沙坑，你需要准确地击球，并且非常有必要让发球接近果岭。你发球时面对的唯一障碍物就是左侧的球道沙坑。使用能打出137米的球杆，发球瞄准球道的右侧。这样会留下85米的果岭球。

5号球洞（图10.15*e*），**标准4杆洞，274米**。球道最宽处距离发球区182米，这里应该是发球的落点区域。积水覆盖整个球道的左侧，因此发球应瞄准球道右侧或中心区域。好的发球会给你留下91米的果岭球。沙坑和水障碍位于果岭右侧，果岭左侧也有积水，因此下一杆瞄准果岭中心。

6号球洞（图10.15*f*），**标准3杆洞，123米**。这个球洞的风险来源于包围了果岭右侧和后侧的积水，以及果岭右前方的沙坑。因此，精准地击球打上果岭中心区域是最理想的做法，出界区域很短且略微靠右。如果你的击球偏离了目标区域，切球和劈起球可以挽救你的杆数。选择一支不会把球打出超过123米的球杆。

7号球洞（图10.15*g*），**标准5杆洞，448米**。对于一个擅长远距离击球的球手来说，这个洞可以在两杆内完成。对于普通球手来说，到达果岭需要三杆。唯一现实的困难来源于球道左侧和右侧的沙坑，距离球座182米。一记174米的发球会避开沙坑，距离球洞还余182米。第二球打出114米，会留给你一记完整的距离果岭中心68米的劈起球。短距离的第三球会帮助你避开果岭

边的沙坑。

8号球洞（图10.15*h*），**标准4杆洞，335米**。一记距离182米，瞄准果岭右侧或中心区域的发球，会帮助你避开左侧积水。再打出151米的果岭球，越过积水到达果岭。你需要把球打出至少82米来避开积水，积水之前有一片落球区域，所以即使你的击球距离不够，你仍旧可以采用切球和推杆来达到标准杆。如果你对避开积水不太自信，可以先打出一记55米的球，停在积水之前，然后第三次击球97米到达果岭。由于这个球洞周围有积水，你最好采用保守打法来降低风险，一柏忌也要好于高杆数。

9号球洞（图10.15*i*），**标准3杆洞，113米**。由于果岭左侧有积水，用一支能够打到球洞的球杆，瞄准果岭右侧或中心区域发球。

10号球洞（图10.15*j*），**标准5杆洞，434米**。一记182米的发球会让普通球手到达球道沙坑之前。第二球瞄准宽球道打出137到160米的距离，留下一记劈起球或短铁杆完成果岭球。擅长远距离击球的球手可以把球打到球道左侧或中心区域，从而避开沙坑，然后用球道木杆把第二球打到果岭上。

11号球洞（图10.15*k*），**标准4杆洞，366米**。右侧的狗腿形球洞距离很远，并且困难重重，应采用保守的击球策略，避免击球失误或被罚杆。发球瞄准球道左侧的第二棵松树，会留给你一记开放性的果岭球。发球距离达182米，仍然距离果岭还有182米，可以考虑第二球打出114米来衔接，然后劈起球68米到达果岭。这样能够有效地避开球道上的积水障碍，并帮助你

获得一记短距离果岭球的机会。

12号球洞（图10.15*l*），**标准3杆洞，110米**。守卫在果岭前方的沙坑意味着你需要一支力度很大的球杆，才能击球到达果岭。选择一支能够击球越过沙坑到达球洞的球杆，你平时用来打114米的球杆会是一个很好的选择。由于右侧有积水，发球应瞄准果岭左侧或中心区域。

13号球洞（图10.15*m*），**标准4杆洞，375米**。一记205米的发球，到达球道右侧的中心区域，会让你后续有机会用长铁杆或球道木杆击球到达果岭，并帮助你远离左侧积水。如果这个远距离的标准四杆洞，让你在发球后与果岭的距离仍然超过182米，第二球应考虑打出137米，留下一杆劈起球或短铁杆球上果岭。

14号球洞（图10.15*n*），**标准4杆洞，283米**。一记182米的发球到达球道右侧，会留给你一个用普通或短铁杆完成的果岭球。确保你的球杆力度足够使你在击球上果岭时，越过沙坑。

15号球洞（图10.15*o*），**标准4杆洞，215米**。由于这个短距离球洞的球道狭窄，

为了实现精度，用一支球道金属杆（三号或五号木杆）发球。这会让你距离球洞只余一记短铁杆球。

16号球洞（图10.15*p*），**标准3杆洞，112米**。果岭右侧有积水和沙坑，因此发球时瞄准果岭左侧的中心区域。选择力度足够的球杆把球打到球洞。

17号球洞（图10.15*q*），**标准5杆洞，449米**。球洞左侧略微呈狗腿形，意味着你可以通过发球瞄准左侧或中心区域来实现目标。一记182米的发球，会给你留下第二记中号铁杆球，距离达137米到155米。然后一记中号或短铁杆果岭球，距离达129到111米，落在果岭的中心区域。注意，略微瞄准果岭中心区域的左侧，避开右侧的果岭侧沙坑。

18号球洞（图10.15*r*），**标准4杆洞，290米**。这是个短距离球洞，但充满了危险。一记精准的距离146米的发球，瞄准球道左侧的树木，会让你避开球道沙坑、积水、树木。接下来你会完成一记距离143米的果岭球，瞄准果岭右侧来避开左侧的沙坑。

球场管理成功小结

为了准备巡回赛，职业球手们会花上几天时间在球场上完成练习赛。通过这些练习赛，球手们会逐渐熟悉每个球洞的距离和特点，制定策略来掌控球场。他们会判断用什么球杆击球，到达哪一块落球区域。他们会衡量各种选项，根据天气或其他比赛条件改变策略。打个比方，一个球手应该了解自己有哪些备用球杆，可以在遭遇有积水的球洞、风力太强或者下坡球道由于日晒开始变得干燥时使用。球场管理是一个你可以轻易地做到和职业球手水平相

当的领域，因为其所需的技巧是精神上的，而不是肢体上的。因此，了解你的长项，了解球场，计划有效的策略，你必定会在计分卡上有所成就。

把这一章中每项训练的得分记录下来，并相加得到总分。满分285分，如果你的得分至少达到180分，你就准备好继续学习了。如果你的得分在150到179分之间，你就应该准备好在继续学习之前，复习还有进步空间的训练项目。如果你的得分低于150分，重新复习本章的知识，并重复训练来提高分数。

为你的成功打分

了解你的水平训练

1. 距离指导 _____ 满分26分
2. 我的成功球杆 _____ 满分8分

了解球场训练

1. 球洞策略 _____ 满分8分
2. 步测 _____ 满分38分
3. 虚拟三人赛 _____ 满分135分
4. 确定障碍区域 _____ 满分5分
5. 掌控整个球洞 _____ 满分6分
6. 组织一场比赛 _____ 满分59分

总分 _____ **满分285分**

通过完成这一章的练习，你已经学到并练习了高尔夫的许多核心技巧，从推球入洞到掌控比赛。你已经前进了很远，在这项运动中具有了一定的竞争力。但如同其他喜欢高尔夫运动的人，你可能还渴望着继续提升。下一章会帮助你调控自己的精神和情绪，让你在比赛中始终保持自信。

第11章

高尔夫心理学

作为一项比赛，高尔夫的确是具有挑战性的竞技运动。击球越过积水，到达91米的距离，避免出界判罚，完成一记飞快的下坡推球，种种压力都会考验球手的神经，即使你是一个最冷静的人。但是，如果你想在高尔夫球赛中发挥稳定，你哪怕无法放松，也需要控制好自己的情绪。

高尔夫要求你保持精神和情绪的控制力，并维持最佳的心理状态，从发球到比赛结束。提高你的击球水准是成为优秀球手的关键，但如果遇到关键时刻，在压力的作用下你不具备必要的精神和情绪控制力来完成击球，你的技术也就没有用武之地了。世界顶尖球手的击球和入洞都是一流的，但他们同时也擅长在关键时刻保持镇定，发挥自身的技术水平。这个世界上有很多球手，在练习场上挥杆技巧非常高超，还有很多在练习赛和社交性比赛中成绩优秀的球手。但一流球手必须能在面临个人或竞争压力最大的情况下，打出好球。幸运的是，和高尔夫的击球技术一样，必要的精神和情绪控制能力也可以通过学习来掌握。这就是高尔夫球心理学。

畅通无阻，进入状态——一切事情都显得不费力气——是我们偶尔才会经历的状态，通常我们并不知晓如何达到这种状态。进入状态，常常需要我们了解自己在最佳状态下如何思考、看到了什么、听到了什么、感受到了什么。去练习如何达成这种流畅的状态的各种组成因素，才能帮助你达到这个状态。但达成一种流畅自如的感受并不容易，需要和学习其他技巧一样，是一种先理解如何进入状态，随后再学以致用的过程。

向职业选手学习

显而易见，世界一流选手都很擅长调整自己的技术水平和情绪。很多球手都会认同，这是区分世界顶级选手和普通巡回赛选手的关键特征之一。美国职业高尔夫球协会和女子职业高尔夫球协会的每个球手都有出色的击球水平，但是只有那些在面临竞争压力时，能发挥出全部潜能的选手才能获胜。这就是Annika Sörenstam、Tiger Woods、Stacy Lewis、Luke Donald和一些其他球手与众不同的地方。想要描述出这些球手良好发挥时的心理活动是不太容易的，个体差异是一个因素：一个球手的解决方式也许不适用于另一个球手。一位美国研究员Deborah Graham在她的博士论文中，尝试发现职业巡回赛获胜球手和落败者之间的心理差异。她着重关注了美国女子职业高尔夫球巡回赛的选手，但同时也研究了一些职业高尔夫球协会巡回赛的选手。Graham发现冠军普遍拥有以下特质（*The 8 Traits of Champion Golfers：How to Develop the Mental Game of a Pro* 2000）。

- 有限的关注点，帮助他们将注意力集中于每次击球。他们也可以在击球的间歇进行放松，并扩大注意范围，搜集信息。
- 抽象思维达到或高于平均值，使他们在选择球杆、制定策略和战术时，能创造性地思考。
- 情绪稳定，他们对于好球和失误都几乎没有情绪表现。
- 高水平的控制力，让他们比普通球手的态度更为积极。
- 坚强，相比普通球手更少在意他人。他们关心自己和自己的比赛，在必要时能克服艰苦条件。
- 高度自信，失误时也不自我怀疑。
- 更加独立，在制定策略和选择球杆时，这是一项优势。在球场之外，这也是一个优秀的品质，因为这会帮助他们对自己的人生负责，不被他人干涉。
- 根据击球方式来调整自身兴奋程度。比赛中的某些时候，比如推杆时，需要低兴奋度，而其他时候需要高兴奋度。通常来说，兴奋度过低会导致精力不足，而兴奋度过高会让感受和反应显现出来，有碍注意力的集中。

"注意力开启，注意力关闭"是职业球手常用的一种控制比赛的方法。一场高尔夫球耗时漫长，打完18个球洞通常需要5小时，全程保持注意力集中是非常困难的。但是，每次击球时找到合理等级的注意力十分重要，很多职业球手掌握了在击球时开启注意力的能力。类似"走进泡泡中"这样的短语，形象地描述了这样的击球准备。在泡泡里，好的球手不会让任何事情干扰妨碍他们。在击球过后，他们会走出泡泡，并且可能和球童或其他球手聊天，直到下一次再走进泡泡里。开启或关闭注意力的程度也因人而异，举个例子，Lee Trevino曾经说过，如果不能和人群或周围其他人交谈，他就无法打球，他开启注意力的时间非常短。其他球手，比如Nick Faldo倾向于在一场比赛中不说话，仿佛他的注意力开启阶段从第一球一直持续到最后一球。但更可能的是，击球时的注意力集中程度，与击球后走向下一个球时有所不同。优秀的球手有能力在击球时停留在泡泡里，不受其他内在或外在因素的影响。

击球前准备

对于采用特殊的击球前准备的重要性，一直处于争议之中。研究结果并没有显示提高击球前准备能够优化表现水平。但是，很多球手和教练选择使用一致的击球前准备，来帮助为击球做好准备，并阻隔内在和外在的干扰。击球前准备可以从以下两个方面分析。

1. 球手在击球前采取的身体上的准备过程。这包括练习挥杆的次数、瞄准方式、准备姿势、准备时间，等等。

2. 球手在为击球做准备时的心理状态。想要达到这个状态，球手会完成一系列可以重复的身体动作。然而，那些了解自己的精神状态，并倾听内心感受的球手可能并不需要一套特殊的准备动作，或者每次可能需要不同的准备动作，才能达到同样的精神状态。

毋庸置疑的是，击球准备最重要的部分，就是能够在准备击球时做到全身心地投入状态。优秀的球手在一场比赛的大部分时间里，都可以投入到自信、专注、舒适的状态中，并且可以有规律地、有意地、持续稳定地达成这种状态。

传奇球手Arnold Palmer曾经面对一记距离4.5米的推球，后面有可能等待他的就是大奖赛冠军。当轮到他时，他仅仅是走向球，毫不犹豫地扫球入洞。结束后他被问到为什么没有做击球前准备，也没有分析推球方式。他回答道："我已经知道如何完成那一杆了，并不希望被杂念所干扰。"

找到你的状态

所有体育项目的运动员都会尝试找到自己的状态。进入状态意味着进入一种全身心投入的精神状态，感到精力集中而充沛，身心都得到调动，并积极行动取得成功。进入状态以后，一切都变得容易了，你能够发挥出最佳的技术水平。对很多球手来说，这可能包含把球洞想象得比实际大很多，把球道想象得比实际宽很多，并预想到一条击球入洞的路线。那些经历过完美状态的球手也表示，当进入状态后，他们并不会担心失败，而是很清楚自己需要做什么（比如看到目标而不是水障碍）。

由于每个人的精神状态各有差异，这种状态也许不是其他人可以教你如何达到的。但是，你很可能以前经历过这种状态，无论是不是在球场上。有了一些提示，你就可以再次体会，并注意到其中的一些特征，帮助自己一次又一次找回这种状态。第一项精力集中训练：

我的胜利法则，会帮助你确定自己曾经何时进入过状态，也会帮助你通过你看到什么、感受到什么、听到什么，来确定这种经历的感受。也许你的姿势和肢体语言十分重要，比如说，如果你的脸上挂着微笑，你可能就不会满怀懊恼地走来走去。身体语言可以影响身体活动。当你了解进入状态是什么感受，那些随之而来的提示可以帮助你进入状态，你就更容易通过自发行为来找到状态，而不是凭借机遇。第二项精力集中训练：重复你的胜利法则，则会帮助你练习那些提示性的活动，在高尔夫球场上清楚地识别并进入这种状态。

球手们用来获取状态的方法，可能对你的比赛掌控也有所帮助。心理预演这种技巧是指当你闭上眼睛，仿佛看到自己做出击球所需的动作。Jack Nicklaus 就使用了这种技巧，他将其形容为观看自己击球的录像，然后倒带再完成真实的击球。与这种技巧密切相关的一种技巧就是想象。在高尔夫中，它常常等同于想象球到达目标的飞行路线，或推球入洞的轨迹。赛前准备是第三种技巧，球手通常用它来进行放松，并为一场比赛集中精力。这些准备可能包含特定的热身训练，进食或饮用特定的饮食，或者做其他活动来帮助球手最大限度地感受到准备充分。职业球手们有一个常用技巧，是为特定球场制订比赛计划。关于球杆选择、击球落地区域、果岭落球区域的决策，都可以是比赛计划的组成部分，来帮助你放松并做好准备。重要的是选择并制定能够让你放松、自信，在必要时为击球集中精力的策略或流程。通过这种方式，你就会找到自己的状态。

失误

在击球时，你过分担心水障碍、出界区、沙坑，而不是集中精神完成击球。

改正

这个问题通常是由于不清楚要为击球做什么而导致的结果。清晰的决策代表着看到、听到、感受到这一球，这会帮助你不被干扰。尝试想象那些可能干扰你的各种压力。思考区和实践区训练也会对你有所帮助。

思考区和实践区

在球场上发挥你的最佳水平，需要进行大量的分析和决策。球场策略、击球计划、球杆选择等其他因素，都必须为降低杆数而考虑在内。同时，挥杆则是一项合成的机械任务。有时会有一些矛盾的想法，比如对自己判断的怀疑，对挥杆动作的迟疑，或者对击球结果的担心，都会增加击球失误的风险。

处理这种矛盾的一种方式，就是把思考和实践用一条决定线加以区分。Pia Nilsson 和 Lynn Marriott（*Every Shot Must Have a Purpose* 2005）曾经把这种方法命名为思考区/实践区。意思就是，在球后的思考区内进行各种思考，然后进入实践区，准备好不假思索地击球。你的思考内容包含决定击球方式、击球轨道、球杆选择、如何挥杆达到预想效果。当你做好决定，迈过决定线，走向球，在实践区内完成击球。击球就是简单地完成这一球。如果你察觉到矛盾的想法或担忧，退回决定线后，重新权衡。

在击球前，用尽可能多的感官来加以想象，想象球飞向球洞的飞行路线，倾听球杆击球的声音，感受挥杆。并不是每个球手都能进行视觉想象的，对于有些人来说，其他感官可能更敏锐。你可能觉得击球声更易于捕捉，或回忆挥杆感受更为简单。在推球果岭上，Phil Mickelson 会在击球前进行三次推球练习。第一次练习他会刻意用力过猛，第二次力道不足，而第三次恰到好处，如此他才能准备好真正地完成推球。Brad Faxon 有一种不同的推球办法，他会站在球后，望向球洞，用视觉想象推球的精确路线和速度，然后他会走向球并让球和他想象一般地滚动。适用于推球的办法也适用于所有击球方式，包括全挥杆。如果 Mickelson 或 Faxon 的技巧也适用于你，那就太好了；如果对你并不适用，找到另一种办法，在脑海中想象训练你的击球技巧。

养成习惯，为每一场比赛制订一套基本的比赛计划，并把这些决定放在你的思考区内。你的决定应该包含以下方面。

1. 对于所处的情况，决定你想要做什么——用什么方式击球（球的飞行路线和轨道），用什么球杆和如何实践（击球准备和挥杆）。

2. 确保你很清楚球应该落在哪里（目标）。

3. 用尽可能多的感官来想象击球的结果（视觉预想击球路线，倾听击球的声音，感受挥杆）。

4. 走向球，步入实践区。不再多加思考，完成击球。

5. 如果有任何干扰——噪声、活动、负面想法——退后，整理思绪再重来。

失误

你无法达到击球所需要的精力集中程度。

改正

多虑、想法矛盾、优柔寡断，对任何球手来说都会成为问题。任何干扰性思想，无论是否与比赛有关，都会分散你击球时的注意力。练习预演训练，来增强你对这项任务的意识程度。对比你的实践和预演，做出调整，让训练和实践的契合度更高。

行动计划

大部分优秀的球手在走向第一个发球区前，都会对球场有一套行动计划，这样的计划会帮助你在击球前完成很多重要决定。一套行动计划会减少球场上需要的思考和决策，而你会比在击球时更冷静、客观的情况下做出这些决定。

失误

在顺境中你提前设想到了一个可能的得分，或在逆境中为之前的错误自怨自艾。

改正

对很多球手来说，没有关注当下是一个问题。此时你需要做的才是最需要你关注的。尝试思考区和实践区训练。当你的思维走向了对你无益的事情，立刻停下，并返回正确的位置。

精力集中训练1　我的胜利法则

这项训练的目的是锻炼你隔绝干扰，并专注于比赛的能力，进而提升你的表现水平。在一个安静舒适、不会被打扰的位置坐下或躺下，放松并回想你曾经历过"在状态中"的时刻——一场高尔夫球赛或其他运动，或者当事情发生得如你所愿的任何时刻。尽可能生动地记起这件事情，尝试在脑海中回顾所有细节，问问自己："我看起来什么样？我的肢体动作如何？我如何走路的？快还是慢？我看到了什么？我听到了什么？我如何与自己交谈的？我的声音是什么样的？我感受到了什么？我想了什么？"

当专注于这件事或不再关注时，记录下你在那个状态中想到或感受到的细节，可能就是这些因素帮助你达到状态的。球手们的共通因素包含以下条件。

- 我专注于眼前的击球。
- 我挺胸抬头地走路。
- 我看到的只有球应该到达的目标位置。
- 我相信我的挥杆和直觉。
- 我顺应自己的习惯并且感到放松。

在接下来一两个星期内，完成这项练习十次，根据以下条件为自己打分：

- 无法看到、听到或感受到任何事情，曾经的经验都消失不见 = 0分
- 可以想象一次接近进入状态的体验，但与高尔夫无关 = 1分
- 可以看到或听到曾经在高尔夫球场上的优秀表现 = 2分

- 完善你的胜利法则 = 3分
- 相信你可以在比赛中让你的胜利法则重现 = 4分

降低难度

- 在打球时，让别人为你录像。回放录像，并尝试再次体会你在击球时的想法和感受。
- 当你在一轮比赛中进入状态并打出好球时，做好笔记。

提高难度

- 在练习时思考如何进入状态，尝试把它融入击球过程中。
- 和一个好友讨论进入状态的体验并比较笔记。

成功自测

- 放松、回顾，让你的感受自然发生。
- 回顾体验后做笔记。

为你的成功打分

你的得分____（满分40分）

精力集中训练2　重现你的胜利法则

当确定了胜利法则中的种种因素后，练习如何达到每个因素所需的水平。比如，"专注于眼前的击球"对你来说意味着什么？你能否更加专注？你的专注程度对你的表现有什么影响？

打一场球时，完成每个球洞后，根据每个因素，从1到5分为自己打分。注意你每个因素的得分。3个球洞过后，观察出现最频繁的分数，这就是你在3个球洞的总得分。每3个球洞过后，确定你的最常见得分。18个球洞过后，把每3个球洞的6个不同得分相加，计算你的总得分。

降低难度

- 从推球果岭开始，准备向18个球洞推球。为你的杆数和完成胜利法则的程度打分。
- 在练习场上尝试你的胜利法则，不受球场干扰。

提高难度

- 把一场球分为3个球洞的竞赛，完成3个球洞后为自己打分。尝试每3个球洞都有所提高。
- 让一个搭档在击球时分散你的注意力（见泡泡训练）。

成功自测

- 注意你成功的关键因素。
- 调整你的心态和肢体语言，达到最有利的状态。

为你的成功打分

你的得分____（满分90分）

精力集中训练3　思考区和实践区

这项训练会帮助你把击球的决策部分和实践部分区分开来。在练习球座上，把一个球放在地上，选择一个击球目标。把一支球杆作为决定线放在球后1.5米的位置（图11.1）。球旁边的区域是实践区，而决定线的另一边是思考区。站在思考区内，决定如何击球。选择一支球杆，感受或想象你的挥杆和随之而来的击球。跨过决定线进入实践区，不加任何思想地完成击球，相信自己的决策。如果你被任何事物分散了注意力，后退回思考区，重新开始。打十个球，基于以下标准为自己打分。

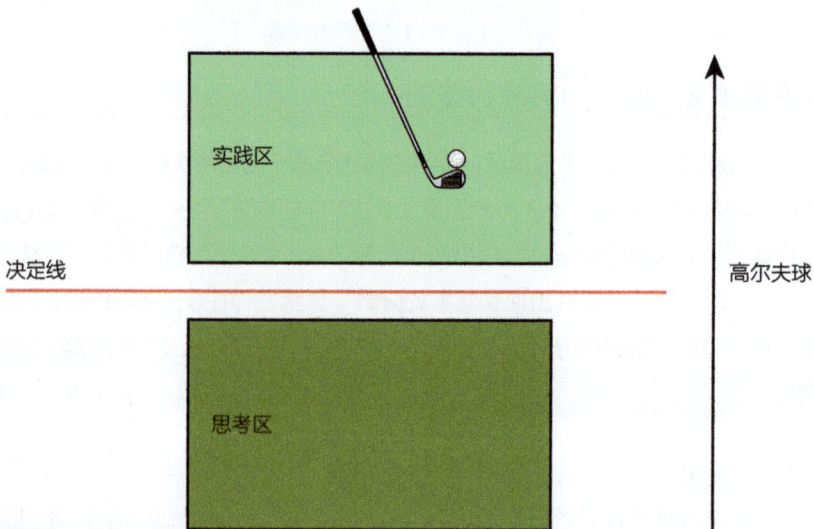

图11.1　把一支球杆作为可见的决定线放在球后

- 在击球时被很多想法所干扰 = 0分
- 在思考区内完成决策，但在实践区内遗忘决策 = 1分
- 制定决策，尝试完成决策，但被干扰 = 2分
- 在实践区内受到干扰，退回思考区内重新开始 = 3分
- 制定一个清晰的决策，在实践区内自信地完成它 = 4分

降低难度

- 用你最顺手的球杆击球，直到感到舒适自如。
- 在练习果岭上推球时先尝试练习。

提高难度

- 打出不同种类的球（小左曲球、小右曲球、高球、低球）并改变目标。
- 到球场上练习，测试自己的水平。

成功自测

- 确保决定线可见，这样你可以清楚地看到思考区和实践区。
- 任何时候如果你在实践区内无法保持头脑清晰，退回思考区并重新开始训练。

为你的成功打分

你的得分____（满分40分）

精力集中训练4　有搭档的思考区和实践区

在这项训练中，重复之前的思考区和实践区训练，但是和一个搭档轮流选择目标。在你搭档击球时，尝试制造噪声或走动，来略微分散他的注意力。如果你被搭档干扰，退后并重新开始。每个人打出至少5个球，根据以下标准为自己打分：

- 在尝试击球时有许多干扰性想法 = 0分
- 在思考区做好决策，但在实践区内遗忘决策 = 1分
- 做好决策，尝试完成决策，但被干扰 = 2分
- 在实践区内受到干扰，退回思考区内重新开始 = 3分
- 制定一个清晰的决策，在实践区内自信地完成它 = 4分

降低难度

- 用你最顺手的球杆击球，直到感到舒适自如。
- 在练习果岭上推球时先尝试练习。

提高难度

- 打出不同种类的球（小左曲球、小右曲球、高球、低球），并改变目标。
- 到球场上练习，测试自己的水平。

成功自测

- 确保你对决定线认识清楚，这样你可以清
  楚地区分思考区和实践区。
- 任何时候如果你在实践区内无法保持头脑
  清晰，退回思考区并重新开始训练。

你的得分____（满分20分）

精力集中训练5　大师赛

在练习场上时，想象一个你熟悉的球场，无论是从电视上看到的，比如奥古斯塔国家球场、美国大师赛举办地，还是你实际打过比赛的球场。想象你自己在第一发球区，面对第一个球洞。确定球道的左右边缘、障碍、沙坑等，让你的想象尽可能切合实际。如果你有巡回赛经验或可以想到实际情况，尝试想象你可能会面对的压力感。打出你的第一球，判断球在你的虚拟球场上会落到何处。用合适的球杆从该位置打出下一球，继续，直到到达果岭或短球区。至少完成9个球洞。每次发球后击中球道得1分，打中果岭得2分。

降低难度

- 选择一个更简单的球场，球道更宽，果岭更大。
- 想象旗杆在果岭中心。

提高难度

- 选择一个更困难的球场，球道更窄，果岭更小。
- 想象旗杆在困难区域，比如沙坑后或靠近边缘。

成功自测

- 每次击球准备时完成你的日常流程。
- 借助决定线、思考区、实践区。

你的得分____（9个球洞，满分27分）

精力集中训练6　预演

在练习场上的短球区，或在球场上面对特定的击球场景时，谨慎地完成击球准备。决定好击球方式和如何实施后，在球旁边用你希望的方式预演击球。

尝试把预演的感受存储在记忆中，然后完成实际击球并和预演做比较。当预演和实际击球相对应，并且击球成功，你就完成了任务。如果实际结果并不理想，研究预演和实际击球之间的差别。如果没有任何差别，练习并提高你的击球水准，来让实际击球的动作和速度更像你的预演击球。如果有一些差别，你需要练习来发挥出你已有的水平，才能完成你预期的击球方式。打10个球，根据以下标准为自己打分：

- 击球后并不知道是否与预演一致 = 0分
- 击球后发现和预演完全不同 = 1分
- 实际击球和预演相似，但并不是一记好球 = 2分
- 实际击球和预演不同，但它是一记好球 = 3分
- 实际击球和预演相似，并且击球极其成功 = 4分

降低难度

- 用同一支球杆打5个球，然后更换球杆再打5个球。
- 从短推杆开始，随着你的实际击球与预演逐渐对应，提高难度。

提高难度

- 让每2次击球之间的差异都尽可能大。比如，用发球杆后再用挖起杆。
- 在球场上进行这项训练。

成功自测

- 为如何击球做出清晰的决定。
- 调动你的所有感官，尽量生动地预演击球。
- 完成击球，与预演做对比。

为你的成功打分

你的得分____（满分40分）

精力集中训练 7　泡泡

高尔夫成功与否通常和隔绝干扰的能力有关。干扰可以是内在的，比如自己的想法或感受，阻碍你发挥出最好水平。干扰也可以是外在的，比如噪声、走动或其他吸引你注意力的事物。好在你可以通过准备来应对干扰，练习如何停留在你的专注力泡泡中。

和一个朋友合作，每人打10个球，每次击球都选择不同的目标、球杆、击球方式。当你准备好击球时，你的同伴要尝试用不同方式分散你的注意力，比如发出声音、走动、说话或者什么都不做（你会等待他做些什么，因此什么都不做也是一种干扰）。根据以下标准为自己打分：

- 完全无法击球 = 0分
- 完成击球，但受到干扰并错失目标 = 1分
- 完成击球，没有受到干扰，但错失目标 = 2分
- 完成击球，受到干扰，但打中目标 = 3分
- 完成击球，没有受到干扰，打中目标 = 4分

降低难度

- 用同一支球杆打5个球，然后更换球杆再打5个球。
- 用几个规定的选项限制干扰方式。

提高难度

- 让每2次击球之间的差异都尽可能最大。比如，用发球杆后再用挖起杆。
- 在球场上进行这项训练。

成功自测

- 为如何击球做出清晰的决定。
- 用到思考区和实践区。
- 如果你受到干扰，走开并重新开始。

为你的成功打分

你的得分____（满分40分）

精神和情绪控制成功小结

无论你是多么优秀的球手，你都不可能每次打出完美的球。想要提高水平，你会需要在顺境和逆境中都能掌控比赛的心理层面。如果你能找到在击球时进入状态的方式，你的水准会得到很大的提升。进入状态，并保持状态是发挥你全部潜能的关键。很多训练都会帮助你完善提升那些你已经了解的击球方式，这些训练都着重于从你的基本模式中走出来；过多的思考通常会起到负面作用。

把你在这一章中的每项训练得分记录下来，并相加得到总分。如果你的得分在200分或以上，你已经精通了运动心理，可以继续下一章的学习。如果你的得分在150到190分之间，复习和练习你认为最困难的两项训练后，你就可以继续下一章的学习了。如果你的得分低于150分，那么你还没有熟练掌握应有的技巧，在继续学习之前增加练习。

为你的成功打分

精力集中训练

1. 我的胜利法则　　　　　　　　　　　　＿＿满分40分
2. 重现你的胜利法则　　　　　　　　　　＿＿满分90分
3. 思考区和实践区　　　　　　　　　　　＿＿满分40分
4. 有搭档的思考区和实践区　　　　　　　＿＿满分20分
5. 大师赛　　　　　　　　　　　　　　　＿＿满分27分
6. 预演　　　　　　　　　　　　　　　　＿＿满分40分
7. 泡泡　　　　　　　　　　　　　　　　＿＿满分40分

总分　　　　　　　　　　　　　　　　＿＿**满分297分**

你已经接近成功之路的终点了。最后一步是帮助你达到标准杆。在最后一章中，你会探索如何设立目标，进行有意义的练习，并在球场上得到提升。

第12章

继续提升

有了关于规则、技巧、有效的练习法则，以及对你的水准、球场的掌控，你已经准备好加速实现你的成功进程。你能成为多么优秀的球手，很大程度上取决于你的积极性、练习、经验、增加的知识等因素的共同作用。作为一种终身运动，高尔夫会不断地为你带来挑战，而变得更好永远都不会多余。这是一项你可以随心所欲付出精力的运动，和任何你喜欢的人一起，投入你希望投入的时间。

提升你水准的第一步是了解你在打球时的底线。换句话说，一场球结束后，是什么能让你露出满意的微笑？最后一章中讨论的重要话题能帮助你继续享受通往高尔夫的成功和快乐。这一章尤其会帮助你享受第一场（或下一场）高尔夫，找到一个主场和一个好的教练员，获得差点（见第218页说明），学习如何打巡回赛，以及把高尔夫作为你假期和闲暇计划的一部分。

你的第一场（或下一场）高尔夫球

为了你和其他球手都能够享受比赛，你要掌握足够的技术和知识，才能在球场上成功通行，不会耗费太多的时间或出现太多的失误。一场普通的18洞比赛通常需要4到5个小时来完成。第一次打球时，最好请一位有经验的球手与你相伴，让他向你展示高尔夫运动的精细性和礼仪规则。这会让你的学习曲线更加平稳，并让你在享受的同时提高水平。如果第一次没有人能与你随行，找当地的职业球手并征求建议。职业高尔夫球手是经过训练的专业人士，了解比赛的每个方面，包括如何成功打球，以及享受你的第一场高尔夫球体验。

找到一个高尔夫主场

大多数定期打球的球手都有一个对他们来说称得上是"高尔夫主场"的主要场地，可以在那里比赛和练习。一个典型的主场会包括一个9或18球洞的球场、一些多功能球场、一个练习场和可供练习的推球果岭。这些是基本条件，但你会在本章中发现，你的高尔夫主场中还可以有很多其他的设施。选择你的主场很大程度取决于哪个高尔夫机构对你来说触手可及，什么设施对你来说最重要，你愿意为你的高尔夫经历投入多少努力。有些人借助家人和朋友打球的地方来选择自己的主场，大部分参加高尔夫的人都是友善的，并且热爱这项运动，欢迎任何人加入比赛。

你的高尔夫主场可能是一个公共设施，或一个只接纳会员的机构。和描述的一样，公共设施对于公众开放，而只接纳会员的机构仅向会员和客人开放。下面会详述这些设施。

公共设施

顾名思义，公共设施向所有人开放，无论年龄、性别、水准。在美国公共设施分为两种：市政或州立球场，以及私人所有的高尔夫设施。市政高尔夫机构由当地或州政府所有并运作，因此，它通常是价格最合理的机构，对居民有优惠政策。一个市政高尔夫机构通常包括一个俱乐部会所、更衣室、用餐区、卫生间，有专业商店出售高尔夫产品。大多数有练习设施，包括练习场、短球练习区、练习推球果岭。球场可以从9个标准3杆洞，到拥有几个18洞球场。

举个例子，在美国的17个不同的高尔夫机构的19个球场中，洛杉矶公园与娱乐部门拥有全美最大的市政高尔夫球场。这个系统为市民提供了可以负担的果岭费用、老年人和学生优惠政策、广泛的青少年高尔夫项目。这些球场中有13个球场是标准长度的18洞球场，3个是标准长度的简易9洞球场，一个是具有挑战性的超长18洞球场（没有标准5杆洞，大部分是距离较短的标准4杆洞和标准3杆洞），一个是18个标准3杆洞球场，还有一个是9

个标准3杆洞球场。

　　一些世界顶级高尔夫机构是私人所有、但是对外开放的球场。虽然由于人流过大，很难得到发球机会，任何人都可以在苏格兰的圣安德鲁斯老球场、卵石滩高尔夫球场或基洼岛的海洋球场打球。和市政高尔夫机构一样，私人所有的高尔夫球场通常会有一个俱乐部会所、更衣室、用餐区以及专业商店出售高尔夫产品。几乎所有私人球场都会有一个练习场、短球练习区、练习推球果岭。再次说明，球场可以从9个标准3杆洞到拥有几个18洞球场。根据位置和设施，私人所有的公共球场费用通常会比市政所有的公共球场高一些，但仍然低于单纯的私人球场。

只接纳会员的机构

　　只接纳会员的高尔夫机构（俱乐部）由俱乐部成员、私人或集团所有并运营。 由于这些机构的排外性，它们通常比公共球场费用更高。很多会员俱乐部需要入会费和月费，而无论你去的频率如何。会员俱乐部在提供的设施方面有很大的不同，Pine Valley被很多出版物评价为美国第一球场，是一个只能打高尔夫的机构。但是，总体来说，大多数会员俱乐部包括一些额外设施，比如泳池、健身房、网球设施、餐厅、棋牌室、休息室、更衣间等，有些甚至为远道而来的会员和客人安排住宿。这些是在传统高尔夫设施，比如俱乐部会所、练习设施，以及至少一个18洞球场的基础上额外增加的设施。

　　在20世纪早期的美国，很多人寻求摆脱城市生活的束缚，尤其是在周末，因此诞生了城郊俱乐部。城郊俱乐部位于城市以外，它们被设计在会员和家人能触手可及地享受户外运动的地方，比如高尔夫、网球、游泳。城郊俱乐部现在在美国依旧很受欢迎。

　　1950年到1960年，房地产商延伸了这个想法，在球场和俱乐部周边盖房，这就诞生了高尔夫社区。虽然很多社区球场都只对会员开放，但是越来越多的球场允许公众进入。这些球场的各种特点综合起来促使了半私有化高尔夫机构（也就是既拥有私人会员，但也允许公众进入的机构）的出现。

高尔夫冒险和旅行

　　拥有一个私人球场，会保证你有一个熟悉的地方比赛和练习，但这不代表你会被一个球场所限制。因为高尔夫在世界各地都非常流行，你几乎可以在任何地方找到球场，发现一个新球场会增加你的知识和享受程度以及让你精力充沛。高尔夫冒险可以是和朋友在当地发现一个新的球场，也可以是和家人朋友环游世界，了解异域风情。

　　在美国，很多旅行目的地都提供各种高尔夫项目。如果你喜欢高尔夫的历史和传统，也许旅行去往北卡罗来纳州的Pinehurst，那里有著名的二号球场会吸引你。如果你想把高尔夫和其他运动，比如沙滩运动结合起来，那么也许去希尔顿黑德岛的海松球场，或圣迭戈的多利松球场是合适之选。如果你喜欢游乐园，迪士尼世界的球场世界闻名，而且在奥兰多的周围，你一定能找到符合你的兴趣和预算的高尔夫球场。

如果跨国旅行代表着你追求的一种冒险，那么苏格兰的圣安德鲁斯（又叫作高尔夫之乡）可能会给你提供终生难忘的经历。在亚洲、欧洲、中美或南美，你也能找到有名的高尔夫度假村。在挪威特罗姆瑟高尔夫球场预约一场球，你就不仅会到达世界最北端的高尔夫球场，如果预约在六月或七月，你还会在全天的日光下打球。如果你倾向于更温暖的气候，花200美元就可以加入非洲乌干达的赤道高尔夫俱乐部，在那里打一场球，你就会成为世界上为数不多的，可以宣称把一个高尔夫球从一个半球打到另一个半球的人之一。重点在于，很少有运动拥有高尔夫的便利机动性，你几乎可以在任何时间、任何地点打球。祝你冒险愉快！

寻找一个好的教练

当你在高尔夫球中的经验和满足感越来越多，你会想要继续提升。找到一个好的教练员，会加速你精通并享受高尔夫运动的进程。在Harvey Penick的小红书（1992）中，Penick写道，"课程并不是为了代替练习，而是让练习变得值得完成"。找到一个优秀的教练，会让你的练习更加值得完成。

一个好的教练会帮助你确立目标，并建议你完成达到标准杆所需的训练项目。高尔夫教练很擅长找到突破点，能让你的进步最大化。

在寻找教练的过程中，记得要考虑其经验。至少有过三年指导经验的全职教练是最佳选择。如果他们的指导经验超过十年，你会了解他们的水平足够以此为生。对于比赛经验，找一个曾经或仍旧是竞赛型球手的教练。

证书是第二个关键因素，找一个职业球手或教练。你的时间、金钱、水准不能浪费在一个业余人士的身上。寻找一个职业高尔夫球协会，或女子职业高尔夫球协会认证的教练。这些教练都成功完成了严格的教学课程。

找一个和你的学习方式相契合的教练。如果你喜欢技巧，以及关于挥杆的细节信息，应该找一名懂得使用录像装备，并强调身体姿势、角度、挥杆速度的老师。如果和老师的相处对你的学习有重大影响，应该找一名专注于你的个人目标，强调动力和付出，多次通过询问来了解你和你的水准的老师。如果你追求的是更宏观的学习方式，例如围绕球赛的丰富传统、规则、礼仪、技巧，则应该寻找那些相信高尔夫不仅是追随球跑完18个洞的高尔夫教练。单一的教育理念不可能适用于每个人，因此要决定哪种方式最适合你的个性。请求那些可能的教练解释他们的教学理念，他们的介绍能够指导你做出决定。

简约是一种艺术。人类的大脑只能同时处理一定量的信息，一个高水平的教练知道能让你发生最大改变的最重要的信息。水平一般的教练会用堆积如山的信息来尝试改正你的任何错误，因为他们并不知道问题的根源在哪里。当和可能的教练交谈时，找一个懂得倾听、一次只设立一两个目标、逐步帮助你提升的教练。

你自己是最后一个关键因素。如果你要找一个优秀的老师，你必须通过付出努力成为一个优秀的学生。遵从教练的要求进行练习，没有人在运动中能仅仅通过听或读来提高。你需要实践并不断正确地实践，这就是为什么Henrik Stenson是世界顶尖球手之———他坚持有规律的练习。当你找到一个好老师后，通过执行他的建议来表达对他的尊重。

获得差点

美国高尔夫球协会，作为北美的高尔夫管理机构，鼓励球员把所有高尔夫成绩放到网上，目的是建立并维持差点体系。差点——曾经被称为差点指数——会帮助你在公平的基础上和不同水平的球手比赛，为你和你的对手增加乐趣。差点指数会综合你的平均最好分数和球场难度，简而言之，你的差点就是你在主场或类似球场上的平均最好得分。

在巡回赛中，你的差点划分了你和其他不同等级球手比赛时的位置。举个例子，如果你的差点指数曾经是20，而你在巡回赛中得到了100，你的净分就是80。如果你的对手差点为5，而他在一场球中打出了85，他的净分则也是80，你们就会打平。差点允许球手们在自己水平的基础上进行竞争，而不是依据他们的实际得分（也被称为总分）。

美国高尔夫球协会记录差点分数的系统是高尔夫差点信息网络（GHIN）。在美国，超过12 000个高尔夫俱乐部和GHIN有关。想要获得一个差点指数，你必须先加入一个经过认证的高尔夫俱乐部。在美国高尔夫球协会的管理条例中，每个高尔夫俱乐部都至少拥有十名美国高尔夫球协会差点系统认证的球手，或者当地、州、地区通过GHIN报告服务认证的团体。如果你住在美国，那么你所在地区的大部分——即使不是全部——球场都会属于美国高尔夫球协会的官方俱乐部，并支持差点系统。当你决定了把哪一个机构作为自己的主场，你可以在该俱乐部咨询有关差点的问题。接着通过注册，支付小额服务费用，你就能成为其中一员。如果你加入了一个多人俱乐部，你会被给予一个身份和密码来上网登记分数。大部分球场会提供专门用来发布分数的电脑，十分便捷。

当你发布了至少20个得分后，根据你的10次最高得分，你的差点指数就会被美国高尔夫球协会自动计算出来，并加入对每个球场的球场等级和斜坡程度（球场难度）的考量。球场评估员由美国高尔夫球协会训练，为每个新球场做出评级。球场评估员会考虑一些因素，比如球洞长度、果岭尺寸、障碍区、球道宽度。全面分析之后，评估员会给球场两个分数：等级和坡度。分数越高，球场难度越大。你可以在球场的计分卡上找到这些信息。

发布你的所有得分非常重要，即使不是在你的主场的得分。你所在机构的职业球手会解答你对发布分数或差点系统的任何问题。实际上它比看起来简单，所以不要感到担心。如果你决定在美国之外的其他国家打球，很多球场也会需要你提供差点卡，来证明你有足够的水准和知识打一场高尔夫。如果需要更多关于如何获得差点的信息，可访问美国高尔夫球协会网站。

高尔夫球联赛

大多数打高尔夫的人都是为了享受运动本身的乐趣。高尔夫为你把你的技巧运用于美好的户外环境之中提供了极好的机会。如今的高尔夫球场通常包含了修整良好的公园和植物园，你也可以经常在球场或俱乐部周围找到各种社交活动。

高尔夫同时也是一项竞技运动，很多球手都希望通过在比赛中与他人竞技，来使自己的高尔夫生涯超越娱乐范畴。联赛中的压力会考验你的水准、知识、勇气。一场联赛所带来的压力是很多球手所欣赏的，虽然并不是所有人都能参加联赛。你也可以不凭借比赛来获得一生难得的高尔夫享受。

但是，如果你相信竞技高尔夫是对你作为球手成功与否的必需考量，你应该尝试参加联赛。对业余球手而言，最具竞争力的高尔夫联赛由美国高尔夫球协会举办，虽然州立高尔夫球协会也会举办具有高度竞争力的联赛。私人组织和慈善组织也会为那些追求挑战，但没有时间严格练习，以及经常长途旅行的球手举办锦标赛。你通常可以在当地高尔夫球场找到当地的联赛信息。

最常见的两种比赛形式是比杆赛和比洞赛。在比杆赛中，一场比赛杆数最少的球手获胜。比杆赛是职业和大学巡回赛最常用的比赛形式。在比洞赛中，球手通过竞争赢下球洞。每个球洞杆数最低的球手赢得该球洞，赢得球洞最多的球手获胜。这种形式最常见于莱德杯、沃克杯等类似的团队赛事，但也可以被用于个人比赛，比如世界比洞赛。

其他两种常见形式是四球比洞赛和交替击球赛。四球比洞赛由两人成对进行，四人一组，每个球手打自己的球，每个球洞有两人的最低得分被记录下来。交替击球赛也由两人成对进行，顾名思义，两个人轮流打一个球。1号球手发球，2号球手打第二球，1号球手打第三球，以此类推。通过轮流，同一个球手不会总是得到发球。这两种方式在团队竞赛中也颇受欢迎。

业余赛事常用的形式是争夺赛，通常在两人间进行，但也可以在三人或四人间进行。每个球手在每个球洞处发球，由团队决定哪一杆发球最好，每个球手从该点打出第二球（一杆范围内抛球）。团队决定第二球哪一杆最好，再从该点打出第三球，直到球入洞。分数以比杆赛形式记录下来，所以只有真正用来推球入洞的击球会被计入成绩，而不管是谁打出这一球。这种方式受到欢迎，是因为它让普通球手有机会像职业球手一样，获得记录得分的机会。

达到成功标准

根据你打高尔夫的理由，以及你个人对高尔夫运动中"成功"的定义，你可以用各种标准来衡量自己在高尔夫运动中的成功标准。探索你的主场的界限，通过难忘的高尔夫经历来扩大你的知识面和经验，感受慈善比赛中积极竞争的激动之情，见证你的水平不断提升，都是高尔夫运动中成功的标准。因此，用什么准则来衡量自己的成功，是你个人的选择。这一章会讨论如何通过练习和比赛来衡量成功的标准。

练习

迄今为止，你已经明白，想要成功，不存在比练习更好的方式。在Freeman的著作《高尔夫球手的智慧》中，Gary Player提出，"你越努力，就越幸运"。为了在高尔夫运动中取得成功，你必须先在练习中取得成功。基于很多原因，球手有些时候无法有规律地到球场上练习，时间、金钱、地理位置、体力限制只是一部分原因。当然，有些球手认为到达练习场比较容易实现，幸运的是，对于这些球手——甚至是所有球手——练习意味着乐趣和回报，也能为你的成功提供一个评价标准。

你可以采用两种方式把练习作为参考标准。首先，在练习场上，你可以通过技术的精通程度来衡量自己的成就。在练习推球时，记住一些训练或挑战（从第1章中寻找建议），看看自己的得分是否比前一次练习有所提高。你提高的分数越多，每项技巧提高的程度就越大，你的整体水平就会得到更明显的升华。

其次，对于休闲或业余球手，高尔夫一定是有趣的活动。否则，为什么要打高尔夫呢？在练习区，你可以通过打出一记好的铁杆球，把球打出沙坑，从特定位置连续十几次推球入洞来汲取乐趣。在我们的职业训练营里，我们会花费很多时间讨论训练目标、有效训练、技巧性的信息。在这些训练营的某一个傍晚，莱德杯球手Niclas Fasth走到练习球座的一端，开始向27米外的果岭劈起球。这并不是练习计划的一部分，但当我看着他将球击出一个精准华丽的弧形，落在旗杆附近时，他转过身问道："我可以只为了有趣而击球吗？"Niclas担心不当的练习会让他偏离对自身水平的高标准要求。但他的行为提醒了我们，高尔夫应该是一种有趣的活动。我告诉他："完全没有问题，Niclas。"享受练习就是享受高尔夫运动本身。如果你享受练习，那么这也是成功的标准之一。

比赛

　　虽然练习、学习、提高的过程都是值得享受的，大部分球手依旧会衡量自己在场上是否取得了成功。对有些球手来说，这仅仅是到球场上打一场球。很多对这项运动充满激情的人，发现自己并没有时间、金钱、支持、了解或勇气来走上一片高尔夫球场。我们认识的每个业余球手的目标都是打更多次球。这不仅是一个合理的目标，也是一个重要的目标。不管你参与这项非凡运动的初衷是什么，你的目标常常会是在球场上得到完全的肯定与认可。

　　到了这一步，你打过的高尔夫的场数，不管是9洞还是18洞的场次，都应该作为衡量你是否成功的标准。明确了解限制你发挥水平的障碍，并努力克服困难。比如说，找一个你家附近可以快速到达的球场，这会节省你的时间。也许你还可以找到一个果岭费低廉，或指定日期有优惠的市政或公共球场，这会节省你的金钱。也许在与朋友或教练交谈的过程中，你可以提及想和水平相当、有共同目标的球手合作的想法，这会帮助你建立一个支持性的团队。不管采取什么方式，都应该想方设法到球场上去，真切地投入比赛才是享受比赛最好的方式。

成功小结

　　当这篇小结带你来到本书的尾声，你对成为一名优秀球手的探寻并没有结束。我们鼓励你定期回顾书里的章节，提醒自己成功的关键之处，练习每一章中的训练，并记录下得分，这些活动会帮助你衡量自己的进步，了解到自己的高尔夫知识越来越渊博，技巧越来越娴熟精湛。推球技巧、计划一场练习赛的策略、劈起球到达球洞的训练都能在书中找到。只有通过不断地了解和练习，你才能不断地进步。

　　在高尔夫中，衡量成功并记录进步有很多方式。为了找到最有意义的评价方式，并给自己带来最大的快乐，可以从了解自己最热爱高尔夫的哪一方面开始。如果你的动力是社交或娱乐，那就简单地享受你在球场上的友情和优美的风景。如果你更倾向于参加竞赛，安排一个有目标的练习计划，并系统地记录下自己进步的过程。

　　不管是作为球手还是教练，高尔夫在我们的生活中扮演了重要的角色。我们见识了许多美丽的地方，遇到了很优秀的人，也体会过不少失望，庆祝过很多难忘的成功经历。尽管像Jack Nicklaus、Annika Sörenstam和Tiger Woods这样的球手仿佛已经无限接近完美了，但是还没有人能把这项运动做到尽善尽美。如同生活本身，高尔夫对每个人来说都依旧是一种挑战。我们可以不断进步变得更加优秀，但我们也要记得庆祝高尔夫所带来的奖励与回报。高尔夫是你可以享受一生的运动。这本书会帮助你在成为有所成就的球手的道路上不断前进。现在你该放下书，去打球吧。享受高尔夫带来的乐趣。

作者简介

保罗·G. 申普是美国佐治亚大学运动指导研究实验室的主任，同时也是一位教授。在过去的25年里，他把精力与时间用于研究运动和指导的专业发展。申普曾经为瑞典高尔夫联盟和墨西哥国家高尔夫球队设计了运动表现训练计划。他曾经指导过美国职业高尔夫球协会和欧洲职业高尔夫球协会的冠军球手，包括Jesper Parnevik、Richard S. Johnson、Niclas Fasth和Fredrik Jacobson。作为《高尔夫文摘》的科学顾问，他在评选美国最伟大的50位教练的活动中发挥了重要作用。作为美国职业高尔夫球协会的长期顾问，申普为重新设计职业高尔夫球协会的教练职业资格认证项目提供了帮助。他也曾经在女子职业高尔夫球协会的美国国家教育咨询委员会任职。

申普的突破性研究，让他成为想要提高球手水平的职业协会和企业联盟争相寻求的重要讲师。他的委托人包括美国训练和发展协会、德国巴斯夫公司、鹿头商业协会、美国俱乐部联盟、康德纳斯出版社、通用电气、新加坡国立学院、美国职业高尔夫球协会、社会人力资源管理、瑞士足球联盟、伟事达国际、美国田径队。

申普拥有波士顿大学人体运动科学的教育学博士学位，如今住在佐治亚的阿森斯。

彼得·马特松担任瑞典体育联合会的精英球员主管。他曾在英国高尔夫联盟担任了六年主管教练，同时致力于开发如今的英国国家培训计划。在来到英国以前，1998年到2005年，马特松是瑞典国家高尔夫球队的总教练。在世界杯和众多的男女职业巡回赛中，他曾经指导过瑞典国家队，以及许多欧洲和世界业余锦标赛的球手。马特松拥有体育教育训练学博士学位，现如今在研究运动科学，其研究重点仍然是高尔夫，现定居于瑞典斯德哥尔摩。

译者简介

    唐翀，清华大学经济管理学院全日制工商管理硕士；清华大学学生高尔夫球协会创始人，担任了第一届和第二届清华大学学生高尔夫球协会会长，并成为协会终身荣誉会长。在担任会长期间，积极组织各种活动，协会发展了1800余名会员，会员遍布多个国家。倡导用科学高效的训练方法普及高尔夫运动，并总结了多种高尔夫训练方法。